U0925039

本书受国家自然科学基金项目（71202134）、中国博士后科学基金面上项目（2012M520859）和中国博士后科学基金特别资助项目（2013T60431）资助

休闲研究专著系列

邮轮产业与邮轮经济

CRUISE INDUSTRY & CRUISE ECONOMY

孙晓东 

上海交通大學出版社
SHANGHAI JIAO TONG UNIVERSITY PRESS

内容提要

近几年，邮轮产业已经成为现代旅游业中发展最为迅速的业务之一。邮轮旅游业是中国经济融入国际分工的典型产业之一。邮轮经济符合当前我国发展方式转型创新和产业结构优化升级的时代要求，有利于构筑功能高端、门类齐全的现代服务业体系，是转型发展和产业结构调整的重要抓手。

本书第一部分为宏观篇，主要介绍了邮轮产业与邮轮经济的全球布局、基本特征以及中国邮轮产业的发展；第二部分为微观篇，主要站在邮轮公司的立场，探讨了邮轮运营中的需求预测、舱位控制、动态定价以及竞争策略等收益优化问题，以期能为中国本土邮轮公司运营管理提供借鉴。

本书系"国家自然科学基金项目(71202134)"、"休闲专著系列"之一。可作为工商管理以及休闲、旅游、接待业管理等专业的本科生和研究生教材，也可作为邮轮业、旅游业、接待业和客运业等行业的培训教材。

图书在版编目(CIP)数据

邮轮产业与邮轮经济/孙晓东著.—上海:上海交通大学出版社,2014
ISBN 978-7-313-10985-9

Ⅰ.邮...　Ⅱ.孙...　Ⅲ.旅游船-旅游经济-经济管理　Ⅳ.F590.7

中国版本图书馆CIP数据核字(2014)第055504号

邮轮产业与邮轮经济

著　　者：孙晓东
出版发行：上海交通大学出版社　　地　　址：上海市番禺路951号
邮政编码：200030　　电　　话：021-64071208
出 版 人：韩建民
印　　制：上海交大印务有限公司　　经　　销：全国新华书店
开　　本：787mm×960mm　1/16　　印　　张：22.5
字　　数：272千字
版　　次：2014年4月第1版　　印　　次：2014年12月第2次印刷
书　　号：ISBN 978-7-313-10985-9/F
定　　价：56.00元

丛书编委会

序 言

一般认为,有关休闲的理论自古希腊时起就已初步成型,至今已逾数千年。然而,作为一门相对独立的学科,休闲学科的发展历史并不很长,至今也就百余年的时间。由于休闲现象的复杂性,致使百多年来研究休闲的理论和方法总是处于不断的探索与完善之中,但从其演变的基本轨迹可以看出,休闲学科的发展勾勒了如下的发展和演变轨迹,由依附到独立,由单一学科到多学科,乃至由多学科到跨学科的发展过程。

休闲学科作为一个以跨学科为基础和特色的学科体系,一方面,在它发展的过程中,不断地对相关的学科进行整合并聚集于休闲学科的周围。与此同时,在休闲学科的发展过程中,在休闲学与其他相关学科之间形成了围绕休闲学的多个分支学科,诸如休闲社会学、休闲心理学和休闲经济学等。此外,还需指出的是,由于休闲活动的常态性和广泛性,导致以休闲为研究对象的休闲学科除了以其他学科为依托之外,还与社会经济领域的相关产业,如与交通、商业、餐饮、会展等行业发生紧密联系,成为推动休闲学科发展的外部产业支撑因素。

根据国际经验，在一个国家或地区人均GDP达到3 000～5 000美元发展阶段以后，就将步入这样一个时期，即在居民生活方式、城市功能和产业结构等方面相继形成休闲化特点的一个发展时期。正是基于这样的大背景，才促进了近年来我国休闲活动的蓬勃发展、休闲产业的兴旺发达、休闲理论研究的不断深入。与此相适应，目前，在我国已有百余所高校设立了休闲学系或休闲专业，或开设了休闲学课程，据此，编辑本套丛书的初衷很明确，就是为我国高校休闲专业教材建设做一件实事。

本套丛书包括：《休闲概论》、《休闲经济学》、《休闲社会学》、《休闲文化学》和《休闲服务管理学》等5本。丛书编委会做了选题与审读的工作。

本套丛书是整个《休闲研究系列》出版计划的第一部分，其后还将陆续推出休闲研究报告与休闲研究著作两部分内容。

我国正在迈向休闲时代，我国的休闲学科体系也趋于不断完善之中。希望我们的出版计划能够对我国的休闲时代建设与休闲学科体系的完善尽微薄之力。

楼嘉军

2013年5月8日

前　言

近年来，世界邮轮产业的发展速度有目共睹，经济效益十分显著。随着北美市场的日渐饱和以及消费者对邮轮旅游新颖性和多样性需求的增长，世界邮轮市场开始由北美向欧洲和亚太地区倾斜。特别是具有丰富旅游资源和新奇人文景观的亚太地区，越来越受到邮轮公司的青睐。新加坡和中国香港率先捕捉到邮轮产业的第一缕芬芳，分别以大手笔相继打造成为亚太地区两大邮轮中心。上海则以北外滩邮轮中心、吴淞口国际邮轮港口和外高桥邮轮码头"两主一备"的邮轮母港布局模式正式参与邮轮市场竞争，努力实现向亚太邮轮中心的跨越。

本人相信，邮轮旅游有望成为中国经济增长的新方式和新领域。中国邮轮产业将在"十二五"期间正式跨入快速发展期。但同时也要清醒地认识到，邮轮产业在我国起步较晚，在产业承接引入、基础设施建设、港口规划与功能定位、港口接待、区域合作与目的地开发等方面还缺少理论基础和实践经验。中国邮轮业拥有前所未有发展机遇的同时，也面临巨大的挑战。

目前,我国邮轮产业仍然处在以港口接待为主的初级阶段,邮轮港口及配套设施的设计和规划是重中之重。但专用邮轮码头建设不仅耗资巨大,而且占用岸线资源。在邮轮经济的起步阶段,过多专用邮轮码头和多功能港口的建设会造成资源浪费。近年来,沿海港口城市都将母港建设作为大工程来抓,造成“母港之争”、“以港论港”和“重竞争轻合作”等问题,成为制约中国邮轮产业发展的巨大障碍。从当前形势来看,我国大部分港口在短时间内不具备发展成为邮轮母港的条件。循序渐进,统筹兼备,区域合作和注重邮轮目的地开发才是现阶段中国发展邮轮产业的合理路径。

世界邮轮产业的发展经验告诉我们,邮轮目的地建设是发展邮轮产业、深化邮轮经济的关键所在,必须重视邮轮旅游目的地建设和开发。因此,港口城市一方面应该重视邮轮港口配套设施的建设和服务能力的提升,从竞争走向合作;另一方面更应该注重邮轮港口腹地的建设和规划,将发展眼光从邮轮港口转变到邮轮目的地上来,将经济效益从港口接待扩展到腹地旅游服务上来,通过发展邮轮旅游,切实推动旅游目的地建设。

从邮轮产业的全球价值链来看,我国仍处在低附加值的邮轮接待环节,而组建和运营本土邮轮公司和邮轮制造企业,将成为我们拓宽邮轮产业链的重要切入点。在邮轮运营方面,如何通过服务与营销从有限的邮轮舱位中获得最大收益,成为决定邮轮经营成功与否的关键问题。然而在邮轮运营和管理方面,我国还缺少必要的理论探索和实践经验。目前,我国造船业主要集中于标准化船舶,在高附加值的豪华邮轮建造和设计方面几乎还是空白。豪华邮轮的建造应该建立在对邮轮设计理念及外观、舱室艺术设计等关键技术的突破以及对西方邮轮文化的深刻理解之上。因此，在拓宽我国邮轮产业链条时，合理路径可能是以邮轮接待为基础，积极参与邮轮公司和旅游提供商的经营活动，从交流和合作中学习先进经验，最终创建具有独特竞争力的本土邮轮企业；努力发挥我国在船舶制造领域的竞争优势，积极开展与国际邮轮制造与邮轮设计企业的合作，坚持技术引进与自主创新相结合，坚持成本控制与质量提升相结合，力争在全球邮轮制造市场上占有一席之地。

在中国邮轮产业为新兴行业，参考资料极为有限。希望此书能起到抛砖引玉的作用，能够吸引更多研究者和实业者的目光，来辩证地看待和审视邮轮产业和邮轮经济，共同探索适合中国国情的邮轮产业发展道路。本书大部分内容出自近年来的研究所得，难免在观点阐述和资料分析方面存在不妥之处，敬请广大读者批评指正。

本书得以完成，首先应该感谢美国锡拉丘兹大学(Syracuse University)惠特曼(Martin J. Whitman)管理学院的DINESH GAURI教授和目前已加盟亚利桑那州立大学(Arizona State University)凯瑞(W. P. Carey)商学院的SCOTT WEBSTER教授。2008年，在WEBSTER教授和GAURI教授的邀请下，我远赴美国从事邮轮收益管理方面的研究，第一次真正认识和理解邮轮产业。可以说没有两位教授的邀请，本人可能在相当长的时间内无法真正接触、了解和审视这一行业。本书得以完成，最应该感谢本人攻读博士期间和从事博士后研究期间的两位导师：上海交通大学安泰经济与管理学院的田澎教授和华东师范大学商学院的冯学钢教授。两位导师分别从管理科学和旅游管理两大学科将我引领进这一备受瞩目的新兴领域，为我提供了从学科交叉的角度认识邮轮产业的机会，并在众多科学研究中给予我莫大的支持。此外，华东师范大学旅游学系楼嘉军教授的鼎力相助使本书荣幸地加入到了楼教授领衔的“休闲研究专著系列”出版计划，在此表示真诚的谢意。最后，感谢上海交通大学出版社倪华老师对本书出版所付出的心血，倪老师细致深刻的审校令我受益匪浅。

谨以此书献给我的家人！

孙晓东

2014年2月11日

于华东师范大学，上海

Preface

The cruise line industry has become one of the fastest growing and most dynamic segments of the entire travel and tourism industry. In recent years, it had experienced an annual growth rate of over 7% in terms of the total number of cruise passengers. Cruising has become a major part of the tourism industry with millions of passengers each year. However, more and more researchers have noticed that this industry has received very limited research attention.

As one of the biggest and hottest tourism destinations in the Asia Pacific region, China reported considerable progress in developing the cruise sector and will become a new growth point of this industry. The Chinese cruise industry is experiencing the stage of port receptions and tourism services. More and more coastal cities begin to pay attention to development of cruise economy. The purpose of this book is to introduce and analyze the cruise industry and cruise economy from both macro and micro prospects.

At macro level, this book discusses the cruise industry and cruise economy from global prospect. Firstly, overview of the industry, mainly including definition and features of the cruise industry, definition and characteristics of cruise economy and market value of the Hotel, Resorts and Cruise Lines sector, is conducted; also overview of the literature on the cruise industry is discussed; industry pattern of the global cruise economy, including distribution and economic impacts of cruise manufacturing, cruise operating, cruise marketing and cruise service/supply communities in North America, Europe, Oceania and Asian Pacific regions, and seasonality of the biggest cruise torism market in the world (North American cruise market), are analyzed. Finally, overview of the studies on Chinese cruise industry is conducted; current development situations and problems of the Chinese cruise industry are discussed, and some relevant managerial implications and suggestions are presented.

As the foundation of the industry, cruise ports or cruise terminals have been neglected by the international literature. Very limited studies have touched this field. Then, cruise port issues from global prospect are discussed in this book. Distribution pattern and characteristics of global cruise ports are analyzed; several managerial implications in site and situation issues of cruise ports are proposed by empirical studies on global famous cruise ports and terminals, such as Miami, Southampton and Barcelona, located in America, UK and Spanish, respectively. Particularly, development foundations, including market targets, geographical locations, tourism recourses, culture, characteristics and service facilities of cruise terminals and cruise ports in Miami, Southampton and Barcelona are compared, and some managerial suggestions in cruise ports planning and establishments are derived.

Additionally, this section focuses on two studies in details. One is evaluating berthing capacity of cruise ports in Japan, Korea and China, the other is measuring seasonality of cruise tourism in North American market. In terms of evaluation of cruise ports' berthing capacity, in this book, both quantitative and qualitative methods are applied to evaluate berthing capacity of 30 cruise ports in China (8), Japan (11) and Korea (11). The evaluation index system consist of gross acceptable deadweight of the port, max acceptable deadweight of the port, route width, wharf length, mean water depth of the port and port distance from the airport. The results show that among the three countries, China has the highest overall berthing capacity, especially in aspects of gross acceptable deadweight and max acceptable deadweight. From the results of this research, China's eight major cruise ports could be divided into three levels, among which Shanghai Wusongkou Port and Tianjin Port are at the first level.

In terms of cruise tourism seasonality, in this book, two seasonal adjustment methods X-12-ARIMA and TRAMO/SEATS are used to identify and compare quarterly and monthly seasonality features, including the seasonal component, the trend component, the cyclical component and the irregular component, in the North American market. The results derived from seasonal adjustment illustrate a long-term trend of expansion in North America in terms of cruise passengers. In the North American cruise market, moderate cruise tourism seasonality is observed. The monthly seasonality with an average seasonal component value less than 4% is stronger than the quarterly seasonality with a much higher (but less than 10%) average seasonal component value. January, March, July and December are proved as peak seasons for cruise tourism, while May, September, October and November are identified as low seasons. Additionally, the findings show that the irregular component has insignificant impacts on the cruising sector in North America.

At micro level, the book mainly discusses the problems of cruise line revenue management (CLRM), where cruise companies optimize their decisions of demand forecasting, capacity allocation and dynamic pricing through the theory and practice of revenue management (RM). Over the past decade, both revenue management and the cruise line industry have experienced rapid development. RM techniques have been extensively developed in the airline and hotel industries. However, as the traditional RM industry, the cruise line industry has received very limited research attention from revenue management perspective. Particularly, past research has not focused on demand forecasting and evaluation, and dynamic pricing issues for cruise lines.

In this section, using data from a major North American cruise company, firstly, we apply a variety of (24) forecasting methods, which are divided into three categories (non-pickup methods, classical pickup methods and advanced pickup methods), to generate forecasts of final bookings for the cruises that have not departed at a particular reading point, and also focuses on finding the optimal parameters for each method. A two-stage framework is presented to test alternative forecasting methods and compare their performance. Also, we apply a variety of (8) probability distributions, such as Normal distribution, Log-normal distribution, Exponential distribution, Poisson distribution, Gamma distribution, Weibull distribution, Rayleigh distribution and Negative Binomial distribution, to test the real distributions behind the data. After testing, we offer evidence of a reasonable fit for the Normal distribution and Gamma distribution to cruise line data.

Secondly, normal distribution is used to estimate the demand, and EMSR-a and EMSR-b are applied to determine protection level for each cabin type. We simulate four demand situations of combinations of high and low total demand with high low-priced demand and high high-priced demand. The performance of these two heuristics algorithms is compared. The results show mixed performance, with neither method dominating the other under different demand situations.

Thirdly, we present a method, which has a two-stage price adjustment mechanism in each reading period, for dynamically setting and adjusting prices over the selling horizon for non-departed cruises through demand learning, and we evaluate the method using data from a major North American cruise company. In the first stage, the parameters of demand function in each reading period is adjusted over time by re-running the regression problem when the new data is observed, rather than assumed known in advance. In the second stage, a constrained nonlinear programming is solved to determine the optimal prices for remaining periods. Actually, in each reading period, although all the demand functions and prices are updated after new demand data is added to the database, only the price for next adjacent period is applied to accept future demands. The prices for remaining periods will be updated again.

Finally, this book considers the duopoly service quality level-price competition in the cruise market with two kinds of consumers: price-sensitive consumers and service quality-sensitive consumers. The characteristics of consumers are reflected by both the price sensitivity and the service quality sensitivity. In this context, the utility function for each kind of consumers, from which the demand function is derived for every firm is established based on the Hotelling model. Under both uniform pricing and discriminatory pricing strategy, a duopoly quality-price competition is analyzed. The results show that under price discrimination the service quality is higher than under the uniform pricing strategy; cruise companies set lower prices for price-sensitive consumers and higher price for quality-sensitive consumers. By comparisons, we conclude that the firms should carry out discriminatory pricing when consumer's transportation cost is high, should adopt uniform pricing when consumer's transportation cost is low. Additionally, the proportion of different kinds of consumers has significant impacts on equilibrium prices and service qualities.

目　录

第一篇　邮轮产业及邮轮经济的宏观审视：布局、特征及启示

第二篇　邮轮产业及邮轮经济的微观分析:基于邮轮公司的视角

第一篇

邮轮产业及邮轮经济的宏观审视：布局、特征及启示

第一章　邮轮产业及邮轮经济概述

作为旅游业(Tourism)和接待业(Hospitality)完美结合的邮轮产业已经成为现代旅游业中发展最为活跃的产业之一。从1990年到2011年的20余年中,邮轮乘客数量以年均7%以上的速度迅速增长。邮轮产业的经济效益十分显著,其强大的拉动能力和吸附能力已成为拉动城市经济的新动力,并刺激周边地区经济的迅速增长。邮轮旅游对邮轮港口城市及其若干相关产业的拉动效应极为明显。许多具有优良邮轮港口和优秀旅游资源的国际大都市都相继渗入了“邮轮经济(Cruise Economy)的元素,并很大程度上依赖这个行业。特别是一些处在邮轮航线上的不发达节点城市对邮轮旅游的依赖性更强。邮轮旅游的经济附着性和带动性使得该产业被称为“漂浮在黄金水道上的黄金产业”。

近年来,国际邮轮市场开始向欧洲和亚太地区倾斜。随着各级政府对邮轮产业的支持,中国邮轮旅游业发展势头强劲。但从邮轮产业的特征和发展阶段来看,我国仍处在产业发展的幼年时期和起步阶段,还存在许多需要探讨的问题,在邮轮产业的承接与引入、邮轮的到港接待和乘客服务、邮轮港口的设计规划和基础设施建设、邮轮码头的功能布局、邮轮产业的要素配置、邮轮政策同步配套以及邮轮目的地开发和市场培育等方面仍然缺少有效的实践经验和总体规划。

本章主要对国际邮轮产业和邮轮经济的基本状况进行一个概括性介

绍，包括邮轮巡游本身、邮轮船舶、邮轮产业、邮轮市场、邮轮经济和邮轮港口等总体概述。首先对邮轮巡游的概念和邮轮船舶的类型和特点进行简单介绍；其次，对邮轮产业的发展历程和未来趋势、邮轮产业的概念和特征进行分析；再次，对邮轮产业的市场状况进行概述，主要包括国际邮轮旅客的数量、全球邮轮消费市场分布、邮轮经营的竞争状况等三个方面；然后，对邮轮经济的概念和邮轮产业的经济效益进行简单介绍；最后，对邮轮港口的类型以及邮轮母港的基本功能进行简单总结和分析。

第一节　邮轮巡游及邮轮船舶概述

一、邮轮巡游

邮轮(Cruise Ship)原是指海洋上定线、定期航行的大型客运轮船(Shipping-liner)，早期还负责运载两地间的邮件，因为“邮”字与邮政事业有关，于是被称为邮轮。随着航空技术和旅游业的发展，原本意义上作为客运或邮政运输的邮轮渐渐退出了历史舞台。取而代之的是定位完全不同的现代豪华邮轮。20 世纪 60 年代，随着挪威号、伊丽莎白王后号、诺曼底号、卡洛尼亚号的诞生以及美国禁酒期间的公海畅饮，挪威邮轮公司的向阳号开始向消费者销售邮轮假期产品，从而掀开了现代邮轮产业蓬勃发展的序幕。

现代邮轮上均配备丰富的生活、娱乐、休闲与度假的各类服务设施，被称为“漂浮的酒店”、漂浮在海面上的超五星级宾馆、“无目的地的目的地”和“海上流动度假村”等。邮轮不仅仅是一种运送旅客游山玩水、欣赏美景的交通工具，而且是一种供人们休闲度假的综合服务平台。因此，邮轮产业和其他休闲旅游业的本质区别在于邮轮旅游既是一种交通方式又是一种旅游目的地(Ahmed *et al*，2002)。旅客巡游的经历不仅仅包括巡游本身，很大程度上还体现在欣赏国内外停靠港景色，享受船上精美住宿、膳食服务，体验船上豪华休闲娱乐设施，参加丰富多彩的海岸远足观光等经历上。

邮轮市场上的产品类型丰富多彩。邮轮公司向旅客提供不同期限、不同航线的多种服务。消费者可以选择从短期（比如两天）到长期（比如几个周）的巡游。每条邮轮服务于一定的航程，航程本身以及邮轮上的休闲娱乐设施是消费者花费的主要组成部分。邮轮的航行速度、出发港、挂靠港、停靠的旅游目的地、航程的期限以及停靠地之间的距离构成了整条服务航线（Itinerary）。此外，邮轮本身又可以分为多种型号和多种定位的船舶，从小型的近港游船到超大型的长距离、网络航线的邮轮，各式各样。在实际的营销过程中，邮轮公司可以提前一定时间将不同航线的舱位出售给消费者，消费者也可以通过多种销售渠道购买船票，从而方便而有效地选择出行时间、出行航线、停靠港口、沿途景观以及邮轮上的餐饮、娱乐和岸上的观光、远足等辅助服务。

二、邮轮船舶

从现代邮轮船舶的演化来看，邮轮船舶经历了从帆船、商船、客船、远洋客船、跨洋客船到现代豪华邮轮的历史性转变。在不同的历史时期，船型的配置和乘客特征都有较大差别，如表 1-1 所示（刘军，2011）。

表 1-1　现代邮轮船舶的演化历程
Tab. 1-1　History of Cruise Ships

发展时期	船舶类型	船舶配置	标准性事件	乘客特征
19 世纪之前	帆船	木质帆船，风帆动力	郑和下西洋、哥伦布发现新大陆	移民、探险、战争、商贸，乘客少
19 世纪初叶	商船	蒸汽动力	首艘蒸汽动力船航行大西洋	探险、寻找新的生存空间

（续表）

发展时期	船舶类型	船舶配置	标准性事件	乘客特征
19世纪中后期	客船	钢制船体，蒸汽动力	大不列颠号、大东方号入市	探险、旅行、寻找新生存地
20世纪初	远洋客船	船体大型，设备豪华，蒸汽涡轮	毛里塔尼亚号、泰坦尼克号问世	移民、探亲
20世纪中期	跨洋客船	更大、更快、更豪华美观	挪威号、伊丽莎白王后号、诺曼底号、卡洛尼亚号诞生	乘船旅行、美国禁酒期间公海畅饮
20世纪60年代	旅游邮轮	现代化、豪华型、观光型	挪威邮轮公司的向阳号销售邮轮假期	休闲度假观光、猎奇等

邮轮船舶设计专业性较强，船型尺度相对固定。其中，小型中型邮轮的船长一般在210～240米，船宽在30米左右，吃水7～8米；大型邮轮船长260～300米，船宽超过40米，吃水8～9米。目前全球在航和即将下水的所有邮轮中，吃水深度为7.5～8米的数量最多，较大的邮轮吃水为9.5～10米。第一艘超过20万吨级的邮轮为皇家加勒比公司旗下的“海洋绿洲号”(Oasis of the Seas)，排水量为22万吨，船舶长度为362米，宽度为47米，船高为16层甲板，载客量为5400人，配备船员2115人。未来邮轮发展一个很重要的趋势便是大型化，20万吨以上的邮轮已经投放市场；如果资金到位，耗资110亿美元、有37层楼高的世界上最大的超级巨轮将于2014年建成。表1-2列举出了目前世界上最大邮轮的基本信息。

表1-2　世界上最大的邮轮(2012年排名前20名)

Tab. 1-2　List of the World's Largest Cruise Ships (Top 20 in 2012)

基本信息				尺寸		存量	
序号	船　名	所属邮轮公司	投放时间	吨位(万吨)	长度(米)	双床铺数	最大存量
1	海洋魅力号 Allure of the Seas	皇家加勒比 Royal Caribbean	2010	22.5	360	5412	6296

（续表）

基本信息			尺寸			存量	
序号	船名	所属邮轮公司	投放时间	吨位（万吨）	长度（米）	双床铺数	最大存量
2	海洋绿洲号 Oasis of the Seas	皇家加勒比 Royal Caribbean	2009	22.5	360	5 412	6 296
3	挪威史诗号 Norwegian Epic	挪威邮轮 Norwegian Cruise	2010	15.6	340	4 100	5 183
4	海洋自由号 Freedom of the Seas	皇家加勒比 Royal Caribbean	2006	15.44	339	3 634	4 375
5	海洋自主号 Liberty of the Seas	皇家加勒比 Royal Caribbean	2007	15.4	339	3 634	4 375
6	海洋独立号 Independence of the Seas	皇家加勒比 Royal Caribbean	2008	15.4	339	3 634	4 375
7	玛丽王后 2 号 RMS Queen Mary 2	冠达邮轮 Cunard Line	2004	15	340	2 592	3 090
8	海洋领航者号 Navigator of the Seas	皇家加勒比 Royal Caribbean	2002	13.8	311	3 114	3 807
9	海洋水手号 Mariner of the Seas	皇家加勒比 Royal Caribbean	2003	13.8	311	3 114	3 807
10	地中海幻想曲号 MSC Fantasia	地中海邮轮 MSC Cruises	2008	13.8	33.3	3 274	3 900
11	地中海辉煌号 MSC Splendida	地中海邮轮 MSC Cruises	2009	13.8	333.3	3 274	3 900
12	海洋探险者号 Explorer of the Seas	皇家加勒比 Royal Caribbean	2000	13.8	311	3 114	3 840
13	海洋航行者号 Voyager of the Seas	皇家加勒比 Royal Caribbean	1999	13.8	311	3 114	3 840
14	海洋冒险号 Adventure of the Seas	皇家加勒比 Royal Caribbean	2001	13.8	311	3 114	3 840
15	嘉年华梦想号 Carnival Dream	嘉年华邮轮 Carnival Cruises	2009	13	306	3 646	4 631

（续表）

基本信息			尺寸			存量	
序号	船　名	所属邮轮公司	投放时间	吨位（万吨）	长度（米）	双床铺数	最大存量
16	嘉年华魔力号 Carnival Magic	嘉年华邮轮 Carnival Cruises	2011	13	306	3 646	4 631
17	迪士尼梦想号 Disney Dream	迪士尼邮轮 Disney Cruises	2011	13	339	2 500	4 000
18	精致邮轮极致号 Celebrity Solstice	精致邮轮 Celebrity Cruises	2008	12.2	315	2 850	2 850
19	精致邮轮季候号 Celebrity Equinox	精致邮轮 Celebrity Cruises	2009	12.2	315	2 850	2 850
20	精致邮轮新月号 Celebrity Eclipse	精致邮轮 Celebrity Cruises	2010	12.2	315	2 850	2 850

从现代邮轮的类型来看，船舶大小可分为小型邮轮、大型邮轮到巨型邮轮，如表 1-3 所示（刘军，2011）；船舶定位可从时尚型、经济型到豪华型，从专门型到主题型（如表 1-4 所示），多种多样。大型邮轮公司往往拥有不同目标定位和大小尺寸的邮轮船队，目的是尽可能地覆盖整个消费市场。

表 1-3　现代邮轮的尺寸大小

Tab. 1-3　Dimensions of Cruise Ships

吨级（万吨）	总长（米）	型宽（米）	型深（米）	满载吃水（米）	载客量（人）	尺寸类别
1	148	25.0	13.0	6.1	581～710	小型
2	176	25.4	14.0	6.6	711～1100	中型
3	215	32.6	18.1	7.5	1 101～1 600	中型
5	240	32.6	23.8	8.0	1 601～2 100	中型
8	270	36.0	24.9	8.1	2 101～2 600	大型
10	314	40.1	30.2	9.0	2 601～3 300	巨型
12	348	43.2	34.0	9.6	3 101～3 800	巨型
15	398	48.0	39.5	10.4	3 701～4 600	巨型

表 1-4　现代邮轮的目标定位
Tab. 1-4　Market Segments of Cruise Ships

类　型	特　色	航　程	日均消费	目标顾客
时尚型	一般为新船、小型或中型	7 天或以下	低于 300 美元	初次体验者、年轻人
经济型	小型、装饰少、娱乐设施少	7 天或以下	低于 300 美元	中低收入消费群体
尊贵型	中型、大型、多为新船	14 天左右	200～400 美元	回头客，年龄较大，富有
豪华型	中型、大型、设施齐全，多新船	7 天以上	300～600 美元	高端顾客，高收入顾客
专门型	新船或旧船	7～14 天	200～400 美元	共同爱好群体
探索型	较少装饰	10 天或以上	300～600 美元	猎奇、追求特殊经历群体

第二节　邮轮产业概述

一、邮轮产业的发展阶段

国际邮轮旅游业的发展，大致经历四个阶段，每一阶段的发展取决于航线、目标市场以及经营区域的具体状况。

（一）过渡萌芽期

20 世纪 60 年代末至 70 年代初是邮轮产业的萌芽阶段。这一阶段，人们对邮轮旅游知之甚少。20 世纪 60 年代初期往返美欧大陆之间的跨大西洋客运班轮每年的客运量超过 100 万，70 年代初便急剧下降到每年 25 万左右。原来的客运班轮经营商迫于经营压力，不得不寻找新的经营方式。20 世纪 70 年代是邮轮经营的痛苦转型时期，班轮公司正尝试由服务提供商的角色向提供邮轮设施及服务转变。但客运班轮本身并不一定适合开展新型的邮轮旅游休闲服务，其过渡还面临很多的障碍，如没有空调、不舒适的三等舱以及甲板上下缺乏公共空间等。

（二）诞生引进期

20 世纪 70 年代至 80 年代是真正意义上邮轮产业的诞生阶段，邮轮旅游产品所包含的内容也具备了今天的雏形。1966 年秋天，经营总部设在美国迈阿密的挪威加勒比邮轮公司（Norwegian Caribbean Line，后改名为 Norwegian Cruise Line，NCL）的首艘完全以休闲旅游为服务功能的向日号（Sunward）邮轮正式投入运营，标志着现代邮轮产业的诞生。NCL 公司创始人克罗斯特（Kloster）的成功经营理念很快被邮轮业界接受，许多经营者陆续进入邮轮市场。在这一阶段，人们对邮轮有了一定的了解。当时邮轮目标市场以本国游客为主，航线观光也是以本国观光地为基本港，人们对邮轮的认识还局限在其豪华的外观、内部设施以及高昂的旅游费用方面。这一时期，挪威（Norwegian）邮轮、皇家加勒比（Royal Caribbean）邮轮、嘉年华（Carnival）以及半岛东方（P&O）邮轮等公司相继组建各自的邮轮船队，开始涉足邮轮旅游。20 世纪 70 年代早期，邮轮巡游已不再仅仅具有航运的概念，而发展成为休闲产业的一个有机组成部分。

（三）成长开拓期

20 世纪 80 年代至 90 年代中期是邮轮产业的成长开拓期。20 世纪 60 年代晚期出现了将空中飞行和海上航行合二为一的“飞机＋邮轮”的旅行模式。这一模式进一步推动了邮轮旅游产业的发展。由于团体包机服务可以将机票价格降低到合理的水平，飞机和邮轮的结合极大地吸引了不喜欢海上长途旅行的年轻群体。这一阶段也是嘉年华邮轮公司快速发展壮大的时期。嘉年华公司主要以引进二手改装船的方式进入加勒比海市场的角逐，一方面采用强劲的“乐在阳光下”(fun in the sun)广告攻势，另一方面结合具有强大竞争力的价格策略，成功地开辟了青年消费市场。这一时期，也是目前世界上规模最大的三大邮轮公司，即嘉年华邮轮、皇家加勒比邮轮和丽星(Star)邮轮，在邮轮旅游行业奠定基础的重要时期。三大邮轮巨头均在欧美主流消费市场建立了各自的邮轮网络。与此同时，邮轮市场开始高度细分，提供的服务也不断丰富，市场得到拓展，人们对邮轮的需要逐渐增加。

（四）繁荣成熟期

20 世纪 90 年代中晚期至今是邮轮公司的繁荣成熟期。1993 年，一向处于全球邮轮市场边缘的亚太区域也有了变化——马来西亚丽星邮轮集团成立。最初，丽星邮轮仅在新加坡和马来西亚提供邮轮旅游服务，不久之后的业务便扩展到整个亚太地区。2000 年之后丽星邮轮收购 NCL 和东方(Orient)邮轮品牌，正式进入欧美市场。目前，丽星集团在全球邮轮市场占有 10%左右的市场份额，成为世界第三大邮轮集团。世界主要的邮轮公司都是以欧美市场为基础发展壮大起来的。随着世界邮轮产业的发展以及人们对邮轮旅游认识的逐渐深入，邮轮旅游在北美和欧洲逐渐成熟，由昔日只有上流社会享受的特定旅游时尚产品演变为中产阶级的大众休闲旅游活动(Mass Cruise)。20 世纪 80 年代到 90 年代，北美和欧洲的邮轮市场就形成了系统而稳定的市场结构，整个邮轮市场进入成熟期，呈现出较为繁荣的局面。

（五）未来发展趋势

随着世界经济形势的持续好转，尤其是亚太地区经济的崛起，全球邮轮旅游需求将全面进入持续增长状态，世界邮轮业将进入更为繁荣的时期。总的来看,未来的发展趋势主要有以下五个方面。

1. 北美市场仍然是世界邮轮产业中心

自邮轮旅游产生以来,北美地区的市场份额一直保持在平均80%以上,可以说占据绝对的市场优势。随着北美市场的饱和以及欧洲、亚太邮轮市场的崛起,北美地区的市场份额有所下降。但北美市场仍然是世界邮轮产业的中心,这一现状将在一定时期内继续保持。经济的持续增长和社会的持续稳定,还将使得北美地区的邮轮产业继续保持世界领导者的地位,将吸引越来越多的消费者加入到邮轮旅游来。国际邮轮协会(Cruise Line International Association,CLIA)调查结果显示,美国仅有不到20%的人口曾参与过邮轮旅游。可以说,邮轮产业在北美地区仍具有巨大的潜力。

2. 市场垄断格局继续

毫无疑问,三大邮轮集团高度掌控全球市场的程度将有增无减。邮轮市场具有高度竞争的特点。组建邮轮公司的前期投资巨大,运营成本相当高,贸然进入市场,极有可能面临进退维谷的境地。可以说,邮轮市场的进入门槛非常高,邮轮公司一旦进入,竞争将异常激烈。但随着消费者需求的增长,小型邮轮公司可以开辟新的细分市场,其利润空间将更为灵活,仍拥有良好的成长前景。

3. 亚太地区成为新锐市场

亚太地区将成为邮轮产业的新锐市场。随着人们对邮轮旅游新颖性和多样性需求的增长,以及欧美市场的日渐饱和和过度竞争,越来越多的邮轮公司开始将目光投向具有丰富人文自然景观的亚太地区。亚太地区的繁荣稳定以及人们可支配收入的不断增加,使得亚太地区渐渐成为邮轮市场的重要客源地。此外,新加坡、韩国、中国大陆沿海城市、中国香港和中国台湾等国家和地区对邮轮产业的支持和投入,将成为推动亚洲邮轮产业发展的重要力量。可以说，未来亚太地区对国际邮轮市场具有相当大的诱惑力，将吸引国际邮轮公司来开辟这一新锐市场。

4. 邮轮旅客年轻化趋势明显

近年来，世界邮轮乘客的平均年龄为45～49岁，40～49岁的邮轮乘客占总乘客量的36%，是世界邮轮客源市场的重要组成部分。在今后相当长的一个时期，这个客源市场将持续增长，仍保持市场主力军的地位。由于豪华邮轮和新型邮轮的出现，邮轮公司推出丰富多彩的娱乐活动与方便快捷的服务措施，吸引了越来越多的年轻人加入到邮轮旅游的行列中来。特别是主题化的巡游，比如蜜月游和探险游等需求旺盛。世界邮轮客源市场将表现出年轻化趋势。

5. 邮轮大型化和邮轮产品多样化

邮轮船舶总数的不断增加、船舶规格的不断丰富、运载能力的不断提高、邮轮航线的不断开辟、接待设施的不断改善、服务方式的不断创新、消费价格的不断下降、娱乐体验的不断新奇，将促进邮轮消费的日益大众化和多样化。在旅游目的地方面，环加勒比海地区、阿拉斯加地区等将继续保持世界邮轮首选目的地的地位；欧洲，特别是环地中海地区将紧随其后成为重要的邮轮目的地。到访亚洲的邮轮将越来越多，亚太地区将诞生越来越多的邮轮母港（Homeports）和停靠港（Ports of Call），将成为世界邮轮经济的新增长点。

二、邮轮产业系统

从市场的角度来说，邮轮业是指以邮轮为载体，以海洋巡游为方式，为乘客提供观光、餐饮、住宿、休闲、娱乐、探险、远足等综合服务的海上观光与休闲业。邮轮产业是一种边缘产业，由运输业、旅游业和休闲娱乐业三个产业交叉构成的，如图1-1所示。

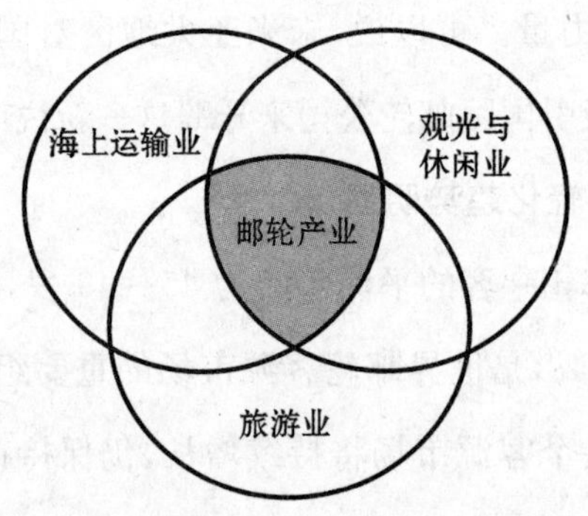

图 1-1　邮轮产业构成
Fig. 1-1　Components of Cruise Industry

从产业的角度来看,邮轮业是一种以邮轮船舶为载体,以海洋巡游为方式,由运输业、旅游业和休闲娱乐业交叉构成的边缘产业,既可以看作一个以产业集群为基础,由邮轮制造群落、邮轮经营群落、邮轮消费群落和邮轮服务群落组成的经济系统,如图 1-2 所示(孙晓东和冯学钢,2012),又可以看作一个由不同产业中的利益相关者组成的产业价值链。邮轮产业的发展依赖也同时带动船舶制造、维修保养、机械电子、信息服务、教育培训、政府服务、物流运输、专业服务、产品贸易、地产租赁、观光旅游、休闲娱乐、港口/旅游代理、金融保险、食品加工、商务咨询以及教育培训等相关行业的发展。从这个意义上来说,邮轮产业是指以邮轮为核心,以海上观光旅游为具体内容,由交通运输、船舶制造维护、休闲娱乐购物、港口服务、旅游观光、餐饮住宿、银行保险等行业组合而成的复合型产业。

从全球价值链角度来看,世界邮轮产业价值链的地理分布呈大区域离散,小地域集聚的特点。邮轮产业链上的制造、运营、消费和服务等各环节企业和组织以垂直分工的方式分布于世界各地,但又在较小区域上形成了以邮轮港口为中心的产业聚集。胡建伟和陈建淮(2004)通过深入分析邮轮经济的内涵和外延后指出,邮轮经济具有天生的“集聚性”。

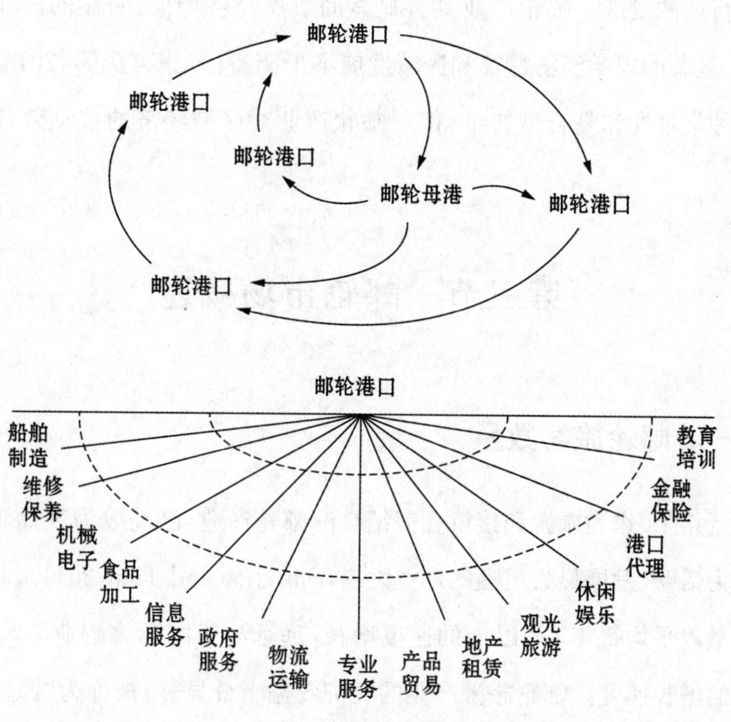

图 1-2　邮轮产业经济系统

Fig. 1-2　Cruise Industry Systems

邮轮产业的聚集性，一方面体现在以港口为集聚点，由向邮轮本身或邮轮旅客提供服务的宾馆、餐饮、交通、物流、代理、景区和金融等相关机构或各类产业组成的集群；另一方面体现在邮轮公司的集聚现象，即良好的邮轮母港或挂靠港能够吸引更多的邮轮公司停靠，多艘邮轮的集聚能大大促进区域经济的发展。

从邮轮产业链来看，邮轮公司、邮轮港口和邮轮消费者是核心组成部分。邮轮产业的发展同时带动邮轮制造、船舶维修保养、机械电子、信息服务、政府服务、物流运输、产品贸易、地产租赁、观光旅游、休闲娱乐、港口/旅游代理、金融保险、食品加工、商务咨询、教育培训以及专业服务等相关行业的发展。邮轮产业具有显著的节点经济特征、明显的产业集群特征、显著的规模经济特征和区域发展不平衡特征(张言庆等,2010)。正是这种集群性和复合型特征,使得邮轮产业对区域经济的拉动效应极为明显。

第三节　邮轮市场概述

一、邮轮旅客数量

近年来,作为旅游和接待完美结合的邮轮产业,已经成为现代旅游业中最为活跃、发展最为迅猛的产业之一(Sun,Jiao and Tian,2011),邮轮乘客数量以平均每年7%以上的速度增长,远远高于国际旅游业3%~4%左右的增长速度。邮轮旅游产业的经济效益十分显著,被称为“漂浮在黄金水道上的黄金产业”,其强大的拉动能力和吸附能力已成为推动城市经济的新动力,并刺激周边地区经济的迅速增长。特别是,邮轮旅游消费对邮轮港口城市、周边区域及其相关产业的带动效应极为明显。世界上众多港口城市都相继渗入了邮轮经济的元素,并很大程度上依赖于这个行业(Teye and Leclerc,1998)。

自20世纪70年代以来,世界邮轮旅游产业经历了40多年的快速发展,已经成为国际旅游业中发展最为迅速、经济效益最为显著的业务之一。从市场状况来看,邮轮产业已经成为现代旅游业中发展最快、效益最好和潜力最大的业务之一。国际邮轮协会(CLIA)的数据表明,从1990年到2010年,邮轮乘客数量以年均7.6%的速度迅速增长,而北美市场拥有绝对的统治地位,平均市场份额达到80%以上;从1981年到2010年,北美邮轮总容量(Capacity)以平均7.67%的速度迅速扩充,舱位床铺

(Berths)超过 31 万个，并且在 2011 年到 2015 年预计还将以 3%左右的速度继续增长(CLIA，2010—2013)。从 2000 年到 2009 年，全球总共有 130 艘新邮轮下水；2010 年全球 CLIA 成员企业的船舶总数为 205，如图 1-3 所示。调查显示，邮轮上的舱位(Cabin)绝大多数为双床铺(Double-berth)舱位，部分舱位可以容纳 3～5 人，舱位利用率自 2003 年以来均达到 100%以上。

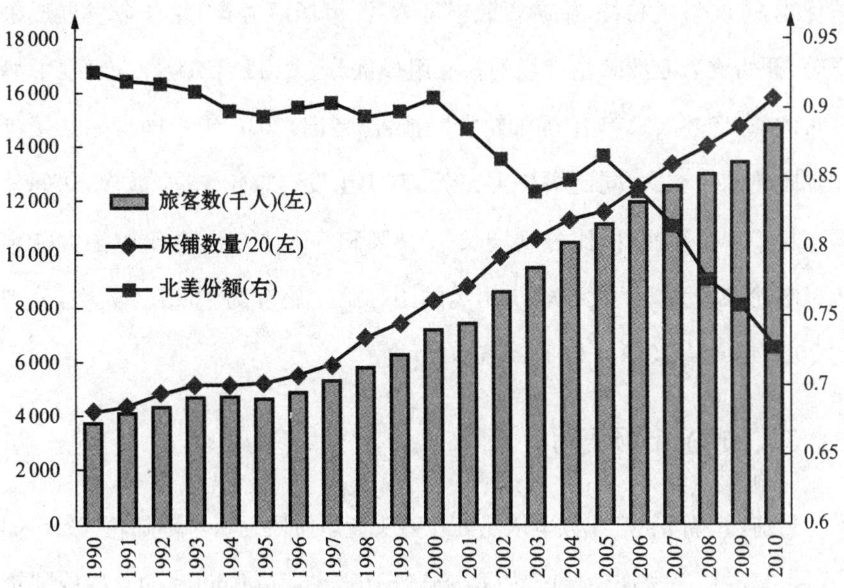

图 1-3　世界邮轮旅客数量和舱位存量(1990—2010 年)

Fig. 1-3　Market Profile of the Cruise Industry (1990—2010)

数据来源：根据 CLIA 公布的数据整理

从消费市场来看，北美是最大的邮轮市场，最著名的旅游目的地是加勒比、地中海和阿拉斯加等。2009 年，国际邮轮协会的数据表明，邮轮消费者多为旅游休闲者，年龄的中位数为 46 岁，比 2002 年的 52 岁和 2006 年的 49 岁有所降低，这说明越来越多的年轻人被吸引到这一新型休闲旅游行业。

纵观全球邮轮市场,一直以来北美地区占据了绝对的统治地位,1990年到2010年的平均市场份额达到86%以上。近年来,随着越来越多的邮轮经营者将目光投向亚太市场,邮轮旅游在亚太地区的增长速度远远高于世界平均值,从而使得北美地区的市场份额下降明显,如图1-3所示。不同的文化背景和优美的自然风光使得亚太地区成为更为集中的旅游目的地,亚太地区的邮轮旅游将更加频繁(Qu and Ping,1999)。中国地理位置优越,人文景观独特,旅游资源丰富,客源市场巨大,邮轮产业发展成果卓著,开始成为亚洲邮轮市场的核心组成部分。2011年1月25日在上海发布的《2010—2011年中国邮轮发展报告》指出,2010年中国大陆共接待国际邮轮223航次,同比增长42.9%,其中出发港邮轮95个航次,访问挂靠邮轮128个航次,同比分别增长18.8%和68.4%;2010年中国大陆出入境邮轮旅客为79万人次,入出境的国际邮轮旅客为46.2万人次,分别比2009年增长20.1%和15.5%。

二、邮轮市场竞争

目前,世界邮轮产业竞争依然处在寡头竞争阶段。嘉年华邮轮(Carnival Cruise Line)、皇家加勒比邮轮(Royal Caribbean International)、挪威邮轮(Norwegian Cruise Line)、地中海邮轮(MSC Cruises)和迪士尼邮轮(Disney Cruises)是前五大邮轮公司,基本情况如表1-5所示。最著名的三大邮轮集团为嘉年华邮轮公司、皇家加勒比邮轮公司以及丽星/挪威(Star/NCL)邮轮,2007年分别拥有81艘邮轮140 000个床位、34艘邮轮67 900个床位以及21艘邮轮32 300个床位,占到世界邮轮产业80%的市场份额(Gibson,2008)。最新数据显示,2013年嘉年华、皇家加勒比和丽星/挪威(Star/NCL)邮轮分别拥有105艘邮轮215 427个床位、40艘邮轮99 026个床位以及17艘邮轮41 298个床位,占到世界邮轮产业78.5%的市场份额，如图 1-4 所示；从邮轮乘客接待量来看，嘉年华和皇家加勒比邮轮占 70%的市场份额，五大邮轮公司共占有 90%以上的市场份额，其他邮轮公司占不到 10%的市场份额；从收益(Revenue)情况来看，嘉年华和皇家加勒比所占市场份额为 63%左右，五大邮轮公司共同占有的份额为 80%以上，详细的市场份额如图 1-5 所示。

表 1-5　世界前五大邮轮公司基本情况

Tab. 1-5　Cruise Company Profiles of the "Big Five"

邮轮公司	组建时间	总部所在地	品牌结构	2011 年收益	船队大小
嘉年华集团	1972	美国迈阿密和英国南安普敦	嘉年华(Carnival)邮轮、歌诗达(Costa)邮轮、冠达(Cunard)邮轮、荷美(Holland America)邮轮、公主(Princess)邮轮、世朋(Seabourn)邮轮、半岛东方(P&O)邮轮和爱达(AIDA)邮轮、伊比利亚(Ibero)邮轮	158 亿美元	103 艘邮轮，可载客 209 420 人
皇家加勒比邮轮	1968	美国佛罗里达	皇家加勒比(Royal Caribbean)邮轮、精致(Celebrity)邮轮、普尔曼(Pullmantur)邮轮、精钻(Azamara)邮轮和法国邮轮(Croisières de France，CDF)	52.1 亿美元	40 艘邮轮，可载客 96 270 人
地中海邮轮	1987	瑞士日内瓦	无	19.8 亿美元	12 艘邮轮，可载客 27 750 人
挪威邮轮	1966	美国佛罗里达	无	23.1 亿美元	11 艘邮轮，可载客 25 280 人
迪士尼邮轮	1998	美国佛罗里达	无	年增长 4%	4 艘邮轮，可载客 8 510 人

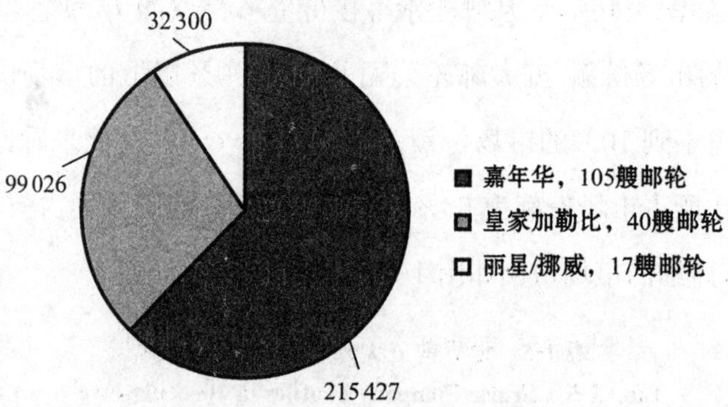

图 1-4　2013 年三大邮轮集团运力对比(Berths)

Fig. 1-4　Capacities of the Three Groups in 2013

资料来源：2014 World Wide Market Share，Cruise Market Watch

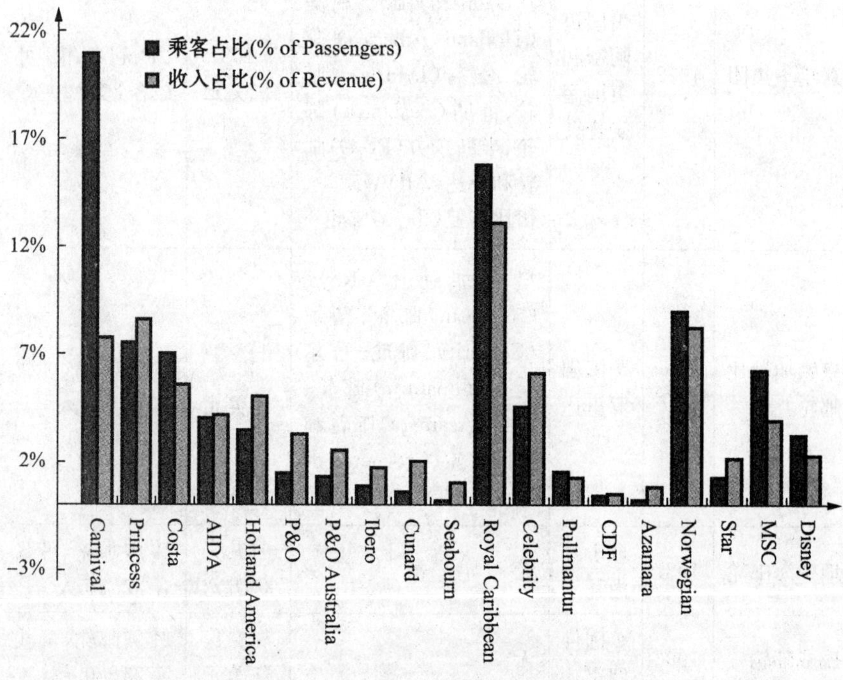

图 1-5　邮轮公司的市场份额

Fig. 1-5　Market Share of Main Cruise Lines，2013

资料来源：2014 World Wide Market Share，Cruise Market Watch

三大邮轮公司中嘉年华邮轮公司是世界最大的邮轮公司，资产最为雄厚。事实上，嘉年华集团是一个休闲娱乐提供商，具有全球化的背景，在全世界拥有多个著名的邮轮品牌。嘉年华的总部设在佛罗里达的迈阿密，公司邮轮主要服务于北美、南美、欧洲以及南亚太平洋地区。近几年，三大邮轮公司都获得了较快的发展。该集团是世界上最大的邮轮集团，到 2009 年 1 月份，拥有 88 艘邮轮，169 040 个床位，在北美、欧洲、英国、德国、新西兰、西班牙以及澳大利亚拥有 11 个邮轮品牌。嘉年华在 2009 年的总收入为 131.57 亿美元，2011 年的总收入为 158 亿美元。

第四节　邮轮经济概述

一、邮轮经济的概念

邮轮经济（Cruise Economy）的含义有狭义和广义之分。狭义的邮轮经济主要体现在邮轮接待（特别是邮轮港口接待）方面的经济效益，包括邮轮码头所在地区相关产业的效益，具体体现在邮轮抵达与起航服务、引航停泊服务、安全检查、舷梯服务、行李处理、登船服务、物资补充、加油服务、废物处理和旅游服务等方面。我国目前正处在发展和深化狭义邮轮经济的阶段，即以邮轮港口和邮轮目的地为依托的邮轮接待经济。

广义的邮轮经济是以海上巡游的豪华邮轮为明显识别特征，依托邮轮母港与停靠港及其所在城市的各类旅游资源，以邮轮巡游为核心产品并向上下游领域延伸而构成的跨区域、跨行业、多领域、多渠道的一种经济现象。游客作为邮轮产业发展最主要的外部动力，通过游客流的大小（流量）、强度（流速）以及作用方式（流质）和途径（流向），对邮轮产业结构的形成和演化产生重要影响。根据游客的活动方式，可以把游客对邮轮产业结构的影响划分为登船前、邮轮航行期间、邮轮中途停泊离岸期间以及邮轮航程结束后等几个阶段，如图 1-6 所示。

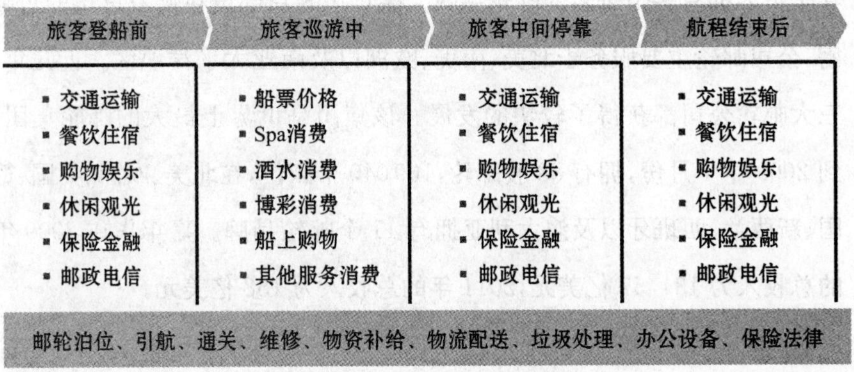

旅客登船前	旅客巡游中	旅客中间停靠	航程结束后
▪ 交通运输	▪ 船票价格	▪ 交通运输	▪ 交通运输
▪ 餐饮住宿	▪ Spa消费	▪ 餐饮住宿	▪ 餐饮住宿
▪ 购物娱乐	▪ 酒水消费	▪ 购物娱乐	▪ 购物娱乐
▪ 休闲观光	▪ 博彩消费	▪ 休闲观光	▪ 休闲观光
▪ 保险金融	▪ 船上购物	▪ 保险金融	▪ 保险金融
▪ 邮政电信	▪ 其他服务消费	▪ 邮政电信	▪ 邮政电信

邮轮泊位、引航、通关、维修、物资补给、物流配送、垃圾处理、办公设备、保险法律

图 1-6　邮轮经济的构成要素

Fig. 1-6　Elements of Cruise Economy

游客对城市及区域经济的直接影响，主要是通过游客量、游客人均消费和接待游客总收入等指标来衡量；游客对区域经济的间接影响，主要涉及到交通、邮政、电信、商业、餐饮业和社会服务业；此外，邮轮经济还体现在船舶制造和维修、面向邮轮和邮轮企业本身的产品和服务以及邮轮船员的旅游花费等方面。

二、邮轮经济效益

从酒店、旅游胜地以及邮轮（Hotels，Resorts & Cruise Line，HRC）市场价值（Market Value）来看，2009 年 HRC 总价值达到 5422 亿美元，2005 年到 2009 年的复合增长率为 3.9%，其中欧洲、美洲和亚太地区分别占 38.3%、35.7%和 19.7%的份额；邮轮业的份额为 4.5%，与 2007 年公布的数据（3.5%）来看，邮轮业的增长显著。虽然 2008 年的经济危机使得 HRC 产业的市场价值降低了约 4%，但 2009～2014 年将继续以 6%以上的复合增长率增大，达到约 7 399 亿美元，预计比 2009 年增长 36%以上(Datamonitor，2010)，如图 1-7 所示。

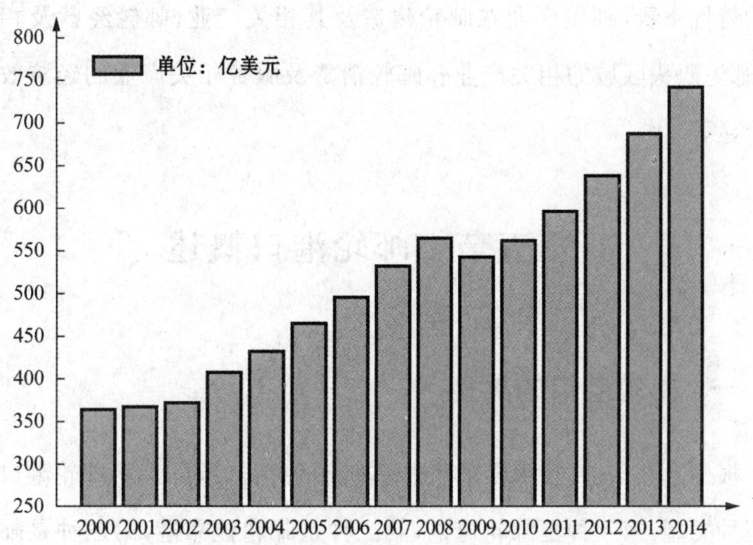

图 1-7　全球 HRC 产业的市值(2000—2014 年)

Fig. 1-7　Value of the HRC Sector

虽然邮轮业在 HRC 产业中占较小的市场份额，但经济效益相当显著。按照 CLIA 的统计，北美市场 2010 年接待每位邮轮游客的平均收入高达 1 620 美元。邮轮业为北美提供了 378.5 亿美元的经济产出和约 33 万个左右就业岗位；在 2000 年到 2010 年的 10 年间，北美地区与邮轮有关的支出以年均 8.6%的速度，由 2000 年的 166 亿美元增加到 2010 年的 379 亿美元，增长了 128%；而总就业人数从 2000 年的 25.7 万增加到了 2010 年的 33 万，增加量为 28.4%(CLIA，2010—2013)。

从欧洲市场来看，2012 年整个欧洲在邮轮产业上的直接花费为 155 亿欧元，与邮轮产业相关的总产出为 378.6 亿欧元，创造了 32.7 万个就业机会；从直接经济产出来看，意大利、德国和英国三国对邮轮产业的经济贡献最大，直接花费为 103.5 亿欧元，占整个欧洲的 66.9%(ECC，

2013)。正因为强劲的增长势头和客观的经济效益,邮轮业才被誉为"漂浮在黄金水道上的黄金产业"(孙晓东和冯学钢,2012)。此外,从邮轮产业的特性来看,邮轮产业在邮轮建造及其相关产业、邮轮经营及相关产业、邮轮码头区域的相关产业和邮轮消费及服务相关产业的经济效益也十分显著。

第五节　邮轮港口概述

一、邮轮港口的类型

根据自然条件、技术要求和服务功能的差异,国际上将邮轮港口划分为三种类型:第一种是邮轮母港,第二种是邮轮挂靠港,第三种是邮轮简易码头(Jetty)。邮轮母港是邮轮的基地,设置邮轮公司的地区总部或公司总部,为邮轮提供全面的服务,包括提供邮轮的维护和修理等。挂靠港码头是邮轮网络的延伸点,邮轮在挂靠港的停靠时间较短,一般停靠 4～8 个小时,不仅供乘客上岸观光,而且还进行一定的补给、补充和废料处置。简易码头型港口仅供乘客上岸观光,做较短的停靠,停靠时间一般少于 4 小时,基本上不增加补给,也很少有乘客辞别邮轮或新增加乘客。发展邮轮经济最重要的是争取能成为大型邮轮公司的邮轮母港,早期研究表明,邮轮母港的经济效益是停靠港的 10 倍以上。

二、邮轮母港系统

目前,世界版图内的邮轮港口已经形成了较为稳定的布局形态。从地理区位分布看,全球邮轮港口主要分布在四大地区:北美、欧洲、亚太和大洋洲地区,其中北美和欧洲是邮轮港口聚集度最高的区域。邮轮母港是游客的集散地，是许多邮轮公司的区域性总部基地，能为邮轮全程巡航提供全方位服务，是相互衔接、相互支持的相关产业和管理系统组成的庞大集合体。整个邮轮母港系统包括港口基础设施、港口邮轮运营和产业支撑三大部分组成，如图 1-8 所示(刘军，2011)。其中邮轮码头和配套服务设施是邮轮港口最重要的物资基础和依托；口岸管理和旅游服务管理是港口运营最重要的软环境；而与邮轮停靠、在港和离岸密切相关的其他支撑产业，是邮轮接待质量的重要保证。

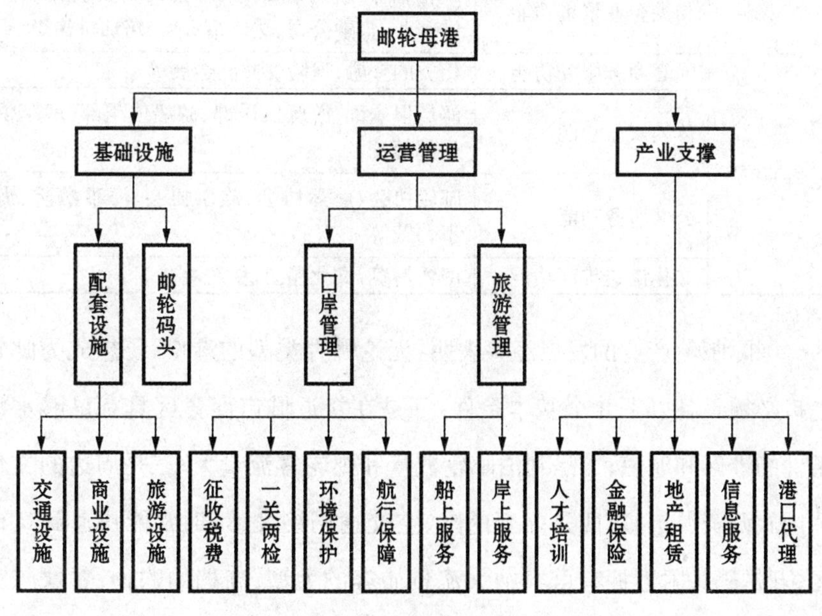

图 1-8　邮轮母港系统构成

Fig. 1-8　Cruise Homeport Systems

从邮轮母港的功能构成来看，邮轮母港的功能板块包括三大部门，即基础功能、核心功能和延伸功能，其中各功能又有许多子功能支撑，如表 1-6 所示(刘军，2011)。邮轮母港的基础功能、核心功能和延伸功能与上文母港系统的三大板块相互对应。

表 1-6　邮轮母港的功能组成

Tab. 1-6　Functions of Cruise Homeports

功能板块	支撑子功能	具体构成要素
基础功能	游客集疏功能	地面交通、海陆空连接、停车场、人流疏散系统
	游客船员服务功能	住宿、餐饮、娱乐、购物等配套设施
	景观美化治理功能	绿化美化、亲水平台、废物处理
	市政配套	消防、供水、供电、排污等系统
核心功能	邮轮靠泊服务功能	进出港引航、检修维护、清洁服务、供给服务等
	游客通关服务功能	候船、通关大厅、行李、边检、海关和信息服务
	游客旅游组织功能	水上旅游组织、岸上观光旅游组织
	相关企业聚集功能	邮轮总部、航运总部、旅游公司、物流公司、船供企业、金融公司、法律事务所、培训机构等
延伸功能	配套商务服务功能	相关的金融、保险、中介、会展等
	休闲娱乐功能	海员俱乐部、游艇俱乐部、游船俱乐部、房车俱乐部等
	公共服务功能	邮轮协会、航运协会、旅游协会、海事法院、海事仲裁等
	文化渗透推广功能	博物博览、文化旅游、传统演艺等

国际邮轮产业的发展经验表明，无论哪种类型的港口，要想成为邮轮港口必须具备以下几个基本条件：一是在接近城市商务区具有足够水深条件的港区和航道；二是到泊邮轮数量和邮轮客流量大；三是周边的文化休闲旅游资源丰富；四是配套的陆、空交通网络发达，通常能快速到达市区；五是码头附近拥有可容纳大流量旅客的大型、高档的购物、餐饮与宾馆设施；六是配备有符合国际法规和惯例的出入关程序和口岸管理程序；七是建有较好的轮船维护基地。

小　结

经过 40 多年的发展，邮轮产业已经成为世界旅游业中发展最活跃的行业之一，近 20 年达到年均 7%以上的增长速度。本章从邮轮本身、邮轮产业、邮轮市场、邮轮经济和邮轮港口等几个主要方面对国际邮轮产业和邮轮经济的基本状况进行了概括性介绍。首先，讨论了邮轮巡游的来源以及邮轮船舶的规格和市场定位；其次，介绍了邮轮产业的发展历程和未来趋势，并从经济系统和产业链角度讨论了邮轮产业的概念和特征；再次，从邮轮旅客的数量、邮轮消费市场分布、邮轮竞争状况等方面介绍了邮轮产业的市场状况；然后，对邮轮经济的概念、邮轮接待经济效益的来源、邮轮产业的经济效益进行了简单介绍；最后，简单分析了邮轮港口的类型以及邮轮母港的基本功能。本书后面各章将对以上主要内容进行更为详细的讨论。

第二章　邮轮经济的全球布局和基本特征

邮轮业已经成为现代旅游业中发展最迅速、经济效益最显著的行业之一，其强大的拉动能力和吸附能力成为推动港口城市和周边经济发展的新动力。然而学术界和实业界对邮轮产业的认识和研究还不够全面和深入。本章将主要对世界邮轮产业的经济格局和基本特征进行分析。首先，介绍世界邮轮产业和邮轮经济的总体概况；其次，从邮轮产业链中的制造群落、经营群落、消费群落和服务群落四个维度对世界邮轮经济的来源、格局和特征进行系统分析，主要包括邮轮制造业的全球布局及经济效益、邮轮经营企业的财务状况及经济贡献、邮轮旅客的区域分布及经济贡献、邮轮港口的全球格局及经济效益。

第一节　邮轮产业的经济效益

一直以来，现代邮轮产业被视为“漂浮在黄金水道上的黄金产业”，发展前景光明，经济效益显著，国际上众多港口城市相继打造邮轮港口以吸引邮轮挂靠。从酒店、旅游胜地以及邮轮（HRC）三大旅游产业的市场价值来看，2010 年达到 5 745 亿美元，邮轮业的份额为 4.4%，比 2007 年公布的 3.5%有了较快增长。据预测，2010—2015 年 HRC 板块将继续迎来 7.3%的复合增长率，达到 8 168 亿美元，比 2010 年增长 42.2%（Datamonitor，

2011)。

虽然邮轮业只占 HRC 板块较小的市场份额,但经济效益非常显著。从北美市场来看,2010 年邮轮公司每接待一位邮轮游客的收入高达 1 620 美元;2010 年北美地区与邮轮有关产出为 379 亿美元,比 2000 年增长了 128%,为北美提供了 33 万余个就业岗位。到 2012 年邮轮产业在北美地区的总产出为 423 亿美金,创造了 35.6 万个就业岗位,如图 2-1 所示(CLIA,2010—2013)。从欧洲市场来看,2009 年邮轮产业直接花费为 141 亿欧元,与邮轮产业相关的总产出为 341 亿欧元,创造了将近 30 万个就业机会。2011 年,邮轮产业为欧洲带来了 150 亿欧元的直接经济产出(其中获利前五名为意大利、英国、德国、西班牙和法国),创造了 31.5 万个就业岗位,其中直接工作岗位达到 15 万个,带来 46 亿欧元的直接工资福利和 52 亿欧元的间接工资福利,整体经济效益达 367 亿欧元;与 2005 年相比,邮轮产业的整体经济产出和就业分别增长了 92.6%和 68.5%(ECC,

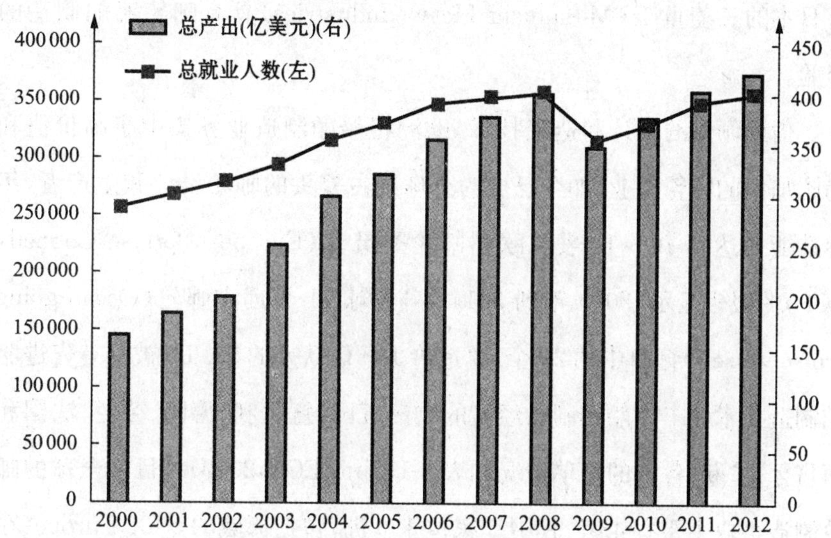

图 2-1　北美地区邮轮产业的经济效益(2000—2012 年)

Fig. 2-1　Impacts of Cruise Economy on the North America (2000—2012)

2012/2013)；2012年，欧洲邮轮产业的直接经济产出155亿欧元，带来32.7万个就业岗位，总体经济经济收益达到378.6亿欧元(ECC，2013)。

第二节　邮轮制造群落的经济效益

随着邮轮产业的发展，各大邮轮企业纷纷增加运力，邮轮船舶总数不断增加，运载能力不断提高，每年都有新的邮轮投放市场，给邮轮建造业带来了丰厚的经济回报。单从船舶建造业来看，近年来中国造船业保持了快速的发展势头。当前的世界造船市场形成了韩、日、中三国鼎立的基本格局。2011年韩国、中国和日本的船舶建造总吨位分别为1 207万、735万和111万，分别占世界船舶建造市场的51.2%、31.2%和4.7%，其中建造工作主要集中于标准化船舶，比如集装箱船、油轮、散货船等，在豪华邮轮等高附加值、专门技术性船舶制造方面的市场份额极小。整个亚洲只有日本的三菱重工(Mitsubishi Heavy Industries)具有邮轮船舶制造的经验。

借助领先的设计和造船技术，欧洲将船舶制造业务集中于高价值和高附加值的邮轮行业，如今已成为全球独占鳌头的邮轮设计和生产者，年建造能力达到10～12艘。欧洲邮轮委员会(European Cruise Council，ECC)的报告显示，2010年到2014年，全球31个远洋邮轮(Ocean-going cruise vessels)订单中的29个、总造价140亿欧元的99.5%被具有先进船舶制造技术和丰富船舶制造经验的欧洲五国(意大利、德国、芬兰、法国和西班牙)垄断，各国的订单情况如表2-1所示(ECC，2010)。目前全球的邮轮制造企业主要有4家，其中3家位于欧洲，包括挪威的STX Europe(在芬兰和法国各有一个造船基地)、意大利的Fincantieri公司和德国的Meyer Werft公司；一家位于亚洲，即日本的三菱重工公司。

表 2-1　世界远洋邮轮制造订单格局(2010—2014 年)

Tab. 2-1　Distribution of Cruise Ship Manufacturing Orders

国　家	订单数	总吨位（万吨）	载客量（万人）	造价（百万欧元）	份　额
意大利	16	137.23	3.41	6779	47.6%
德国	8	82.30	2.01	4330	30.9%
法国	3	38.26	1.03	1851	13.2%
芬兰	1	22.53	0.54	1023	7.3%
西班牙	1	0.50	0.014	78	0.6%
以上共计	**29**	**280.82**	**6.996**	**13961**	**99.5%**
其他国家	2	1.27	0.032	67	0.5%
总计	**31**	**282.09**	**7.028**	**14028**	**100%**

日益兴旺的邮轮旅游需求给邮轮制造业提供了巨大的动力。2011 年到 2015 年的在册订单中，正在建造的邮轮有 27 艘，其中 16 艘为排水量 6 万吨以上的大型豪华邮轮，如表 2-2 所示。欧洲邮轮委员会的数据表明，2009 年欧洲邮轮产业的直接经济效益为 141 亿欧元，其中 46 亿欧元来自新邮轮的建造和对已有邮轮的维护、保养和翻新费用，占欧洲邮轮产业直接收益的 33%左右（ECC，2010）。2012 年，邮轮产业为欧洲带来直接经济效益 155 亿欧元，其中 38.5 亿欧元来邮轮建造与维修，占邮轮产业直接收益的 25%左右（ECC，2013），如图 2-2 所示。

表 2-2　全球邮轮公司的在建邮轮(2011—2015 年)

Tab. 2-2　Cruise Ship on Order (2011—2015)

邮轮公司	公司英文	船舶名称	排水量（万吨）	床铺数	投放时间
迪士尼邮轮	Disney Cruises	Disney Fantasy	12.8	2500	2012-3
大洋邮轮	Oceania Cruises	Riviera	6.5	1260	2012-4
歌诗达邮轮	Costa Cruises	Costa Fascinosa	11.5	3000	2012-5

（续表）

邮轮公司	公司英文	船舶名称	排水量（万吨）	床铺数	投放时间
爱达邮轮	AIDA Cruises	未命名	7.1	2050	2012-5
地中海邮轮	MSC Cruises	MSC Divina	13.9	3478	2012-5
嘉年华邮轮	Carnival Cruises	Carnival Breeze	13.0	3690	2012-6
精致邮轮	Celebrity Cruises	Celebrity Reflection	12.6	3030	2012-10
公主邮轮	Princess Cruises	Royal Princess	14.1	3600	2013 春季
挪威邮轮	Norwegian Cruises	Norwegian Breakaway	14.4	4000	2013 春季
爱达邮轮	AIDA Cruises	未命名	7.10	2192	2013 春季
公主邮轮	Norwegian Cruises	未命名	14.1	3600	2014 春季
挪威邮轮	Norwegian Cruises	Norwegian Getaway	14.4	4000	2014 春季
途易邮轮	TUI Cruises	未命名	9.7	2500	2014 春季
皇家加勒比	Royal Caribbean	未命名	15.8	4100	2014 秋季
半岛东方邮轮	P&O Cruises	未命名	14.1	3611	2015 春季
皇家加勒比	Royal Caribbean	未命名	15.8	4100	2015 春季

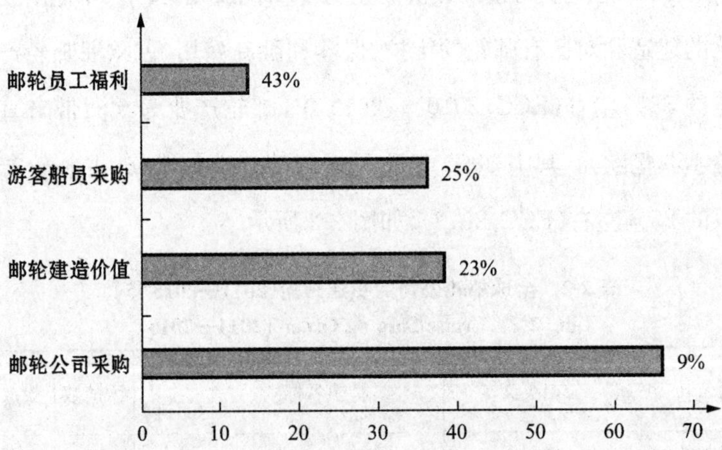

图 2-2　2012 年欧洲邮轮产业的经济效益（亿欧元）
Fig. 2-2　Cruise Economy in Europe 2012

第三节　邮轮经营群落的经济效益

目前,全球邮轮产业依然处在寡头垄断的竞争阶段。最著名的三大邮轮公司为嘉年华邮轮公司、皇家加勒比邮轮公司和丽星/挪威邮轮集团。2007年,三大邮轮巨头分别拥有81艘邮轮14万个床位、34艘邮轮67 900个床位以及21艘邮轮32 300个床位,占世界邮轮产业80%的市场份额。

嘉年华是世界最大的邮轮公司,资产雄厚,2011年拥有98艘邮轮,接近20万床铺存量,在全球拥有10个著名的邮轮品牌:嘉年华(Carnival)邮轮、歌诗达(Costa)邮轮、冠达(Cunard)邮轮、荷美(Holland America)邮轮、公主(Princess)邮轮、世朋(Seabourn)邮轮、半岛东方(P&O)邮轮(英国)、半岛东方(P&O)邮轮(澳大利亚)、爱达(AIDA)邮轮和伊比利亚(Ibero)邮轮。嘉年华为世界著名旅游休闲服务提供商,总部设在佛罗里达的迈阿密,主要服务于北美、南美、欧洲以及南亚太平洋市场。2009年,经济危机的影响使得嘉年华的财政收益下降较为明显(如图2-3所示);2010年的财政收入达到144.7亿美元,与2009年相比增长了7.5%;经营利润为23.5亿美元,比2009年增长了9%;纯利润为19.8亿美元,比2009年增长了10.5%(Datamonitor,2011)。

第二大邮轮集团为皇家加勒比公司,旗下拥有皇家加勒比(Royal Caribbean)邮轮、精致(Celebrity)邮轮、普尔曼(Pullmantur)邮轮、精钻(Azamara)邮轮和法国邮轮(Croisières de France,CDF)五个邮轮品牌,2010年拥有38艘邮轮和8.4万个床铺存量,提供全球400个目的地的巡游产品。皇家加勒比邮轮的总部也设在美国的迈阿密,雇员超过5 700人,目标市场主要为美洲、欧洲、亚洲和澳洲。经济危机和船票价格的下降使得2009年皇家加勒比邮轮公司的财政收益大幅下跌,财政收入为

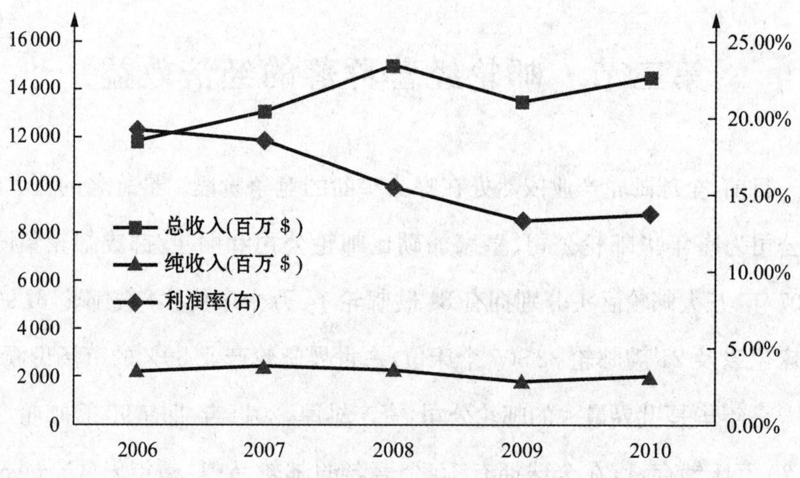

图 2-3 嘉年华的财政状况(2006—2010 年)
Fig. 2-3 Financials of Carnival Company (2006—2010)

58.9 亿美元,比 2008 年降低了 9.8%;经营利润为 4.9 亿美元,比 2008 年降低了 41.3%;纯利润为 1.62 亿美元,比 2008 年降低了 71.7%(Datamonitor, 2010)。

最新数据显示,2010 年全世界与邮轮直接相关的收入为 293.4 亿美元,比 2010 年增加了 9.5%,其中北美市场为 174.6 亿美元,主要来自美国、加拿大和其他从北美港口登船游客的消费,其中 6%来自加拿大游客;另外的 118.8 亿美元来自欧洲及以外的其他市场,其中欧洲 78 亿占 65.7%,亚洲 27 亿占 22.8%,南美洲 7 亿占 5.6%以及澳大利亚、中东和非洲等占 5.9%。从北美市场来看,嘉年华、皇家加勒比和丽星/挪威分别占有 52.9%、27.6% 和 9.8%的市场份额,总份额达到 90%以上;从北美以外的其他市场来看,三大邮轮企业的市场份额分别为 51.6%、25.6%和 7.7%,总份额达到 84.9%[①]。

① http://www.cruisemarketwatch.com/blog1/market-share-2/

通过对邮轮经营群落的分析可以看出，邮轮旅游市场具有高度竞争的特点，虽然竞争者数量不多，但都具有很强的竞争能力（Soriani，2009）。高度的竞争特性加上极高的固定成本和管理成本，一方面使得邮轮市场的进入壁垒过高，导致竞争者数量有限；另一方面使得各参与方一旦进入该市场便很难轻易退出，导致竞争异常激烈。因此，缺乏港口运作、票务代理、航线开发、消费者培育、销售渠道和人员培训经验的国家和地往往难以打造具有国际竞争力的本土邮轮公司。

第四节　邮轮消费群落的经济效益

本章将邮轮产业的消费群落定义为与邮轮直接相关的核心购买者，其中分为两大部分：一部分为邮轮乘客和邮轮船员，另一部分为邮轮企业本身。前者称为消费者，其经济效益主要体现在邮轮乘客和船员在登船前和登船后的整个巡游过程中，在休闲购物、岸上观光和住宿餐饮等方面的支出；而后者称为采购者，其经济效益体现在邮轮公司在满足消费者需求过程中的直接采购支出，包括食品、饮料、酒水、燃料、酒店用品和设备、导航和通讯设备以及其他必需的产品和服务。

自20世纪90年代以来，邮轮产业得以迅猛发展，游客数量以年均7.6%的速度增长，从1990年的377万增加到2010年的1482万，远远高于国际旅游业3%～4%左右的增长速度。纵观全球邮轮旅游市场，国际邮轮旅游市场主要集中在北美，一直以来占据了80%～90%的市场份额，然而自2005年以来北美地区的市场份额下降明显，2010年游客数量为1078万，占世界邮轮市场的73%。欧洲是世界第二大邮轮市场，邮轮旅客主要集中在英国、德国、意大利、西班牙和法国，2010年五国市场占有率达到87.3%（ECC，2011）。近年来，不同文化背景和优美的自然风光使得亚太地区开始成为备受瞩目的新兴旅游目的地，邮轮产业增长速度已经高于世界平均值(Teye and Leclerc，1998)。进入21世纪，亚太地区的邮轮旅游将更加频繁(Qu and Ping，1999)，并进一步推动世界邮轮经济的发展。

从北美邮轮旅游市场来看，最著名的旅游目的地是加勒比、地中海和阿拉斯加等。2009年，国际邮轮协会的数据表明，邮轮消费者多为旅游休闲者，年龄的中位数为46岁，比2002年的52岁(Toh et al，2005)和2006年的49岁有所降低，这说明越来越多的年轻人被吸引到这一新型休闲旅游行业。2010年的数据显示，邮轮乘客的年收入中位数为97000美元，其中76%接受过学院教育；邮轮乘客和休闲旅游者的人均支出也从2004年的1303美元、2006年的1410美元、2008年的1470美元增长到2010年的1500美元以上；与非邮轮乘客的人均支出(1300美元)相比，邮轮乘客(1700美元)要高出25%，其中在专业型和豪华型邮轮上的花费更高，分别达到2500美元和2900美元(CLIA，2010—2013)。

从美国市场来看，2010年从美国港口登船的游客达到970万人，比2009年增长了8.9%，乘客和船员支出达到16亿美元，在零售、餐饮和住宿业创造了20113个就业岗位和4.65亿美元的工资收入；邮轮公司提供了25800个工资机会和11亿美元的工资收入，向其供应商采购了89亿美元的产品和服务，从而创造了40029个工作岗位和20.2亿美元的工资收入(CLIA，2010—2013)。从欧洲市场来看，2009年乘客和船员的总支出为29亿欧元，比2008年提高了3%；除了机票支出，平均每个乘客在出发港的支出为70欧元，在停靠港的支出为60欧元；邮轮公司在总部和管理机构雇用了4500名欧洲员工，提供了46500个轮船上的工作岗位，员工工资收入为12亿欧元；邮轮直接采购支出为54亿欧元，比2008年增长了6%，其中4.8亿欧元来自船上食品和饮料，7.8亿欧元来自旅游代理支出，10 亿欧元来自保险、广告、工程、专业服务等金融和商业服务（ECC，2010）。2013 年，欧洲邮轮乘客和船员的总支出为 36.3 亿欧元，占邮轮业直接经济效益的 23%，比 2011 年增长了 5.5%（ECC，2013），如图 2-2 所示。

第五节 邮轮服务群落的经济效益

从广义上来看，邮轮服务群落包括所有支撑产业的利益相关者。本章将邮轮产业的服务群落限定为提供接待服务的邮轮港口和码头。根据自然条件、技术要求和服务功能的差异，国际上往往将邮轮港口划分为三种类型：邮轮母港、挂靠港和简易码头。邮轮母港是邮轮的基地和出发港，为邮轮提供接待、维修、修理、补给、商务、金融、保险等全方位的服务，是邮轮公司总部或区域总部的驻地，其中最著名的是美国迈阿密港。挂靠港是邮轮网络的延伸点，对邮轮进行一定的补给、补充和废料处置作业，同时为乘客提供上岸观光活动。邮轮在挂靠港的停靠时间较短，一般 4～8 小时。简易码头型港口则仅供邮轮做较短的停靠，基本上不增加补给，停靠时间一般少于 4 小时。发展邮轮经济最重要的是争取能成为大型邮轮公司的邮轮母港，母港的经济效益往往比停靠港高很多。

随着邮轮经济的持续快速增长以及众多国家和地区邮轮经济发展的逐步深入，目前世界版图内的邮轮港口已经形成了较为稳定的全球布局形态。从地理区位分布特征看，全球邮轮港口主要分为四大群落：北美、欧洲、亚太和大洋洲地区，其中北美和欧洲为主要的邮轮港口集聚区。北美地区借助良好的区位优势，成为目前世界上邮轮港口最为集中的区域之一，由东海岸到西海岸分布着众多优良的邮轮港口。2010 年从美国港口登船的乘客为 970 万人，其中仅 15 个港口就占 90%的份额。值得说明的是，佛罗里达州是世界上邮轮产业最发达的地区，2010 年从该州港口登船的乘客达 578.4 万，占全美 60%的市场份额；乘客、船员和邮轮公司的直接支出为 63 亿美元，占全美邮轮业 35%的份额，并创造了超过 12.3 万个就业机会和 54 亿美元的工资收入，分别占美国邮轮产业就业人数和工资收入的 37.4%和 35.1%，其中在邮轮总部和管理部门雇用的员工总数占全美邮轮产业的 50%以上(CLIA，2010—2013)。

因独特的地理地貌，欧洲也分布着众多优良的邮轮港口，包括巴塞罗那、阿姆斯特丹、鹿特丹、雅典、哥本哈根、斯德哥尔摩、奥斯陆、多佛、不莱梅、基尔、伊斯坦布尔、里斯本、尼斯、罗马、威尼斯、南安普敦、都柏林、爱丁堡、萨沃纳、帕尔马和科克等。欧洲主要的邮轮母港有 14 个，其中北欧有 6 个，大西洋沿岸有 2 个，地中海沿岸分布着 6 个。

大洋洲地区主要包括澳大利亚和新西兰两个国家，优良的邮轮港口包括墨尔本、悉尼、布里斯班和奥克兰等。凭借独特的人文景观和优美的自然风光，亚太地区越来越受到世界邮轮公司的青睐，主要邮轮港口包括新加坡、香港、巴生港、迪拜和上海等。2010 年 6 月 26 日，继上海、厦门和三亚国际邮轮中心之后，天津母港正式投入使用，中国邮轮母港格局又迎来一位新的竞争者。随着全球邮轮旅游业的迅速发展，中国各港口城市之间的竞争日趋激烈。最新数据显示，到目前为止，中国已有十六个城市接待过国际豪华邮轮，并逐步形成了以天津、上海等多个港口开设邮轮母港航线的全面发展局面。

小 结

从邮轮产业的全球价值链来看，邮轮制造环节和邮轮经营环节具有最高的附加值。作为国际邮轮公司在亚洲的重要客源地和市场，中国邮轮旅游刚刚起步，还未得到广泛接受。随着人们消费观念的转变和可支配收入的不断增加，邮轮旅游必将发展成中国重要的旅游业态。中国邮轮产业起步晚，总量小，产业链狭窄，目前仍处在港口接待的初级阶段。如何有效嵌入邮轮产业全球价值链并向高附加值的战略环节攀升，最终实现产业优化和升级，将是“十二五”期间发展邮轮经济的首要问题。

组建和发展本土化的邮轮船队，通过提高设计和建造技术步入邮轮船舶制造业，可能成为中国邮轮产业打通产业链的机会。中国在相当长的时期里仍然缺乏邮轮船舶设计和建造、邮轮在港运作、票务代理、航线开发、市场培育、渠道协作和人员培训等方面的经验。我们必须充分认识世界邮轮产业高度竞争的特点，统筹兼顾，循序渐进，合理配置资源，首先以“点—轴”结合和区域合作的方式大力发展邮轮港口接待业，加大邮轮旅游市场的培育力度，努力开拓本土客源市场，并在此基础上学习国外邮轮产业主体的经营策略和人才战略，努力拓展高附加值的战略环节，打造宽幅产业链，最终以区域集群的方式嵌入全球价值链，积极参与邮轮产业的国际分工，努力扩大我国邮轮产业的经济成果。

第三章　北美邮轮旅游市场的季节性特征研究

作为气候和自然条件依赖性很强的产业，邮轮旅游本身具有明显的季节性特征。本章以2005年到2011年北美地区全部30 198个航次邮轮乘客的季度数据和月度数据为样本，分别利用X-12-ARIMA和TRAMO/SEATS季节调整模型对北美邮轮市场的季度数据和月度数据进行了分析。季节调整后的数据表明，北美邮轮市场呈现持续扩张的长期趋势。与季度季节性相比，该地区邮轮旅游表现出更强的月度季节性特征，其中1月、2月、7月和12月是相对旺季，而5月、9月、10月和11月是相对淡季。但总体来看，北美邮轮旅游受季节性因素和不规则因素的影响并不是很大，一方面由于当前邮轮旅游的需求主要受邮轮运力的驱动，邮轮客座率普遍较高；另一方面由于邮轮公司可以在季节交替时段通过船舶重配或重置(Repositioning)策略来规避季节性的影响。

第一节　北美邮轮旅游市场特点及季节性原因

一、北美邮轮旅游市场特点

邮轮产业已经成为现代旅游业中发展最迅速、经济效益最显著的行业之一。现代邮轮经历了帆船、商船、客轮、远洋客轮、跨洋客轮和旅游邮轮的转变，并直接蜕变于20世纪初期和中期用来运送旅客和邮件的定线、定期航行的大型客运轮船(Shipping-liner)。早期的邮轮同时运载两地间的邮件，与邮政事业有关，所以被称为“邮轮”。随着航空业和休闲旅游业的发展，原本意义上作为客运或邮政运输的邮轮渐渐退出了历史舞台，渐渐被以休闲度假为主要功能的豪华邮轮所取代。20世纪60年代，随着挪威号、伊丽莎白王后号、诺曼底号、卡洛尼亚号的诞生以及美国禁酒期间的公海畅饮，挪威邮轮公司的向阳号开始向消费者销售邮轮假期产品，从而掀开了现代邮轮产业蓬勃发展的序幕。国际邮轮协会的数据表明，1990年到2011年间，邮轮乘客数量以平均每年7%以上的速度增长，2011年达到1637万；邮轮运力也以年均7%以上的速度增长，2011年邮轮船舶达到220艘以上，床铺数量超过30万个。除了市场增长迅速，邮轮旅游的经济效益同样显著。2011年，邮轮产业为美国提供了超过34万个就业岗位，总产出达到404亿美元，比2000年的166亿美元提高了143.4%(CLIA,2010—2013)，年均增长率超过8%(CLIA,2010—2013)。欧洲邮轮委员会的数据表明，2013年邮轮产业为欧洲提供了近32.7万个就业岗位、155亿欧元的工资福利(其中13.7来自邮轮业直接员工)和378.6亿欧元的总产出，其中直接由邮轮公司及其乘客和船员带来的收益达155亿欧元(ECC,2013)。邮轮产业强大的拉动能力和吸附能力已成为拉动城市经济、刺激周边地区经济增长的新动力。世界上众多港口城市很大程度上依赖于这个行业。

自邮轮旅游产生以来，北美地区占据了绝对的统治地位，1990年到2010年邮轮乘客的平均市场份额达到85%以上。随着北美市场的饱和以及欧洲、亚太邮轮市场的崛起，邮轮旅游在新兴地区的增长速度远远高于世界平均值，从而使得北美地区的市场份额下降明显。特别是2008年金融危机使得该地区邮轮乘客数量连续两年下降，直到 2010 年才有了较明显增长，如图 3-1 所示（左边纵坐标单位为千万人次）。随着经济的持续增长和社会的持续稳定，北美地区将吸引越来越多的消费者加入到邮轮旅游来。国际邮轮协会调查结果显示，美国仅有不到 20%的人口参与过邮轮旅游，邮轮产业在北美地区仍具有巨大的潜力。在较长时期内该地区仍将是世界邮轮产业的中心并保持世界领导者的地位。

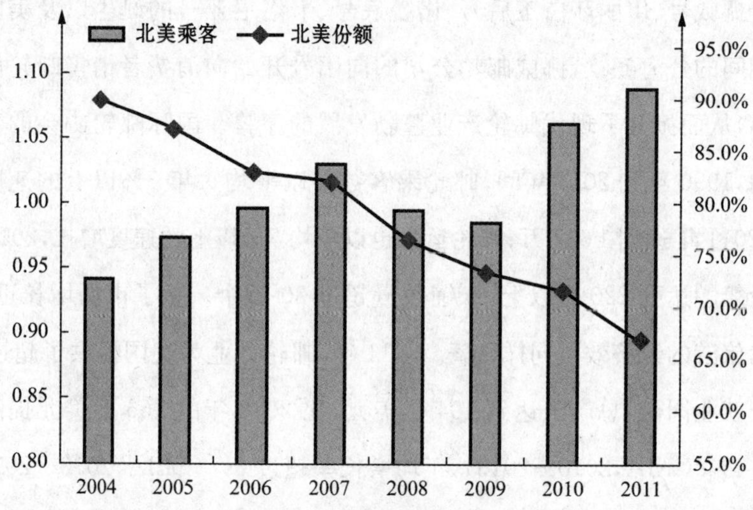

图 3-1　北美邮轮乘客数量及份额（2004—2011）

Fig. 3-1　Number and Market Share of North American Cruisers (2004—2011)

数据来源：根据 CLIA 公布的数据整理

从区域分布来看，北美地区的邮轮市场主要由四部分组成：美国西北部（阿拉斯加和西雅图等）及加拿大温哥华区域、美国东北部（纽约和波士顿等）及加拿大东南区域、美国西南部（加利福尼亚和夏威夷等）及墨西哥地区和美国东南部（佛罗里达州）及加勒比海地区。从气候条件来看，美国北部及加拿大具有鲜明的季节特性，冬季寒冷旅游规模相对较小，邮轮旅游活动也较少。由于美国东南部和加勒比海地区的季节性特征并不明显，基本适合全年(Year-round)旅游，是邮轮活动最密集的区域，但炎热的夏季同样使得该地区邮轮旅游活动有所减少，反而北部的冬季时段是其邮轮旅游的旺季。从2005年到2011年的邮轮乘客季度时间序列数据来看，除了2008年的金融危机显著造成市场萎缩，北美邮轮消费者数量总体呈现一种上升的趋势。特别是2006年，各季度邮轮乘客数量的上升趋势明显。从2007年到2011年来看，每年中邮轮乘客的季度数据基本表现出“两峰两谷”的特征：第一季度(1月、2月和3月)的邮轮乘客数量较多，第二季度(4月、5月和6月)呈明显下降趋势，然后在第三季度(7月、8月和9月)呈现增长态势。对于第四季度(10月、11月和12月)来说，在2006年、2010年和2011年较前一季度均出现显著增长趋势。

从航次(Cruise)安排来看，2005年到2011年的7年间，北美邮轮市场每年平均有4 000以上的邮轮航次。除了个别季度，2005年到2011年邮轮航次数量在季度上的变化趋势与邮轮乘客数量的变化基本一致。从邮轮的运力或容量(Normal Capacity)数据来看，其时间序列的变化趋势与航次数量的变化态势十分相似，与邮轮乘客数量的数据序列的一致性也相当高，如图3-2所示(纵坐标数量级为百万)。另外，由于邮轮运力是以舱位的双床铺数据统计的，所以各季度实际的邮轮乘客数量是高于邮轮容量数量的。在邮轮上通常存在若干可容纳3人以上的舱位，所以以双床铺为统计口径的客座率较高，2003年以来均在100%以上，从而使得邮轮乘客数量很大程度上取决于邮轮公司的航次供给和运力投放。可以说乘客数据、容量数据和航次数据三者具有基本一致的互动关系。进一步由于邮轮旅游的季节性是通过邮轮乘客的选择而体现的，所以本文以邮轮乘客(季度和月度)的时间序列数据为样本对北美邮轮市场的季节性进行研究。

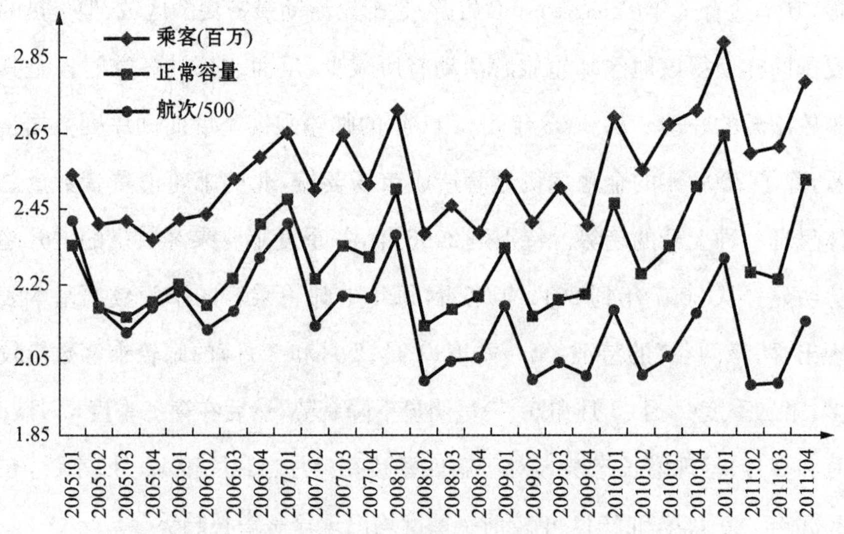

图 3-2　邮轮运力、乘客和航次季度数据(2005—2011)

Fig. 3-2　Quarterly Data of Capacity, Passengers and Cruises (2005—2011)

二、北美邮轮旅游季节性产生原因

邮轮常常被称为漂浮在海面上的“超五星级酒店”、“无目的地的目的地”和“海上流动度假村”等。现代邮轮可以细分为从小型的近港游船到超大型的长距离、网络航线的大型邮轮多种型号以及从时尚型、经济型、尊贵型、豪华型、专门型到探索型等多种定位。邮轮公司向消费者提供不同期限、不同航线的多种度假产品。消费者可以选择从几天的短期航程到甚至几周的长期巡游。邮轮的航行速度、出发港口、停靠目的地、航程期限以及停靠地之间的距离构成了整条邮轮航线(Itinerary)。每条邮轮均配备丰富的生活、娱乐、休闲与度假的服务设施。邮轮不再是一种单纯的运送旅客观光旅游的工具,而是一种集交通运输和休闲度假于一体的综合服务平台。出发港、停靠港、岸上观光以及船上的餐饮、住宿、休闲和娱乐等设施定义了邮轮产品的全部内涵。旅客巡游的经历不仅仅包括巡游本身，还体现在欣赏国内外停靠港景色、享受船上精美住宿膳食服务、体验船上豪华休闲娱乐设施和参加丰富多彩的观光游览等经历上。

毫无疑问，明媚的阳光、舒适的气温、优美的自然风光和丰富的船上服务等是邮轮旅游业存在和发展的基础，缺一不可。可以说，与其他的旅游形式相比，邮轮旅游的气候和资源依赖性更强。从全球区域布局来看，邮轮产业具有大区域分散、小区域聚集的特征。北美地区的美国和加拿大、北欧地区、地中海地区、加勒比海地区以及南美地区都是邮轮活动比较集中的地区。作为对气候和自然条件敏感的旅游产业，邮轮旅游受季节性的影响显著。比如，北美北部和北欧地区，冬季由于气候寒冷，邮轮旅游活动和邮轮公司运力投放将明显减少。再如，虽然加勒比海地区是全年型邮轮旅游目的地，但在炎热的夏季，邮轮活动数量也会明显减少。除了自然和气候因素，社会制度和风俗习惯等因素也会造成邮轮旅游业的季节性波动。

综上所述，季节性是邮轮旅游业最重要的特征之一，对邮轮产业的发展具有至关重要的影响作用。以月份或季度作为时间观测单位的时间序列通常具有一年一度的周期性变化。在旅游业中，这种季节性波动非常显著，往往遮盖或混淆经济发展中的真实变化规律，造成对经济形势识别和分析的困难和麻烦。本章以邮轮旅游最大的聚集区——北美市场为研究对象，分别以 2005 年到 2011 年全部 30 198 个航次的季度数据和月度数据为样本，对北美邮轮市场的季节性特征进行全面而深入的分析。首先，采用 X-12-ARIMA 季节调整方法对北美邮轮市场的运力投放和需求数据进行分析，从而识别出该地区邮轮旅游的季节性波动特征；然后，对北美邮轮旅游的季节性应对措辞——邮轮重配或重置

(Repositioning)现象进行了分析,进一步揭示了邮轮旅游季节性与邮轮重置策略的关系。

第二节　北美邮轮旅游季节性分析方法

目前,经济数据的季节调整方法主要有美国商务部普查局的 X-11 法、加拿大统计局的 X-11-ARIMA 法和美国劳工统计局 X-12-ARIMA 法以及西班牙银行开发完善的 TRAMO/SEATS 法,其中 20 世纪 90 年代美国商务部普查局推出的 X-12-ARIMA 模型和 20 世纪末由西班牙银行开发和完善的 TRAMO/SEATS 模型应用最为广泛(吴岚、朱莉龚和小彪,2012;范维、张磊和石刚,2006)。对具有较大异常值的长达 15 年的时间序列数据进行季节调整时,TRAMO/SEATS 方法一般能取得较好的拟合效果;而对于 4 年左右的较短时间序列数据的季节调整,X-12-ARIMA 方法通常能获得更理想的效果。本章采用两种方法分别对北美邮轮市场 8 年的乘客季度数据和月度数据进行分析。

一、X-12-ARIMA 模型

季节性是旅游业显著而又重要的特征,深入挖掘和充分理解旅游季节性特征,是实现旅游业高效管理的重要依据(Koc and Altinay,2007)。旅游季节性特征的挖掘可以通过众多季节性调整方法来实现。季节调整的目的是通过估计和剔除原始序列中季节变动因素和偶然性因素来更好地揭示月度(或季度)序列的潜在特征和变化规律,从而使经过季节调整的时间序列数据能够较为准确地反映社会经济运行的基本态势。

X-12-ARIMA 季节调整方法可用追溯到 1954 年由美国普查局的 Shiskin 首先开发成功的时间序列季节调整模型 X-1。此后,此类季节调整方法的每改进一次都以 X 加上序号表示(范维、张磊和石刚,2006)。1965 年,由美国普查局推出的 X-11 模型成为季节调整方法走向成熟和被广泛应用的标志,渐渐成为世界上各统计机构使用的标准方法,并进一步推动了新型季节调整方法的发展。X-11 调整法的本质是使用非参数特性的移动平均法分理出时间序列数据的趋势-循环项和季节项。该方法的主要缺陷是:使用移动平均将大量缺失数据,特别是序列两端损失信息过多,在一定程度上影响了调整和预测的效果,而且不具备向前回溯和向后预测的能力。后来出现的以 X-11 为核心的 X-11-ARIMA 与 X-12-ARIMA 不同程度上弥补了 X-11 的不足,应用范围更加广泛。

1978 年,加拿大统计局 Dagum 研发了对 X-11 改进的 X-11-ARIMA 方法。该方法在 X-11 基础上加入 ARIMA 建模和预测,具有通过自回归和移动平均方法在季节调整前向前预测、向后预测和补充数据的能力,从而保证了在使用移动平均法进行季节调整过程中数据的完整性,弥补了 X-11 模型的不足。然而,X-11-ARIMA 的适用性较低。因为该方法仅提供了了三种供用户选择的固定模型,一旦三种模型均不适合于观测数据,那么用户难以选择合适的 ARIMA 模型,季节调整便无法进行(范维、张磊和石刚,2006)。1998 年,美国普查局 David Findley 等研发出了 X-12-ARIMA 季节调整模型和程序。该方法包括乘法、加法、伪加法和对数加法 4 种季节分解形式,由 X-12 方法和差分自回归移动平均模型 ARIMA (Autoregressive Integrated Moving Average)组合而成,整个季节调整过程包含两个阶段。第一个阶段,在采用 X-12 方法前,先使用预调整模块 regARIMA。一方面对原始序列中存在的各种异常值和历法效应作预调整,另一方面对预调整后数据序列的两端进行了延伸,通过用延长原序列弥补了移动平均法末端项补缺值的问题。第二个阶段将前一阶段产生的时间序列回归误差导入 X-11 模块进行季节调整,将数据序列分解为趋势循环成分、季节成分和不规则成分(余向洋、沙润和胡善风,2013)。X-12-ARIMA 在预调整模块 regARIMA 中,对数据进行了更丰富的预处理,不仅引入随机时间序列 ARIMA 模型,还利用了回归模型(引入外生变量),从而达到更好的季节调整效果。因此,与 X-11-ARIMA 模型相比,X-12-ARIMA 最重要的改进之处在于增加了几种类型的模型和多种新的季节调整诊断方法,具有较大的适应性,能对大多数经济时间序列进行季节调整,成为经济数据分析和预测的有效工具。

通过 X-12-ARIMA 的方法和技术可以将经济时间序列数据 Y_t 分离出趋势要素 T_t、循环要素 C_t、季节性要素 S_t 和不规则要素 I。此时,具有季节性特征的经济数据序列 Y 可以分解为以下两种基本形式:

1. 加法模型

$$Y_t = T_t + C_t + S_t + I_t, \quad SA_t = T_t + C_t + I_t \tag{3.1}$$

2. 乘法模型

$$Y_t = T_t \times C_t \times S_t \times I_t, \quad SA_t = T_t \times C_t \times I_t \tag{3.2}$$

其中,Y_t 表示原始时间序列,SA_t 表示季节调整过的序列。趋势要素 T_t 反映了经济时间序列中长期的趋势特性。循环要素 C_t 反映了以数年为周期的周期性变动,可能是一种景气变动、经济变动或其他周期变动。循环要素描述序列中不同幅度的扩张与收缩,经济问题中常指一年以上的起伏变化。由于循环要素在实际中测算难度较大,因此通常将循环要素和趋势要素放在一起不加区分,称为趋势循环要素 TC。季节要素 S 描述序列中一定周期的重复变动,是以 12 个月或 4 个季度为周期的、每年重复出现的循环变动或周期性影响。对于邮轮旅游来说,这种重复变动通常由日照、温度、降雨、假期和政策等因素引起。因此,季节要素 S_t 事实上是一种组合季节成分。以乘法模型为例可表示为

$$S_t = H_t \times WD_t \times S_t,$$

其中 H_t、WD_t 和 S_t 为移动假日成分、工作日成分和季节成分。在实际季节性调整过程中，由于移动假日效应和工作日效应对月度数据的影响与季节成分类似，同样会对经济周期的判断造成困难，因此通常将其和季节成分组合在一起考虑并加以消除(陈雄强和张晓彤，2011)。不规则要素 I 描述随机因素引起的变动，通常是由偶然发生的事件引起，如罢工、事故、危机、地震、水灾、战争等。对于一个时间序列，具体采用哪种模型进行分析，取决于各要素之间的关系。一般来说，若四种要素是相互独立的用加法模型，否则适合用乘法模型。对于社会经济问题主要使用乘法模型，本文采用乘法模型进行分析。

二、TRAMO/SEATS 模型

TRAMO/SEATS(ARIMA 具有缺省值的时间序列回归/时间序列的信号提取)方法由西班牙的 Victor Gomez 和 Agustin Maravall 两人于1997年(以发布测试版为准)开发并测试完成，是一种以 ARIMA 模型为基础使用信号提取技术进行季节性调整时间序列的方法。该方法通过结合 TRAMO 过程(Time Series Regression with ARIMA Noise，Missing Observation，and Outliers)和 SEATS(Signal Extraction in ARIMA Time Series)过程实现对时间序列中噪音、缺失观测值和异常值的处理以及特征信息提取，该方法可以有效地从时间序列中提取出时间序列的趋势要素、循环要素、季节要素及不规则要素等各组分，是应用最广泛的时间序列调整方法之一。TRAMO/SEATS 方法的优点是可用更为灵活地设定回归变量，可更好地解决不确定性季节因素，从而使其具有较少主观性特征。TRAMO/SEATS 中的预调整程序 TRAMO 与 regARIMA 相似，主要不同在于 ARIMA 模型的选择标准。

第三节　北美邮轮旅游季度数据的季节性分析

本章的数据来源于由美国交通部(U. S. Department of Transportation)内部机构海事局(Maritime Administration)公布的北美邮轮市场2005年到2011年全部30 198个航次的邮轮乘客及邮轮床铺存量数据。我们按照季度和月度对邮轮乘客数据进行了整理，最终季度数据序列的长度为28，月度数据序列长度为84。由于北美邮轮乘客序列具有随时间递增的趋势，故利用X-12-ARIMA季节调整方法中的乘法模型进行分析。利用Eviews6.0软件对相应的时间序列进行季节调整，从而得到北美邮轮乘客的季节调整后序列、趋势成分序列、季节成分序列、季节性季度和月度变动序列以及不规则成分序列等。在使用X-12-ARIMA进行季节调整时，数据序列使用乘法模型，并未进行对数等数据转换。同时，对数据进行了日历效应的调整，并默认进行异常值的自动检验。检测结果表明，两序列均未发现AO(Addictive Outlier)、TC(Temporary Change)和LS(Level Shift)异常值。

首先以北美邮轮乘客的季度数据为样本对数据序列进行季节调整。X-12-ARIMA模型给出了11种取值在0～3之间的统计量来判断季节调整的质量。这些统计量的值越小说明季节调整的效果越好，但只有取值在0～1之间才能接受。从季节性调整诊断报告来看，在X-12-ARIMA程序给出的用于质量控制的M统计量中有10个数值是小于1的；且通过线性加权得到的季节调整质量复合指标(Q统计量)的值为0.74，说明季节调整的效果良好。从差分后的季节调整序列和不规则成分的谱线图也可以直观地看出，在季节频率和交易日频率上均未出现显著的尖峰，表明季节调整后序列和不规则成分中均不含有季节性成分和交易日成分，因此季节调整的结果是可接受的，如图 3-3 所示。此外，将北美邮轮乘客数据调整前和季节调整后的序列(PASSENGER_SA)进行了对比，可以看出调整后的数据序列较调整前的曲线更加平滑，说明已经剔除了部分季节和不规则因素，季节调整的总体效果较好，如图 3-4 所示(纵坐标单位为百万人次)。

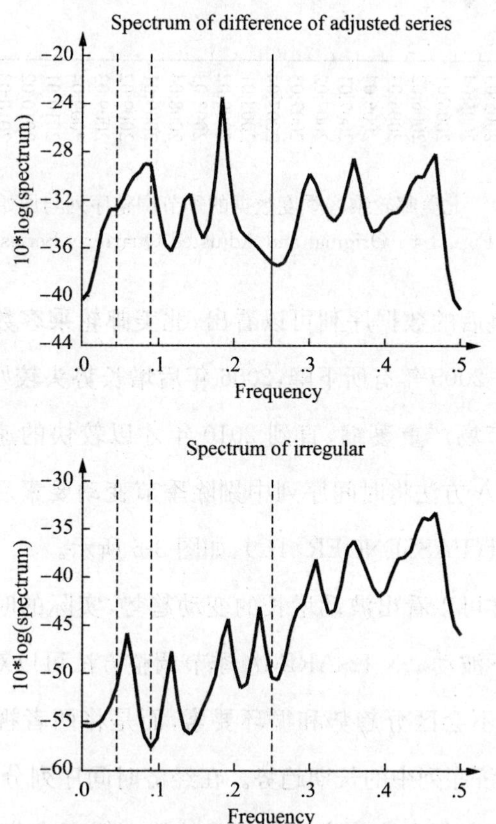

图 3-3　差分后的季节调整序列和不规则成分的谱线图

Fig. 3-3　Spectrum of Difference of Adjusted Series and Irregular

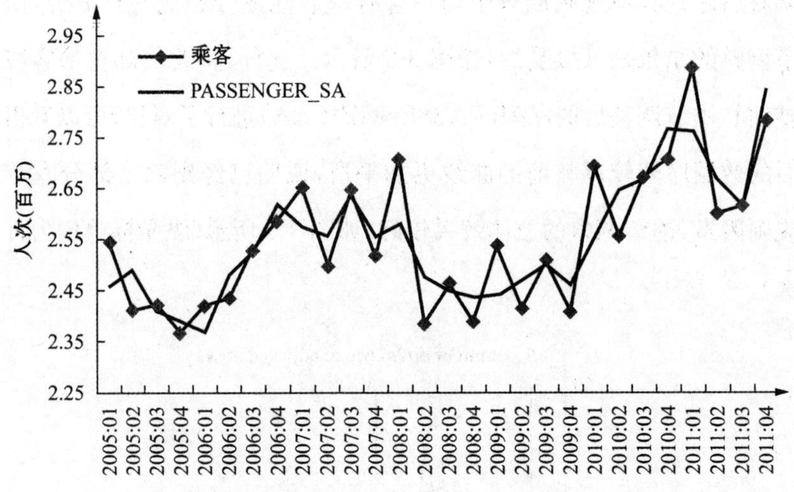

图 3-4　北美邮轮乘客季度数据的季节调整序列与原始序列

Fig. 3-4　Original and Adjusted Quarterly Series

从季节调整后的数据序列可以看出，北美邮轮乘客数量呈现一种波动递增的趋势。2005 年有所下降，2006 年后增长势头较好，而 2008 年金融危机使得该市场严重萎缩，直到 2010 年才以较快的速度复苏。进一步，X-12-ARIMA 方法将时间序列中剔除季节变动要素后可以获得潜在的趋势循环分量(PASSENGER_TC)，如图 3-5 所示。

从图中同样可以看出波动增长的变动趋势，实际的时间序列在趋势循环线附近上下波动。X-12-ARIMA 季节调整方法可以对经济时间序列进行分解，但并不会区分趋势和循环要素，而是将两者视为一体加以考虑，难以捕捉经济序列中的长期趋势。在经济时间序列分析过程中，研究者通常会利用特定的方法将序列分解为趋势和循环成分，其中 Hodrick-Prescott 滤波是应用最广泛的方法之一。通过 Hodrick-Prescott 滤波对北美邮轮乘客数据的趋势循环序列进行分解后发现，该地区邮轮旅游市场呈现一种不断扩大的长期趋势，如图 3-6 所示。

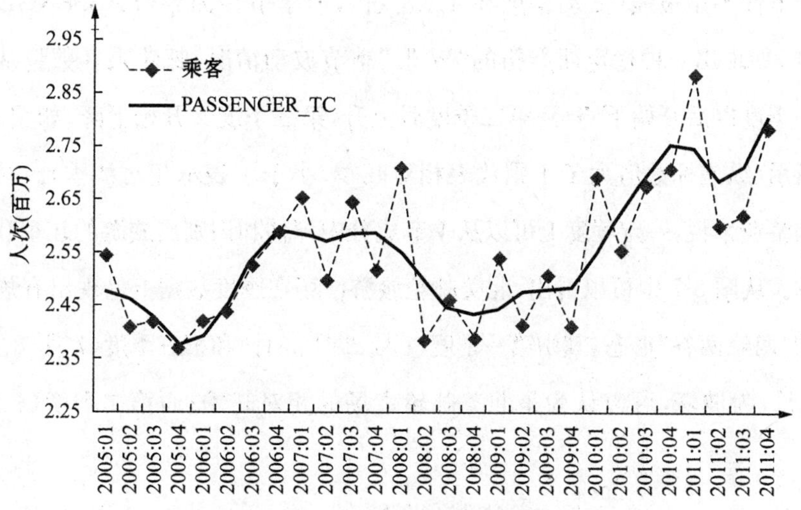

图 3-5　北美邮轮乘客季度数据的趋势循环序列
Fig. 3-5　Trend-Circle Series of Cruise Passengers

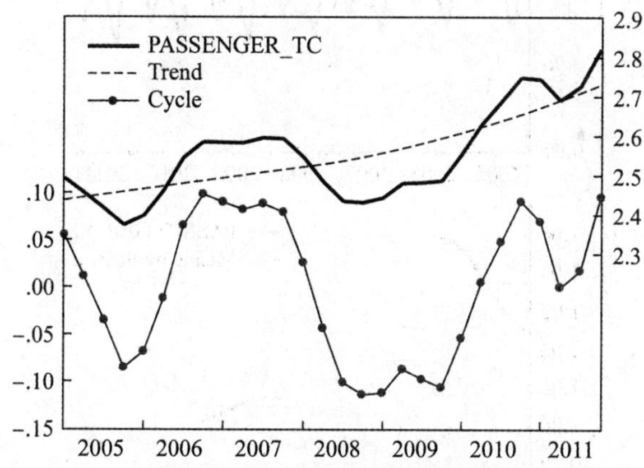

图 3-6　北美邮轮乘客季度序列的 Hodrick-Prescott 滤波图
Fig. 3-6　Hodrick-Prescott Chart of Quarterly Series of Cruise Passengers

X-12-ARIMA 方法的重要用途是从原始经济序列中挖掘季节性因素。季节因素反映了不考虑时间趋势、循环趋势和不规则成分等要素时时间序列在季度或月度上的波动情况。结果表明，虽然北美邮轮旅游的季节性不是很强(波动程度在4%左右),但季节性因素(PASSENGER_SF)展现出一种稳定而严格的"W形"季节波动情况:邮轮乘客数量从第一季度以后开始下降,到第二季度后上升,第三季度又开始下降,如图3-7所示(纵坐标数值大于1则代表相对旺季,小于1表示相对淡季)。对于旅游业来说,一定程度上可以从季节成分中评估和识别出旅游的旺季和淡季。从图3-7中可以看出,北美邮轮旅游市场在季度数据上呈现出有规律的"两峰两谷"形态,其中第一季度(1月、2月、3月)和第三季度(7月、8月、9月)为波峰,可以认为是北美邮轮市场的相对旺季;而第二季度(4月、

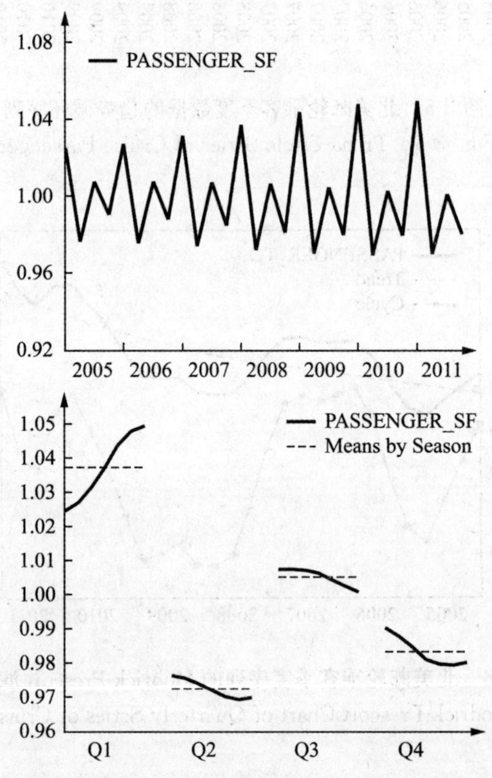

图3-7　北美邮轮乘客的季度季节性结构和季节性变化

Fig. 3-7　Quarterly Seasonality Factor of Cruise Passengers

5 月、6 月）和第四季度（10 月、11 月、12 月）形成波谷，可认为是邮轮旅游的淡季；并且季节性结构在各年表现基本一致，并无明显的年间变化。

第四节　北美邮轮旅游月度数据季节性调整

通过对邮轮乘客季度数据的分析可以看出，近年来北美市场呈现波动增长的趋势，该市场受不规则因素的影响不是很明显，但具有稳定的季节性特征，其中第一季度和第三季度是旺季，而第二季度和第四季度是淡季。为了进一步挖掘北美邮轮乘客的季节性特性，下面利用 TRAMO/SEATS 季节调整方法对北美邮轮乘客的月度时间序列进行分析，并对北美邮轮乘客未来两年的月度数据进行预测。图 3-8 显示了北美地区 2005

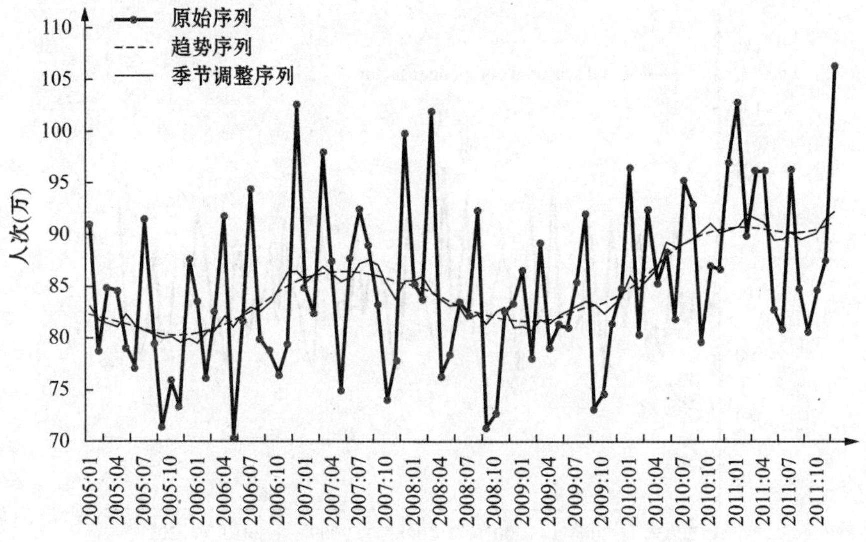

图 3-8　北美邮轮乘客的原始序列、季节调整序列与趋势循环序列

Fig. 3-8　Original, Adjusted and Trend-Circle Series of Monthly Data

年到2011年邮轮乘客的原始序列、趋势循环序列和季节调整后的序列。通过图中可以直观地看出，调整后的序列比原始序列平滑，可以认为基本消除了季节因素和不规则因素。

为了衡量季节性的强弱，可以通过计算季节调整序列和原始系列之间的相关系数来判断季节性总体特征，相关系数越高，则季节性越弱，反之则越强(Cuccia and Rizzo，2011；Hui and Yuen，2002)。通过计算可知，北美邮轮乘客月度数据的原始序列和季节调整序列的相关系数为0.497，明显比季度数据的值(0.735)小，说明北美邮轮市场的月度季节性比季度季节性更明显。分解后的季节成分同样呈现一种较为严格的"W型"波动形态，如图3-9所示(纵坐标数值大于100则代表相对旺季，小于100表示相对淡季)。季节因子的变化模式表明，北美邮轮乘客的季节性差异不是特别明显，其季节性平均波动在10%以内，远高于季度数据4%左右的变

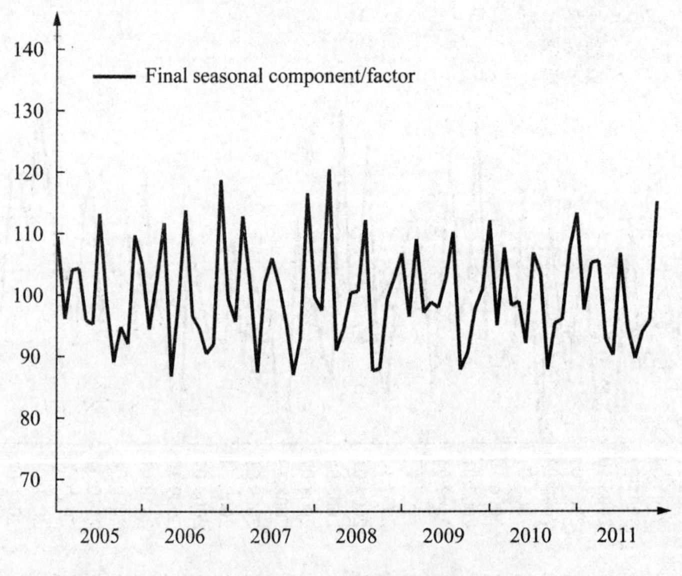

图3-9　北美邮轮乘客的月度季节因素
Fig. 3-9　Monthly Seasonality Factor of Cruise Passengers

动程度，如图 3-10 所示（纵坐标数值大于 100 则代表相对旺季，小于 100 表示相对淡季）。其中，第一季度的 1 月和 3 月、第三季度的 7 月、第四季度的 12 月是北美邮轮旅游的相对旺季，邮轮乘客数量可增长 7 到 10 个百分点；而第二季度的 5 月、第三季度的 9 月和第四季度的 10～11 月是相对淡季，邮轮乘客数量会下降 5 到 10 个百分点。此外，通过对 30 198 个航次数据的整理和分析表明，邮轮旅游受假期制度的影响较为显著。特别是在美国联邦假期期间（12 月份圣诞节、1 月份新年、3～4 月份复活节和 7 月份国庆节），无论航次数量、航线数量还是运力都有显著增加，基本与季节调整的淡旺季相匹配。

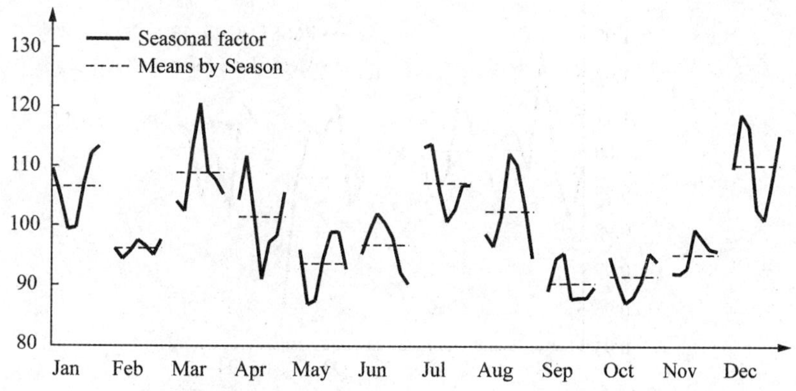

图 3-10　北美邮轮乘客的月度季节因素的变化及均值
Fig. 3-10　Seasonality Factor and Means by Season

在不规则要素方面，北美邮轮乘客数量无论在季度上还是月度上受不规则因素的影响不是很大。比如不规则要素对邮轮乘客季度数据的影响在 4%以内，且平均值在季度间没有显著差异，如图 3-11 所示（纵坐标数值大于 1 则代表相对旺季，小于 1 表示相对淡季）；而对月度数据的影响更小（在 2%以内），不规则要素平均值在月度间的差异更小，几乎处在相同水平上，如图 3-12 和图 3-13 所示（纵坐标数值大于 100 则代表相对旺季,小于100表示相对淡季)。说明近年来北美邮轮市场并未受到重大突发事件的影响,相对比较平稳,并且统计数据也较为可靠。

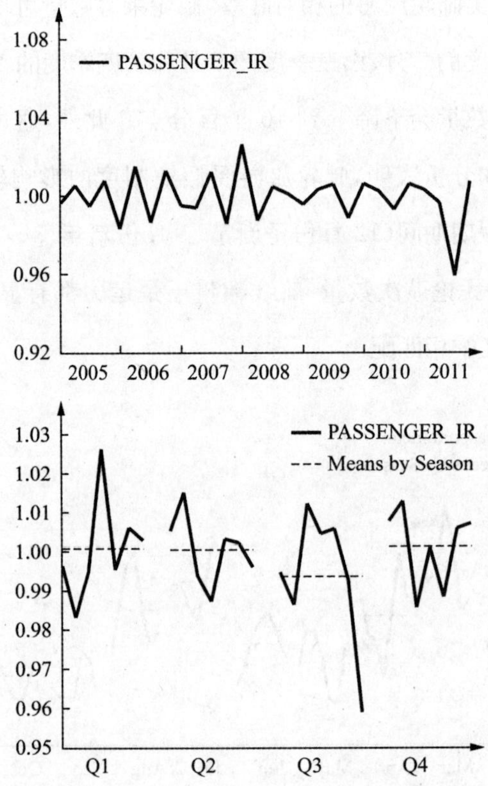

图3-11 北美邮轮乘客的季度不规则因素及其变化和均值
Fig. 3-11 Irrigular Factor and Means by Season (Quarterly)

季节调整通常能够消除季节性因素的影响,使得年度之间数据可比,有利于环比增长率的测算以及对未来的预测。研究表明,同比指数反映的经济周期的转折点平均滞后半年,其分析会给经济决策带来诸多负面影响。而环比数据可及时反映经济的瞬间变化和变化的转折点,对经济分析具有重要价值。从计算结果来看,北美邮轮乘客月度环比增长率的波动性较明显,说明季节调整后的环比增长率能敏锐地抓住经济发展的拐点，如图 3-14 所示。基于 ARIMA 模型对北美邮轮乘客在 2012 年和 2013 年 24 个月的预测数据结果可以推断，北美市场仍然以当前的季节性模式处于不断扩张的阶段，如图 3-15 和图 3-16 所示。

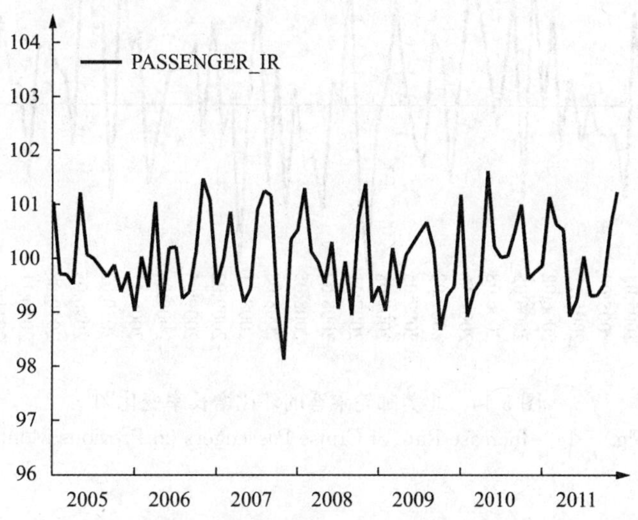

图 3-12　北美邮轮乘客的月度不规则因素
Fig. 3-12　Irrigular Factors (Monthly)

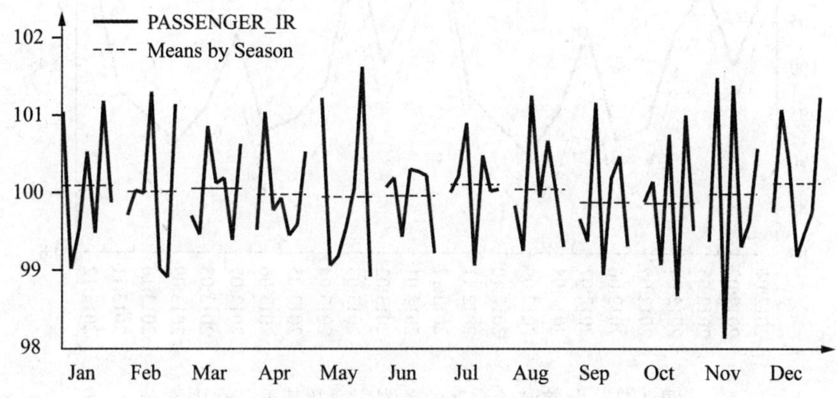

图 3-13　北美邮轮乘客的月度不规则因素的变化及均值
Fig. 3-13　Means of Irrigular Factors by Season (Monthly)

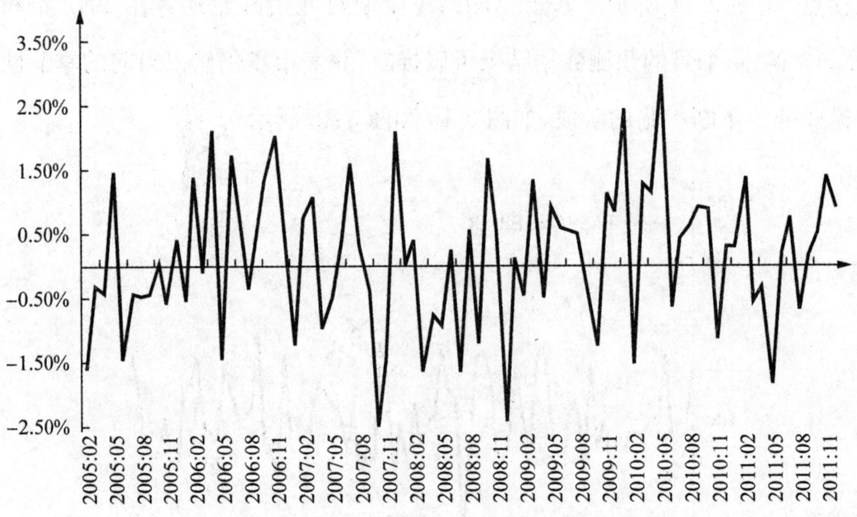

图 3-14　北美邮轮乘客的环比增长率变化图

Fig. 3-14　Increase Rate of Cruise Passengers on Previous Month

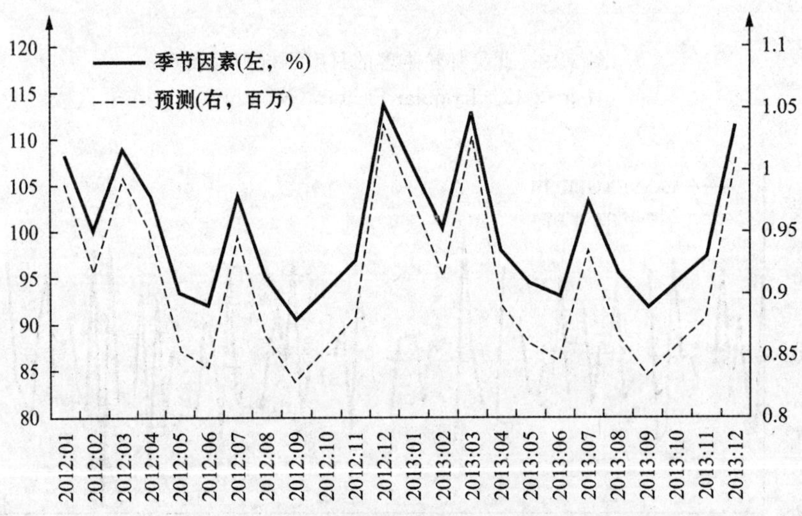

图 3-15　北美邮轮乘客的预测序列及其季节性因素

Fig. 3-15　Forecasts of Cruise Passengers from 2012 to 2013

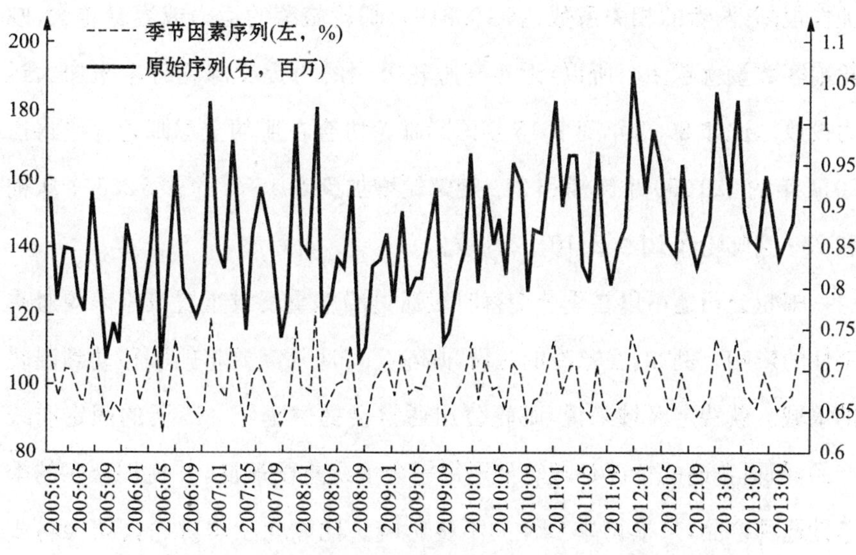

图 3-16 北美邮轮乘客的预测序列及其季节性因素序列

Fig. 3-16 Data Series and Seasonality Factor with Forecasts

第五节 北美邮轮旅游季节性应对措施

作为气候和自然条件依赖性很强的产业，邮轮旅游本身具有明显的季节性特征，但本文季节调整后的数据表明，总体来看北美邮轮旅游受季节性因素并不是很显著(调整后序列与原序列的相关系数较高)，具体表现是季度季节性因子的波动在4%以内，月度季节性因子的波动在10%以内。此外，不规则因素对北美邮轮乘客的影响较弱，且在季度和月度数据上的差异很小。这一现象的解释是：一方面，虽然邮轮旅游目前在北美地区较为成熟，且市场份额下降明显，但仍然处在市场扩张的阶段，且潜力巨大；另一方面，邮轮旅游的需求主要由邮轮运力投放驱动，使得近年来邮轮客座率相当高，比如自2003年以来，邮轮客座率均在100%以上。邮轮舱位的有限性和邮轮需求的增长使得邮轮乘客数量与运力投放的相关性很高(两者的相关系数达到 0.919),邮轮旅游的运力或容量越大,邮轮乘客数量就越多。所以,近年来邮轮公司纷纷提交邮轮订单来加大运力投放。比如 2011 年到 2015 年国际邮轮协会在册的全球邮轮存量将由 2011 年的 329 050 个床铺和 211 艘邮轮增加到 2015 年的 378 256 个床铺和 239 艘邮轮(CLIA,2010—2013)。

邮轮公司还可以在季节交替时段通过船舶重配或重置策略来规避季节性的影响。例如,在寒冷的月份,邮轮公司通常需要将船队移动到温暖的水域。就特定区域来说,邮轮公司通常会提供全年 365 天的固定航线产品,但更普遍的情况是邮轮公司每年会多次重配船队,并提供众多的季节性迁移产品,来抵御季节性的不良影响。比如在秋季邮轮公司会将服务于阿拉斯加的邮轮转移到加勒比海、加利福尼亚和夏威夷地区,而在春季到来时将邮轮重新投放到该地区;类似地,在北欧和地中海市场,邮轮公司会在秋季时将邮轮船队转迁到加勒比海市场;而在春季时重新引入该地区。此外,从加拿大或新英格兰到加勒比海地区、从纽约地区到佛罗里达区域以及从阿拉斯加到墨西哥地区的迁移型航线也较为普遍;另外还有一些邮轮可能在欧美市场与亚洲、中东和非洲地区之间调配迁移。

在邮轮迁移的过程中,为了避免邮轮调配过程中的空闲舱位,邮轮公司往往在春季和秋季向消费者推出所谓的“重置或重配航线”(Repositioning Cruises)或者迁移型邮轮航线(Relocating Ships 或 Relocation Trips)产品。这些航线大多安排在季节性较强的地区和季节交替的时段,比如美国南部地区(佛罗里达和加勒比海)的 4 月份和 5 月份,从而可以躲避酷热的夏季,以及美国北部地区(纽约、波士顿、华盛顿)、温哥华和阿拉斯加等的 9 月份、10 月份和 11 月份,从而可以规避寒冷的冬季对邮轮旅游的冲击,如表 3-1 所示。重配型邮轮航线通常跨度较大,周期较长(通常两周以上)。对于这些单程(One-way)的巡游,邮轮公司宁愿提供更多的折扣也不愿让邮轮舱位空闲，因为空闲意味着收益的损失。因而，为了更好地吸引消费者，重配型巡游大多被定义为主题型产品，比如剧院型、品酒型、演讲型和培训型等，而且通常提供与传统邮轮相同甚至更高质量的船上设施和服务。重配型邮轮航线通常停靠多个不同寻常甚至具有异国情调的港口，但与较长的航行时间相比，停靠港口的数量较少，乘客在海上花费的时间会更多，因而可以体验到更多的放松和休闲时光，而不是匆忙地上下船和参加停靠港的观光旅游。因此，较低的价格、新颖的停靠港、丰富的船上活动和充足的休闲娱乐时间是重配型邮轮最具吸引力方面。然而，虽然重配型邮轮航线的价格较低，但消费者同样面临一些额外的成本，比如与普通航线相比重配型航线容易产生更多的船上消费账单，此外因为迁移型邮轮航次的出发港和最终港不同，乘客需要购买两次单程机票而非返程机票，这样往往使得乘客交通费用更高。

表 3-1　2013 年北美市场重配型邮轮航线

Tab. 3-1　Repositioning Cruises in North American Market 2013

邮轮名称	重配时间	邮轮公司	始发港	到达港	期限 (NT)
Carnival Miracle	2013-3-16	嘉年华邮轮	New Yor, NY	Los Angeles, CA	15
Carnival Legend	2013-4-7	嘉年华邮轮	Tampa, FL	Barcelona, Spanish	15
Crown Princess	2013-4-13	公主邮轮	Galveston, Texas	Southampton, UK	17
Norwegian Star	2013-4-14	挪威邮轮	New Orleans, LA	Dover, Canada	20
Legend of the Seas	2013-4-19	皇家加勒比	Dubai	Rome, Italy	15
MSC Poesia	2013-4-20	地中海邮轮	Pt. Everglades, FL	Kiel, Germany	17

（续表）

邮轮名称	重配时间	邮轮公司	始发港	到达港	期限(NT)
Norwegian Epic	2013-4-20	挪威邮轮	Miami,FL	Barcelona,Spanish	15
Norwegian Dawn	2013-4-1	挪威邮轮	Tampa,FL	Boston,MA	12
Ruby Princess	2013-4-28	公主邮轮	Ft. Lauderdale,FL	Venice,Italy	26
Maasdam	2013-5-3	荷美邮轮	Ft. Lauderdale,FL	Montreal,Canada	15
Disney Wonder	2013-5-6	迪士尼邮轮	Miami,FL	Los Angeles,CA	14
Disney Wonder	2013-9-9	迪士尼邮轮	Vancouver,Canada	Los Angeles,CA	5
Carnival Legend	2013-9-25	嘉年华邮轮	Dover,Canada	New York,NY	15
Island Princess	2013-9-25	公主邮轮	San Francisco,CA	Ft. Lauderdale,FL	15
Norwegian Jewel	2013-9-27	挪威邮轮	Los Angeles,CA	New Orleans,LA	16
Zuiderdam	2013-10-1	荷美邮轮	San Francisco,CA	Ft. Lauderdale,FL	17
Oosterdam	2013-10-2	荷美邮轮	Los Angeles,CA	Sydney,Australia	24
Norwegian Pearl	2013-10-3	挪威邮轮	Los Angeles,CA	Miami,FL	14
Caribbean Princess	2013-10-26	公主邮轮	New York,NY	Houston,Texas	10
Brilliance of the Seas	2013-10-27	皇家加勒比	Boston,MA	Tampa,FL	13
Norwegian Star	2013-10-27	挪威邮轮	Los Angeles,CA	Miami,FL	14
Island Princess	2013-10-30	公主邮轮	Ft. Lauderdale,FL	Los Angeles,CA	15

（续表）

邮轮名称	重配时间	邮轮公司	始发港	到达港	期限(NT)
Norwegian Dawn	2013-11-1	挪威邮轮	Boston，MA	Tampa，FL	14
Carnival Conquest	2013-11-9	嘉年华邮轮	New Orleans，LA	San Juan，Puerto Rico	7
Island Princess	2013-11-14	公主邮轮	Los Angeles，CA	Ft. Lauderdale，FL	15
Carnival Conquest	2013-11-16	嘉年华邮轮	San Juan，Puerto Rico	Miami，FL	8
Golden Princess	2013-12-4	嘉年华邮轮	LosAngeles，CA	Chile	17

小　　结

近年来，邮轮旅游以其独特的魅力吸引着越来越多的消费者，已经成为现代旅游业中发展最迅速的行业之一。明媚的阳光、舒适的气温、优美的自然风光和丰富的船上服务等是邮轮旅游业存在和发展的基础。作为气候和自然条件依赖性很强的产业，邮轮旅游本身具有明显的季节性特征。本文利用季节调整方法对北美地区全部 30 198 个航次邮轮乘客的季度数据和月度数据进行了研究。

结果表明邮轮旅游在北美地区的月度季节性较强，而季度季节性不是很显著，其中 1 月、3 月、7 月和 12 月是相对旺季，而 5 月、9 月、10 月和 11 月是相对淡季。季节调整后的数据表明，总体来看北美邮轮市场呈现持续扩张的长期趋势，且受季节性和不规则要素的影响较小，而受假期制度的影响较大。虽然邮轮旅游目前在北美地区较为成熟，且市场份额下降明显，但仍然处在市场扩张的阶段，潜力巨大。目前来看，邮轮旅游的需求主要由邮轮运力驱动。邮轮乘客数量与运力投放的相关性很高，两者的相关系数达到 0.919，说明邮轮旅游的运力或容量越大，邮轮乘客数量就越多。因此，邮轮公司可以在短期内继续投放新船来满足不断增长的需求。

此外，为了规避气候季节性对邮轮旅游的不利影响，邮轮公司可以在季节交替时段通过船舶重配或重置策略来规避季节性的影响，比如在 4～5 月份将美国南部地区（佛罗里达和加勒比海）邮轮调配到美国北部沿海及地中海地区，从而躲避酷热的夏季；在 9～11 月份将美国北部（纽约、波士顿、华盛顿），温哥华和阿拉斯加等的邮轮调配到美国东南、西南及夏威夷市场，从而可以应对寒冷季节对邮轮旅游的冲击。

第四章 邮轮港口的全球布局和基本特征

邮轮产业已经成为现代旅游业中发展最迅速的行业之一。虽然邮轮港口和邮轮码头是发展邮轮产业的基石,但目前国内外有关邮轮港口方面的研究文献十分匮乏。本章首先介绍了世界邮轮产业和邮轮经济的总体概况;其次对邮轮港口和邮轮码头的全球布局和特征进行了分析,特别是对美国迈阿密、英国南安普敦和西班牙巴塞罗那等国际邮轮港口的发展条件和现状进行了比较,并进一步讨论了巴塞罗那邮轮码头的布局和功能,最终总结出国际知名邮轮港口在港口选址、设施布局、功能定位以及目的地开发等方面的国际经验;最后对中国邮轮港口和邮轮码头规划方面的问题进行了讨论,并提出了相应的对策和建议。

第一节 邮轮港口及码头的全球布局及基本情况

国际邮轮港口主要包括四种类型:邮轮母港、挂靠港、混合港和简易码头。目前,世界版图内的邮轮港口已经形成了较为稳定的布局形态。从地理区位分布看,全球邮轮港口主要分布在四大地区:北美、欧洲、亚太和大洋洲地区,其中北美和欧洲是邮轮港口聚集度最高的区域。

一、北美

凭借良好的区位优势和自然环境，北美地区成为世界上邮轮港口最为集中的区域，从东海岸到西海岸分布着众多优良的邮轮港口如表 4-1 所示，具体分布如图 4-1 所示，其中主要邮轮港口的基本情况，如表 4-2 所示。

表 4-1　北美地区的主要邮轮港口

Tab. 4-1　Cruise Ports located in the North America

北美主要邮轮港口	所处区位	北美主要邮轮港口	所处区位
迈阿密 Port of Miami	东南部 Florida	蒙特利尔 Port of Montreal	东北部 Canada
劳德达尔堡 Ft. Lauderdale	东南部 Florida	魁北克 Port of Quebec	东北部 Canada
杰克逊维尔 Port of Jacksonville	东南部 Florida	诺福克 Port of Norfolk	东北部 Virginia
卡纳维拉尔 Port Canaveral	东南部 Florida	安克雷奇 Port of Anchorage	西北部 Alaska
坦帕 Port of Tampa	东南部 Florida	火奴鲁鲁 Port of Honolulu	西北部 Hawaii
查尔斯顿 Port of Charleston	东南部 South Carolina	温哥华 Port of Vancouver	西北部 Canada
莫比尔 Port of Mobile	东南部 Alabama	维多利亚 Port of Victoria	西北部 Canada
新奥尔良 Port of New Orleans	东南部 Louisiana	西雅图 Port of Seattle	西北部 Washiington
圣胡安 Port of San Juan	波多黎各 Puerto Rico	旧金山 Port of San Francisco	西部 California
巴尔的摩 Port of Baltimore	东北部 Maryland	格尔韦斯顿 Port of Galveston	西南部 Texas
波士顿 Port of Boston	东北部 Massachusetts	加州长滩 Port of Long Beach	西南部 California

（续表）

北美主要邮轮港口	所处区位	北美主要邮轮港口	所处区位
曼哈顿 Manhattan Cruise Terminal	东北部 New York	洛杉矶 Los Angeles World Cruise Center	西南部 California
自由角邮轮港口 Cape Liberty Cruise Port	东北部 New Jersey	圣迭戈 Port of San Diego	西南部 California
布鲁克林 Brooklyn Cruise Terminal	东北部 New York	恩塞纳达 Ensenada	墨西哥 Mexico

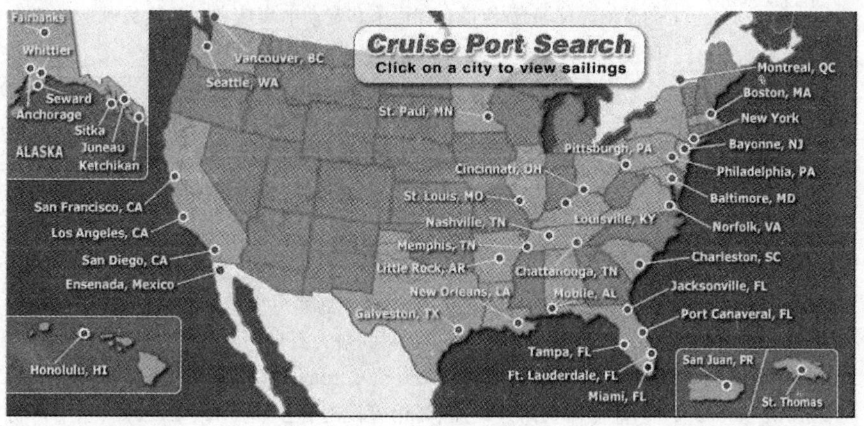

图 4-1　北美邮轮港口的分布情况

Fig. 4-1　Locations of North America's Cruise Ports

资料来源：http://www.cruisemarketplace.com/home-ports.htm

表 4-2　北美主要邮轮港口简介

Tab. 4-2　Descriptions of North America's Cruise Ports

北美邮轮港口	邮轮港口的基本情况
迈阿密 Port of Miami	享有“世界邮轮之都”(Cruise Capital of the World)美称的迈阿密(Miami)，拥有邮轮码头 12 个，泊位岸线长度达 2 公里，有近 20 艘邮轮以其作为母港，港口的邮轮年靠泊周转量位居世界第一，拥有完备的码头配套设施，驻扎着 15 个国际邮轮公司的总部，每年出入境旅客有 400～500 万人次，2010 年为 433 万。迈阿密邮轮枢纽站能同时为 8 400 名游客出行提供服务；邮轮码头交通便利，离机场仅 15 分钟车程，通关便捷；附近有大型购物中心、宾馆、餐饮区

（续表）

北美邮轮港口	邮轮港口的基本情况
劳德达尔堡 Ft. Lauderdale	位于美国佛罗里达州(Florida)，为世界上第二大繁忙的邮轮港口，拥有430多公里的沿岸，共有12个邮轮泊位为各大邮轮服务，每年接待300万邮轮游客；码头的地理位置条件良好，距迈阿密30公里，距市中心和机场仅十几分钟车程
杰克逊维尔 Port of Jacksonville	位于该州东北部，风景秀丽，是佛罗里达州(Florida)最大城市，美国东南部商业、金融、保险的中心地之一，其港口优良，滨河码头众多，邮轮码头设施齐全，泊位长390米，水深11.6米，将近6 000平方米的现代客运中心；杰克逊维尔有美丽的沙滩、秀丽的自然风光、世界级的高尔夫球场、顶级的台球设施和定期节事庆典成为优秀邮轮港口的典范
卡纳维拉尔 Port Canaveral	位于美国东南佛罗里达(Florda)半岛东海岸，是奥兰多(Orlando)旅游风景区的必经之地；码头交通位置便利，无论是距离奥兰多国际机场还是距离主题公园、地区酒店都在50分钟车程范围内，年接待邮轮乘客200万人次以上，是名符其实的世界级邮轮港口；皇家加勒比、嘉年华、挪威和迪斯尼四大邮轮公司航线
坦帕 Port of Tampa	位于美国东南佛罗里达(Florda)半岛西海岸坦帕湾内，距离墨西哥湾东北侧25英里，是佛罗里达州的最大海港。邮轮港口建有3个泊位，是美国面向西加勒比(Western Caribbean)海航线最著名的始发港之一；港口码头附近酒店、餐馆等设施齐全，有水族馆、公园、艺术博物馆、IMAX剧院等景区及娱乐设施；2013年，坦帕为嘉年华邮轮、荷美邮轮、皇家加勒比邮轮和挪威邮轮的四艘邮轮提供母港服务
查尔斯顿 Port of Charleston	位于美国南卡罗来纳州(South Carolina)东南沿海，濒临大西洋西侧，是南卡罗来纳州的主要港口；邮轮码头交通便利，距离国际机场仅16公里，步行可到达市内各著名景区；查尔斯顿为美国著名旅游目的地，目前以邮轮业而繁荣起来；2010年5月嘉年华邮轮的入驻为人们带来了从巴哈马(中央)到基韦斯特(中央)最终到百慕大(中央)的航线
莫比尔 Port of Mobile	亚拉巴马州(Alabama)唯一的深水港，是美国新兴的邮轮母港码头，拥有一个两层的6 600平方米的客运中心，及完善的旅客设施；码头处于交通结点，具有良好的通达性；周边配套设施亦较完善，有大量的旅馆、餐馆及景点；2011年10月开始，嘉年华邮轮Fantasy号和Elation号代替运营7年之久的Holiday号将莫比尔设为母港

（续表）

北美邮轮港口	邮轮港口的基本情况
新奥尔良 Port of New Orleans	位于美国路易斯安那州（Louisiana）是美国最大的内河港，距出海口约102英里，是密西西比河流域的海上门户，共有2个邮轮码头，3个邮轮泊位；码头周边景点丰富多彩，休闲娱乐设施齐全，由于该港处在墨西哥湾的入海口，是墨西哥湾和中南美的中转港，因此邮轮航线多途径墨西哥；嘉年华邮轮公司、挪威邮轮公司和加勒比邮轮公司的多条西加勒比海和巴哈马航线都以此港为母港，每年接待70万以上的邮轮旅客
圣胡安 Port of San Juan	圣胡安位于加勒比海大安的列斯群岛（Greater Antilles），是美国自治领地波多黎各的首府和最大城市，是美国管辖的第42大城市。该港是加勒比海地区最繁忙的邮轮码头之一，也是西半球第二大邮轮码头，每年16家公司的700多艘次邮轮到港，拥有140万人次邮轮乘客的接待量
巴尔的摩 Port of Baltimore	位于美国东北沿海马里兰州（Maryland）中部，是美国大西洋海岸的主要港口之一；邮轮码头距市中心仅4公里，2012年共接待25万名左右邮轮乘客；2013年，嘉年华邮轮Pride号和皇家加勒比邮轮Grandeur of the Seas号在该港运营，面向巴哈马、百慕大、加拿大和新英格兰地区的邮轮航线
波士顿 Port of Boston	位于美国东北部的马萨诸塞州（Massachusetts），邮轮码头建于波士顿南部滨水地区，距离机场10分钟车程，为北美地区最受欢迎的码头之一。码头有通往各大邮轮目的地的航线，且被多数邮轮公司列为最值得停靠的邮轮码头，目前挪威邮轮、荷美邮轮和皇家加勒比邮轮各有一艘邮轮在此运营母港航线
曼哈顿 Manhattan Cruise Terminal	位于美国东北部纽约市（New York），早在20世纪30年代起就作为邮轮码头运营，几十年来一直是纽约港唯一的海洋客运码头，一次只能接待3艘邮轮。曼哈顿邮轮码头是欧洲跨大西洋旅行的主要邮轮母港，毗邻曼哈顿中心街区，港口周围酒店、餐馆、娱乐设施、购物场所丰富；嘉年华邮轮、挪威邮轮、公主邮轮等著名邮轮公司均在此设立母港
布鲁克林 Brooklyn Cruise Terminal	纽约布鲁克林邮轮泊位于2006年4月15日开始接待邮轮旅游，嘉年华邮轮公司将其作为邮轮母港；该码头总面积有17 000平方米的2层接待中心，可接待游客4 000人，附近旅游景点丰富；2007年布鲁克林邮轮码头被Porthole邮轮杂志授予“美国最佳新母港”，与曼哈顿邮轮码头一起被TravelAge West杂志授予“美国最佳母港”称号

(续表)

北美邮轮港口	邮轮港口的基本情况
自由角邮轮港口 Cape Liberty Cruise Port	位于新泽西州的巴约纳(Bayonne)市距曼哈顿11公里,曾经以军事码头而著称,如今是皇家加勒比邮轮公司、Aamara邮轮公司、精英邮轮公司的专属邮轮码头,平均每天有5～6艘邮轮靠泊,每年超过20万邮轮乘客从该港登船
蒙特利尔 Port of Montreal	是世界上最大的内陆港口,北美最繁忙的港口之一,在加拿大排名第二,仅次于温哥华;蒙特利尔邮轮码头一向以干净和安全著称,主要以北美游客为服务对象;邮轮码头周围辅助设施完善,餐馆、服饰店、购物商场、历史建筑、剧场等等应有尽有;老港区的依波维尔(Iberville)码头是专门的客运码头,每年接待成千上万的旅游者
魁北克 Port of Quebec	位于加拿大东南部,是加拿大东部的主要港口之一,有两个专用邮轮泊位,长度共为530米,每年进出魁北克邮轮港的乘客近10万人次,游客乘邮轮沿着美丽的河流可领略冰河峡湾的壮丽风景,每年5月初到11月中旬,是当地观赏鲸鱼的最佳时机
诺福克 Port of Norfolk	位于美国弗吉尼亚(Virginia)州,是该州最大的城市和港口,为天然深水良港。诺福克邮轮港是皇家加勒比邮轮、嘉年华邮轮和荷美邮轮公司的母港,离诺福克国际机场仅有20分钟车程,码头附近配备商业购物中心、餐馆以及艺术商店;近年来,该港已经成为前往百慕大、巴哈马和加勒比地区的门户,是发展最为迅速的美国邮轮港口之一
安克雷奇 Port of Anchorage	安克雷奇港是阿拉斯加(Alaska)最著名的邮轮港口之一,位于阿拉斯加州肯耐(Kenai)半岛的安克雷奇港,是风景如画的旅游胜地,被称作"肯耐海峡国家公园的大门",每年接待至少90艘次的邮轮停靠
火奴鲁鲁 Port of Honolulu	位于美国夏威夷(Hawaii)州,地处太平洋的北部,是该州的最大港口,旅游胜地聚集,是夏威夷地区最著名的邮轮码头。每年超过10万邮轮乘客从该港登船
温哥华 Port of Vancouver	温哥华邮轮港口是世界著名的邮轮港口之一,是温哥华至阿拉斯加航线的邮轮母港,每年接待邮轮300艘次,接待游客100万人次,是提供阿拉斯加之旅邮轮航线最多的港口,其有2个邮轮码头,距机场仅有30分钟车程。2010年,面对西雅图和维多利亚的竞争,加上阿拉斯加州政府向邮轮旅客征收人头税,使得温哥华的邮轮业及其相关产业大幅萎缩
维多利亚 Port of Victoria	维多利亚市位于加拿大西南的温哥华岛的南端,是加拿大不列颠哥伦比亚(British Columbia)省的省会,是温哥华岛上最大的城市。维多利亚是加拿大主要的旅游目的地之一,每年接待350万过夜游客,带来10亿美元的经济效益,其中50万游客通过邮轮进入

（续表）

北美邮轮港口	邮轮港口的基本情况
西雅图 Port of Seattle	位于美国西北部华盛顿州（Washington）西部沿海，是美国距离远东最近的港口。从20世纪初开始西雅图的邮轮业得到快速发展，主要承载阿拉斯加航线，是加拿大温哥华的强大竞争对手。西雅图港有两个邮轮码头，贝尔大街邮轮码头和30号邮轮码头。贝尔大街邮轮码头有5200平方米的双层停靠码头，南北长488米，东西长122米；30号邮轮码头长610米，有2个邮轮泊位。挪威邮轮、加勒比邮轮、精英邮轮以贝尔大街邮轮码头为始发码头；荷美邮轮、公主邮轮以30号邮轮码头为始发码头，两码头的交通都十分便捷
旧金山 Port of San Francisco	位于于美国西部加利福尼亚（California）州西海岸，东面与大陆上的奥克兰（Oakland）港隔湾引望，是著名旅游目的地城市中的世界级的邮轮港口。邮轮码头附近配套设施齐全，博物馆、剧场、歌剧院、商场、风景区等应有尽有，邮轮城内聚集了约30家顶级餐馆以打造其餐饮基地
格尔韦斯顿 Port of Galveston	位于德克萨斯州（Texas），墨西哥湾西北部。邮轮码头为嘉年华两个邮轮Triumph号和Magic号以及皇家加勒比的Navigator of the Seas号的常年性母港；此外，其他的邮轮公司也皆有航线中途挂靠此港
加州长滩 Port of Long Beach	位于美国加利福尼亚州，在洛杉矶南40公里，是全美第二最繁忙港口，曾经是美国太平洋舰队的母港，而今是嘉年华邮轮公司的邮轮母港，其中一些邮轮抵达和离开都在此；而其他的一些邮轮则停靠在世界邮轮中心洛杉矶的圣佩德罗湾
洛杉矶 Port of Los Angeles	位于美国加利福尼亚州，为世界上最繁忙、最大的沿海港口之一。洛杉矶港口附近休闲娱乐设施齐全，有水族馆、海洋博物馆、迪士尼乐园、好莱坞、植物农场等；邮轮中心距市中心约2公里，是美国西海岸最大的邮轮码头，被誉为美国最安全可靠的邮轮港口；邮轮中心拥有2560个车位的超大型停车场，70公里的海岸线分布着3个邮轮泊位（分别是91、92、93 A/B号泊位），重新修复后可以接待超过3000客位的邮轮船只，每年的接客能力超过100万
圣迭戈 Port of San Diego	位于美国加利福尼亚州，邮轮码头位于市中心的B Street Pier，附近景点颇多。1970年圣迭戈港的第一艘邮轮起航。1983年，圣迭戈邮轮产业联盟（San Diego Cruise Industry Consortium）的成立将圣迭戈提升为邮轮目的地和邮轮母港；近年来，成为加勒比航线、墨西哥航线、夏威夷航线和塔希提航线的交汇地；2010年第二大邮轮码头建立在了Broadway Pier区域

（续表）

北美邮轮港口	邮轮港口的基本情况
恩塞纳达 Port of Ensenada	位于墨西哥西北沿海，接近美国边界，濒临太平洋的东侧，是墨西哥北部的主要港口之一，是洛杉矶区邮轮挂靠港之一，每年大概有4艘邮轮在此挂靠

以美国为例，2012年从美国港口登船的乘客超过1 000万人，其中从14个主要邮轮港口登船的乘客占整个美国的90%以上。佛罗里达州是美国乃至世界邮轮产业最发达的地区，2012年从该州港口登船的乘客达587.9万，占全美将近60%的市场份额，如表4-3所示；从经济效益来看，佛罗里达州乘客、船员和邮轮公司的直接购买支出达到70亿美元，占全美35.7%的份额，比2011年增长了5.1%，并创造了超过13.1万个就业机会和59亿美元的工资收入，分别占美国就业人数和工资收入的36.9%和34%，其中在邮轮总部和管理部门雇佣的员工总数占全美邮轮产业的50%以上；加利福尼亚州邮轮产业在美国排第二名，2012年经济效益为直接购买支出18.7亿美元、工作岗位4.3万个和工资收入24亿美元，分别占全美的9.5%、12%和14%(CLIA，2010—2013)。享有“世界邮轮之都”(Cruise Capital of the World)美称的迈阿密，邮轮港口拥有完备的配套设施，驻扎着15个国际邮轮公司的总部，港口邮轮泊位线长2 000米，拥有12个邮轮码头，可以同时停靠20艘邮轮，每年出入境旅客400～500万人次，其中该港登船的邮轮乘客在200万左右。

表4-3 美国重要邮轮港口登船乘客数量(单位:千人)(2007—2012)

Tab. 4-3 Number of Embarkations from North American Cruise Ports (2007—2012)

港口名称	所属州	2007	2008	2009	2010	2011	2012
迈阿密	佛罗里达州	1 893	2 109	2 055	2 166	2 003	1 887
卡纳维拉尔	佛罗里达州	1 298	1 226	1 195	1 289	1 483	1 708

（续表）

港口名称	所属州	2007	2008	2009	2010	2011	2012
洛杉矶	加利福尼亚州	581	599	400	366	304	213
纽约	纽约州	537	524	420	553	611	586
圣迭戈	加利福尼亚州	341	397	401	243	144	105
格尔韦斯顿	德克萨斯州	523	377	395	435	459	604
西雅图	华盛顿州	386	435	418	466	443	464
火奴鲁鲁	夏威夷州	382	157	121	123	119	122
加州长滩	加利福尼亚州	370	365	412	414	408	457
坦帕	佛罗里达州	367	382	397	397	449	487
阿拉斯加	阿拉斯加州	189	185	181	128	129	137
新奥尔良	新奥尔良州	258	179	235	260	369	488
自由角	新泽西州	139	160	156	196	221	239
美国其他港口	美国其他州	631	570	696	900	897	801
美国所有港口接待邮轮旅客数量总计		9 184	8 958	8 904	9 694	9 834	10 095
以上14个港口接待邮轮旅客总计		8 553	8 388	8 208	8 794	8 937	9 294
以上14个港口接待邮轮旅客比重		93.13%	93.64%	92.18%	90.72%	90.88%	92.07%
佛罗里达州的港口接待邮轮旅客总计		4 847	5 010	5 069	5 610	5 730	5 879
佛罗里达的港口接待邮轮旅客的比重		52.78%	55.93%	56.93%	57.87%	58.27%	58.24%

二、欧洲

除了北美地区，欧洲也因独特的地理地貌和人文景观，成为邮轮港口密集的地区。著名港口包括巴塞罗那、阿姆斯特丹、鹿特丹、雅典、哥本哈根、斯德哥尔摩、奥斯陆、多佛、不来梅、基尔、伊斯坦布尔、里斯本、尼斯、罗马、威尼斯、南安普敦、都柏林、爱丁堡、萨沃纳、帕尔马和科克等(参见表 4-4),具体分布图分别如图 4-2 和图 4-3 所示;欧洲主要邮轮港口的介绍如表 4-5 所示。

表 4-4　欧洲地区的主要邮轮港口

Tab. 4-4　Cruise Ports located in the Europe

<table>
<tr><th>欧洲邮轮港口</th><th>所处区位</th><th>欧洲邮轮港口</th><th>所处区位</th></tr>
<tr><td>巴塞罗那
Port of Barcelona</td><td>地中海 西班牙
Spanish</td><td>里斯本
Port of Lisbon</td><td>欧洲南部 葡萄牙
Portuguese</td></tr>
<tr><td>阿姆斯特丹
Port of Amsterdam</td><td>欧洲北部 荷兰
Netherlands</td><td>尼斯
Port of Nice</td><td>欧洲南部 法国
France</td></tr>
<tr><td>鹿特丹
Port of Rotterdam</td><td>欧洲北部 荷兰
Netherlands</td><td>契维塔韦基亚港①
Port of Civitavecchia</td><td>欧洲南部 意大利
Italy</td></tr>
<tr><td>比雷埃夫斯港
Port of Piraeus</td><td>地中海 希腊
Greece</td><td>威尼斯
Port of Venice</td><td>欧洲南部 意大利
Italy</td></tr>
<tr><td>哥本哈根
Port of Copenhagen</td><td>欧洲北部 丹麦
Denmark</td><td>南安普敦
Port of Southampton</td><td>UK 地区 英国
England</td></tr>
<tr><td>斯德哥尔摩
Port of Stockholm</td><td>欧洲北部 瑞典
Sweden</td><td>都柏林
Port of Dublin</td><td>UK 地区 爱尔兰
Ireland</td></tr>
<tr><td>奥斯陆
Port of Oslo</td><td>欧洲北部 挪威
Norway</td><td>科克
Port of Cork</td><td>UK 地区 爱尔兰
Ireland</td></tr>
<tr><td>多佛
Port of Dover</td><td>欧洲北部 英国
England</td><td rowspan="2">爱丁堡
Port of Edinburgh</td><td rowspan="2">UK 地区 苏格兰
Scotland</td></tr>
<tr><td>伊斯坦布尔
Port of Istanbul</td><td>亚洲和欧洲 土耳其
Turkey</td></tr>
</table>

欧洲的主要母港有 15 个,分布于地中海沿岸和北欧地区,其中北欧地区有 8 个,地中海地区有 7 个。表 4-6 列举了 2007 年至 2012 年欧洲主

① 罗马(Rome)附近邮轮港口,以罗马为目的地。

要邮轮母港接待邮轮乘客的数据(ECC,2010;ECC,2013),其中西班牙的巴塞罗那和英国的南安普敦分别是地中海沿岸和北欧地区最受邮轮旅客和邮轮公司青睐的目的港口之一,年接待量均在百万以上。

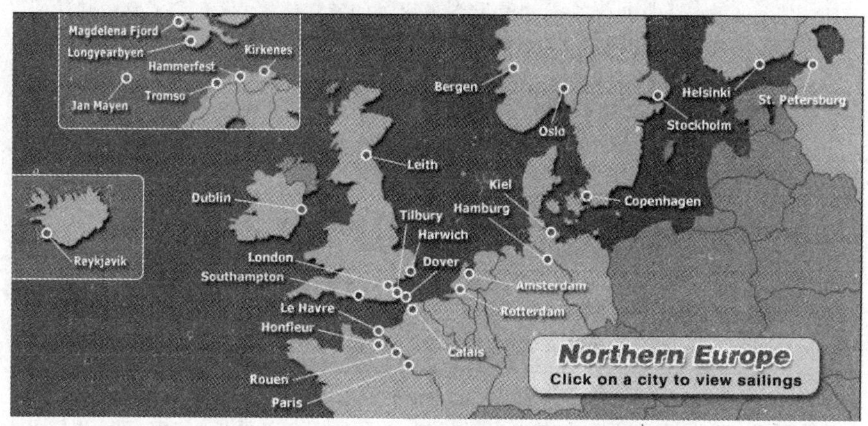

图 4-2　欧洲邮轮港口分布(北欧)

Fig. 4-2　Locations of Northern Europe's Cruise Ports

资料来源:http://www.cruisemarketplace.com

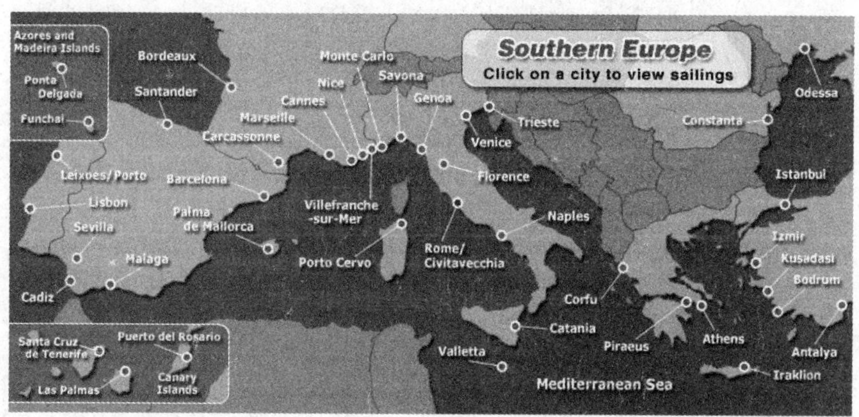

图 4-3　欧洲邮轮港口分布(南欧)

Fig. 4-3　Locations of Southern Europe's Cruise Ports

资料来源:http://www.cruisemarketplace.com

表 4-5 欧洲主要邮轮港口简介
Tab. 4-5 Introduction of European Cruise Ports

欧洲邮轮港口	邮轮港口的基本情况
巴塞罗那 Port of Barcelona	位于西班牙河口东岸，濒临地中海的西北侧，是西班牙最大的海港和造船中心之一，也是欧洲最繁忙的港口之一，设有7个专门邮轮码头，可同时停靠多艘邮轮；港口距离机场25分钟车程，宾馆、餐饮、交通的便利性在地中海各城市中处于领先地位，是欧洲及地中海最受欢迎的邮轮目的地港口，2008年到2012年的年接待量均在200万人次以上
阿姆斯特丹 Port of Amsterdam	位于荷兰西部沿海的北海运河上，是荷兰的最大城市和第二大海港，最受游客欢迎的邮轮港口之一，邮轮码头海域面积6 900平方米，陆域面积35 000平方米，岸线长600米，深10.5米，可以同时进行3艘邮轮的进出港服务，可允许330米长邮轮的自由调转，游客接待室提供完备的餐饮、快速通关等服务
鹿特丹 Port of Rotterdam	位于荷兰西南、莱克河三角洲的北翼，是世界上最大的港口，有“欧洲门户”之称，邮轮码头距市中心2公里，码头岸线长698米，码头周围水深12米，顶级的邮轮港口服务，同一时间可接待游客最多达3 000人，邮轮码头综合服务中心配备有旅游信息中心、外汇兑换、公共电话、餐厅/酒吧和的士等服务
比雷埃夫斯 Port of Piraeus	希腊东南部港市(距离雅典8公里)，是雅典的最大港和进出海门户，也是地中海地区最大港口之一，邮轮码头有1 685米长的码头岸线，共有7个邮轮专用码头，有12个泊位可同时接待邮轮，可停靠长340米的玛丽女王Ⅱ号；邮轮码头配备外币兑换、修船、行李、免税商店等服务
哥本哈根 Port of Copenhagen	丹麦王国首都，位于丹麦西兰岛东部，为北欧具有领先地位的邮轮港口，水深9～10米，宽150米，昼夜适合航行。码头交通十分便捷，距机场15公里，距市中心仅5分钟的车程，绝大多数邮轮停泊在Langelinie码头和自由港码头；哥本哈根凭借世界先进的邮轮港口和高效的运转水平，而深受各大邮轮的欢迎，曾在英国伦敦举办的世界旅游市场展览会上，被授予“世界旅游奖”
斯德哥尔摩 Port of Stockholm	位于瑞典东南沿海，是瑞典第二大港，也是波罗的海的主要港之一，港口有专门停靠邮轮的码头，也有专门为小游艇所设的码头；165～167号的邮轮泊位，长414米，水深8～9米；另配备有长137米、水深5米的4～6号泊位和长210米、水深6米的106～107号等泊位。斯德哥尔摩是欧洲波罗的海最受欢迎的邮轮旅游目的地

（续表）

欧洲邮轮港口	邮轮港口的基本情况
奥斯陆 Port of Oslo	位于挪威东南沿海奥斯陆峡湾(Oslo Fjord)北岸的顶端，是挪威第二大港和最大的货运及客运港口，邮轮码头的设施先进，游客接待量年年攀升，大型邮轮多集中于每年的旅游旺季4～10月前来挂靠
多佛 Port of Dover	英国东南部港口城市，是英国通往欧洲他国的门户，是英国第二大繁忙和欧洲第八大繁忙的邮轮港口，每年接待20～30万人次邮轮游客；邮轮中心建筑设施完善，游客服务完备，交通便捷，距市中心仅1.5公里
伊斯坦布尔 Port of Istanbul	位于土耳其西部沿海伊斯坦布尔海峡西南岸，是土耳其的最大海港，是希腊诸岛和土耳其邮轮航线的重要母港，码头靠近文化悠久的老城区，周围遍布大型酒店、餐馆，交通亦非常便利
里斯本 Port of Lisbon	位于葡萄牙西海岸，濒临大西洋东侧，是葡萄牙最大的港口。里斯本邮轮码头靠近市中心，与机场相距不远，交通方便，距老城区仅6公里，周边服务设施完备
尼斯 Port of Nice	位于法国东南沿海，地处著名的风景城戛纳(Carnes)和摩纳哥(Monaco)之间。邮轮港口由3个码头组成，可同时接待5艘邮轮；码头交通便利，距机场仅4公里，约10分钟车程，附近配备时装店、博物馆和餐饮名店等休息娱乐设施
契维塔韦基亚港 Port of Civitavecchia	罗马的邮轮码头并不在罗马城市中，而是在契维塔韦基亚港，距离罗马80公里，约60～90分钟车程，是罗马的主要港口
威尼斯 Port of Venice	威尼斯港是意大利最大的港口之一，港口长12000米，总面积达250公顷。威尼斯邮轮中心港共有3个专业的邮轮码头，可同时接待9艘大小不等的邮轮。9000平方米的客运中心能够为游客提供全方位的服务
南安普敦 Port of Southampton	位于英国南部，是英国主要大港之一，英国最繁忙的邮轮港口，誉为“英国的邮轮中心”，距离伦敦市中心大约80英里。邮轮港口配套设施充分，有Queen Elizabeth Ⅱ Cruise Terminal(伊丽莎白女王2号)、City Cruise Terminal(城市邮轮码头)、Mayflower Cruise Terminal(五月花邮轮码头)和Ocean Terminal(海洋邮轮码头)等4个邮轮码头，是公主邮轮、加勒比海邮轮母港，此外水晶邮轮、歌诗达邮轮、银海邮轮等世界著名邮轮常年挂靠此港
都柏林 Port of Dublin	位于爱尔兰东海岸，拥有7个邮轮泊位，是爱尔兰最著名的邮轮港口，可停靠最长邮轮300米，港口接待的最大邮轮是2004年Grand Princess邮轮，长290米

（续表）

欧洲邮轮港口	邮轮港口的基本情况
科克 Port of Cork	位于爱尔兰南部沿海，是爱尔兰的主要港口之一。邮轮港区位于风景如画的Cork岛上，是北欧著名的邮轮港口。拥有3个邮轮泊位，可停靠最长邮轮320米，港口服务水平良好
爱丁堡 Port of Edinburgh	位于苏格兰东海岸福斯湾南岸，具有浓厚的文化氛围，拥有邮轮泊位3个

表 4-6　欧洲主要邮轮港口接待乘客数量（2007—2012 年）

Tab. 4-6　Number of Cruise Passengers Serviced by European Cruise Ports (2007—2012)

母港名称	国　家	2007	2008	2009	2010	2011	2012
地中海地区							
巴塞罗那	西班牙	1 765 838	2 069 651	2 151 465	2 350 283	2 657 244	2 408 960
契维塔韦基亚港	意大利	1 586 101	1 818 616	1 802 938	2 458 000	2 400 000	2 190 000
比雷埃夫斯	希腊	1 000 000	1 290 000	1 500 000	1 210 000	1 560 000	1 199 000
威尼斯	意大利	1 003 529	1 215 088	1 420 980	1 617 011	1 786 416	1 775 944
帕尔马-马略卡	西班牙	1 048 906	1 131 147	1 056 215	1 347 009	1 419 502	984 785
萨沃纳	意大利	761 000	772 000	712 681	780 672	948 459	810 097
热那亚	意大利	520 197	547 905	671 468	860 290	798 521	797 239
北欧地区							
南安普敦	英国	798 463	971 258	1 054 900	1 243 463	1 445 000	1 529 000
哥本哈根	丹麦	502 000	555 819	675 000	662 000	819 000	840 000
基尔	德国	173 000	222 130	291 388	341 000	377 205	348 180
多佛	英国	164 723	273 187	259 222	307 223	223 825	246 000
汉堡	德国	132 678	89 791	126 839	245 761	314 494	430 329
阿姆斯特丹	荷兰	147 947	226 079	181 548	198 530	258 576	289 757

资料来源：MedCruise，Cruise Europe and individual port data

三、大洋洲

大洋洲地区主要包括澳大利亚和新西兰两个国家，主要邮轮港口如表 4-7 所示。

表 4-7　大洋洲主要邮轮港口简介
Tab. 4-7　Introduction of Oceanian Cruise Ports

大洋洲邮轮港口	邮轮港口的基本情况
墨尔本 Port of Melbourne	位于澳大利亚东南部维多利亚州南部沿海，是全国最大的现代化港口，距市中心 4 公里，约 15 分钟车程，共有 4 个邮轮泊位，最长的达 223 米，深 10.9 米；邮轮码头每年接待海外游客几万人次，此外还为邮轮提供着保养、维护等全方位的服务
悉尼 Port of Sydney	位于澳大利亚东南，是重要的邮轮旅游目的地，并且是澳大利亚唯一的拥有两个世界级邮轮码头的港口。达令港区的 8 号码头和圆形码头的国际邮轮游客码头，都位于悉尼市中心，接近主要旅游区；每年的 11 月和次年 4 月是邮轮旅游旺季，在 2009 年到 2010 年的邮轮季，悉尼港共接待 120 多艘国际邮轮和 25 万邮轮旅客；2010 年到 2011 年旺季，到访的邮轮数量将达到 150 艘，比上季增长 26%
布里斯班 Port of Brisbane	位于澳大利亚东部昆士兰州，是澳大利亚的第三大城市，港区分布在市区东北的布利姆巴及其下游的汉密尔顿，是昆士兰州的最大海港，共有 7 700 米的海岸线，27 个泊位，其中 1 个为邮轮专门泊位，交通便利，距机场仅 30 分钟车程
奥克兰 Port of Auckland	位于新西兰北岛东北海岸，是新西兰的最大港口，邮轮码头名为 Princes Wharf 和 Queens Wharf

四、亚太地区

亚太地区凭借独特的人文景观和优美的自然风光，越来越受到世界邮轮公司的青睐，主要邮轮母港包括新加坡、香港、巴生港和迪拜等，基本介绍如表 4-8 所示。

表 4-8　亚太主要邮轮港口简介
Tab. 4-8　Introduction of Asia Pacific Cruise Ports

亚太著名邮轮港口	邮轮港口的基本情况
新加坡 Singapore	位于马六甲海峡的东南侧，南临新加坡海峡的北侧，是亚太地区最大的转口港，也是世界最大的集装箱港口之一。新加坡港 1991 年耗资 5 000 万新币兴建邮轮码头，1994 年开始着力发展邮轮业，1998 年政府又投资 2 300 万新币重建码头，使其向海岸线延伸。新加坡自 1997 年起已获 17 个由邮轮杂志《Dream World Cruise Destinations》颁发的奖项。2001 年被世界邮轮组织誉为“全球最有效率的邮轮码头经营者”。邮轮中心分为新加坡国际邮轮码头及地方客运码头。国际邮轮码头有 2 个邮轮泊位，达到 12 米的天然水深，有长度分别为 310 米和 270 米的两个泊位。新的大型国际邮轮码头 2011 年竣工，2012 年正式营业，可停泊世界上最大的邮轮——20 万吨以上、载客 5 400 人的海洋绿洲号超大型邮轮。新建的邮轮码头进一步巩固了新加坡亚太邮轮中心的地位
中国香港 Hong Kong	位于维多利亚湾侧的海运大厦(Ocean Terminal)，港宽 1.6～9.6 千米，面积 5 200 公顷，邮轮泊位长达 380 米，可同时停靠两艘大型邮轮或四艘小型邮轮；2008 年，在英国邮轮杂志《Dream World Cruise Destinations》举办的最佳邮轮目的地选举中，获选为最佳旅游目的地之一。新邮轮码头第一个泊位在 2013 年启用后，可以停泊现时世界上最大、设备最先进的邮轮；邮轮码头落成后，香港地区将有 4 个邮轮泊位，可以停泊不同种类和大小的邮轮，为香港及亚太地区邮轮业的长远发展提供有利的基础
巴生港 Port Swettenham	巴生港位于马来西亚首都吉隆坡，马六甲海峡之东北岸，是马来西亚最大的港口。邮轮港区 1995 年启用，距吉隆坡 45 分钟的车程；巴生邮轮码头有 3 个邮轮泊位，总长 660 米，水深 12 米，可接待总长达 300 米，吨位 5 万吨的邮轮。1997 年获得《Dream World Cruise Destination》杂志“世界最佳港口设备”奖
迪拜 Dubai	位于阿联酋东北沿海，是阿联酋最大的港口，可同时服务 4 艘邮轮，是中东最大的邮轮港口。迪拜新邮轮码头提供一系列为游客量身打造的基础服务项目，包括货币兑换、免费上网服务、无线网络、ATM 机、邮局、免税店、纪念品店、礼品店、残障设施等；迪拜邮轮行业发展迅速，2009 年超过 87 艘邮轮承载了 26 万名旅客到访阿联酋，2010 年，新邮轮码头全面启动后，接待邮轮 120 余艘和超过 30 万名邮轮乘客，2011 年，接待邮轮 135 余艘和近 40 万邮轮乘客，2008 年和 2009 年迪拜荣获世界领先邮轮港口奖(World’s Leading Cruise Port Award)，2010 年荣获中东领先邮轮港口奖(Middle East’s Leading Cruise Port Award)

五、中国大陆

2010年6月26日继上海、厦门和三亚国际邮轮中心之后，天津母港正式投入使用，中国邮轮母港格局又迎来一位新的竞争者。随着全球邮轮旅游业的迅速发展，中国各港口城市之间的竞争也日趋激烈。最新数据显示，目前中国已有16个港口城市接待过国际豪华邮轮，并逐步形成了以天津、上海等多个港口开设邮轮母港航线的全面发展局面，主要邮轮港口和邮轮码头的介绍如表4-9所示。

表4-9　中国大陆主要邮轮港口和邮轮码头简介

Tab. 4-9　Introduction of Chinese Cruise Ports and Cruise Terminals

中国邮轮港口	邮轮港口的基本情况
上海（北外滩）Shanghai	上海北外滩邮轮码头拥有3个7～8万吨级的国际大型邮轮泊位，海岸线长880米；上海港国际客运中心由国际客运码头、客运综合楼、上海国际港务集团办公楼及宾馆、商业、办公建筑等配套设施组成
上海（吴淞口）Shanghai	2011年10月15日正式开港运营，码头长约1500米，可同时停靠一艘20万吨级和一艘10万吨级的大型邮轮，年接待能力可达60万人，与北外滩上海港国际客运中心遥相呼应，形成“错位竞争，优势互补”的“两主一备”码头运营模式。两者的分工协作为，7万吨级以下的邮轮靠港上海港国际客运中心，而7万吨级以上的邮轮停靠吴淞口国际邮轮港。连同外高桥六期多功能码头的临时客运设施，上海邮轮港口设施可满足各种类型邮轮的靠泊要求，大大提升了上海邮轮产业的竞争力
舟山 Zhoushan	舟山群岛国际邮轮码头于2011年9月26日开工，2013年竣工并投入使用，目标定位为兼具国际邮轮码头、对台直航客运码头等“多功能”的码头，总投资约5.6亿元，码头长度为356米，建设规模为最大10万吨级泊位1个
天津 Tianjin	位于天津港东疆港区南端岸线，与东疆保税港区毗邻，总建筑面积160万平方米，岸线长2000米，泊位6个，为天津港历史上最大的邮轮码头工程，主要包括水工码头、客运大厦和设备采购安装等三部分；2009年初期竣工的码头工程共建成2个泊位，码头前沿线长625米，宽65.05米；天津港国际邮轮码头建成后可停靠目前世界上最大的22万吨豪华邮轮，年接待游客能力可达50万人次

（续表）

中国邮轮港口	邮轮港口的基本情况
大连 Dalian	我国最早接待国际邮轮停靠的港口之一，2008 年 1 月份，大连港邮轮中心项目开始启动，邮轮中心建在位于大连港码头客运站一侧的大连港东港区，是一个集商贸、旅游、居住、观光为一体的"大连最具现代化色彩的社区；南区于 2011 年 8 月开工建设，项目占地 23 万平方米，计划投资 200 亿元，规划建筑面积 123 万平方米，是一个集写字楼、五星级酒店、购物中心、高级公寓、休闲娱乐于一体的高端城市综合体项目
厦门 Xiamen	我国内地第一个有定期国际邮轮航班的港口，厦门国际邮轮中心（厦金客运码头）于 2008 年 6 月正式起用，地理位置优越，交通便利，占地约 10 万平方米，总建筑面积约为 30 万平方米，配套总建筑面积约为 16.1 万平方米，整体规划涵盖国际邮轮中心、顶级写字楼、超五星级酒店、精品购物中心、高档住宅等多种物业形态。国际邮轮中心包括客运码头和联检大楼两大部分，于西海域北段建设大型国际邮轮泊位，岸线长为 463.81 米，可停靠 14 万总吨的大型邮轮；南段岸线设有 80 米长浮码头两座和 35 米浮码头两座，分别为小型客轮码头及港口作业船舶码头，联检大楼总建筑面积约为 8.1 万平方米，按年旅客吞吐量 150 万人次和高峰集中旅客到达量 3 000 人功能要求
青岛 Qingdao	国际邮轮码头位于现在的奥帆基地，地理位置优越，与国际会议中心、奥林匹克广场、奥运度假村、海洋科技博物馆等设施将共同形成新的青岛旅游度假区，提供旅游观光、度假休闲、商务会议、旅客运送等"一条龙"配套服务；邮轮码头长 300 米、宽 50 米，可同时停泊 2 艘至 3 艘豪华邮轮；2009 年意大利歌诗达邮轮公司在青岛设立办事处，美国皇家加勒比邮轮公司和新加坡丽星邮轮公司也先后到访
深圳 Shenzhen	深圳蛇口太子湾邮轮母港于 2011 年 12 月破土动工，投资 120 亿元，片区规划总用地面积约 72 公顷，总建筑量 170 万平方米，项目分三期完成，预计 2020 年左右建成，届时太子湾邮轮母港项目将成为集高端商务平台、滨海休闲岸线、国际邮轮母港、交通中转枢纽四大功能为一体的集合体，将成为华南地区最大的邮轮母港
三亚 Sanya	三亚地理位置优势，邮轮从三亚出发，可选择到中国香港及越南、新加坡等多条航线。凤凰岛国际客运港 2006 年 11 月 9 日试运营，邮轮码头投资总额达 22.9 亿元人民币，是我国第一个 10 万吨级国际邮轮码头，包括 10 000 平方米的国际客运联检大楼，是目前中国设施最齐备的专用邮轮港口之一；码头在全国首创"快速通关法"，将每名乘客的通关时间缩短至 15 秒左右。国际邮轮母港二期已于 2011 年开始兴建，总投资约 180 亿元，工程包括 10 万吨码头 1 个，15 万吨码头 2 个及 22.5 万吨码头 1 个；2014 年三个码头将全面建成，届时凤凰岛国际邮轮母港年接待游客能力可达到 200 万人次以上，邮轮接待能力大幅提升

第二节　国际著名邮轮港口的发展条件比较分析

优秀的邮轮港口只有依托优良的地理位置、环境气候、人文文化、旅游资源以及邮轮码头的各项配套设施才能吸引更多的邮轮前来挂靠，才能为邮轮旅客提供全方位的高质量服务。表 4-10 对美国的迈阿密、英国的南安普敦和西班牙的巴塞罗那三个世界著名的邮轮港口在地理、交通、气候、文化、旅游和邮轮港口本身的属性进行了对比。

表 4-10　国际著名邮轮港口的发展条件比较

Tab. 4-10　Comparision of Famous Cruise Ports

指标	美国 迈阿密(Miami)	英国 南安普敦(Southampton)	西班牙 巴塞罗那(Barcelona)
定位	世界邮轮之都 Cruise Capital of the World	北欧邮轮之都 Cruise Capital of Northern Europe	欧洲顶级邮轮港口 One of the top European ports
地理	位于美国佛罗里达州，邮轮港口和邮轮码头位于市中心海滩的黄金地段，距机场仅有 15 分钟车程，离市中心最近的大型购物、宾馆、餐饮区仅有几分钟车程	位于英国南部，是英国最繁忙的邮轮港口，距离伦敦市中心大约 80 英里(约 1 小时车程)，距离伦敦 1 个小时车距。其中东部码头距离火车站不到 3 公里，距离机场不到 7 公里，距离伦敦机场不到 90 公里	位于西班牙河口东岸，是西班牙最大的海港和造船中心之一，也是欧洲最繁忙的港口之一，有现代化的国际机场，可直飞中东、美洲以及欧洲各国。邮轮码头地处市中心，游客乘坐公交车或出租车进出都十分方便
气候	拥有温暖、湿润的亚热带气候，只有在冬天才偶尔会遇上寒冷的天气。是美国本土冬季最温暖的城市，1 月平均气温 19.5℃，7 月 28.3℃；年平均降水量 1290 毫米，大部分降于夏季	南安普敦所在的英格兰南部海岸是英国气候最温暖的地区之一，很少下雪，气温也很少在零度以下	巴塞罗那是典型的地中海气候，冬天湿润多雨，夏天炎热干燥，一年四季都适合旅游；冬天平均温度为 11℃，11 月和 1 月是最寒冷的月份，平均为 10℃；夏天的平均气温为 24℃

（续表）

指标	美国 迈阿密(Miami)	英国 南安普敦(Southampton)	西班牙 巴塞罗那(Barcelona)
定位	世界邮轮之都 Cruise Capital of the World	北欧邮轮之都 Cruise Capital of Northern Europe	欧洲顶级邮轮港口 One of the top European ports
文化	迈阿密被认为是文化的大熔炉，受庞大的拉丁美洲族群和加勒比海岛国居民的影响很大，与北美洲、南美洲、中美洲以及加勒比海地区在文化和语言上关系密切，因此还被称为“美洲的首都”	南安普敦拥有丰富的历史文化遗产，现代化程度也很高，历史可以追溯到五月花号的起航和泰坦尼克号的沉没，南安普敦是“通往世界的大门”，现在依然是重要的国际港口	巴塞罗那整个城市依山傍海、地势雄伟，市区内哥特式、文艺复兴式、巴洛克式建筑和现代化楼群相互辉映，是个有着多种面貌的城市，虽现代化程度很高，但同时完整地保留了许多哥特风格的古老建筑
旅游	迈阿密是一个旅游度假胜地，延绵不绝的白色沙滩占据了全美沙滩的四分之一长度，处处洋溢着美国其他城市所没有的拉丁风情，美丽的沙滩、蔚蓝的海水、闪耀的阳光、众多帅哥美女，让其成为电影和电视拍摄取材的最佳场景，有“美国东岸的好莱坞”之美称	南安普敦市位于英格兰南部海岸，乘火车约1个小时就可到达伦敦，乘渡轮可抵达法国和欧洲其他国家。海洋村码头经常主办国际帆船大赛。城市里还有几家电影院、两家大剧院、音乐厅、艺术画廊以及南部地区最大的购物中心之一	巴塞罗那地理位置得天独厚，气候宜人，风光旖旎，古迹遍布，素有“伊比利亚半岛的明珠”之称，是西班牙著名的旅游胜地和世界著名的历史文化名城，有“地中海曼哈顿”之称，被誉为欧洲真正的聚会城市
码头	8个邮轮码头：B/C，D，E，F，G在Dodge岛的北部，J在南部，H在西部海岸	4个邮轮码头：Queen Elizabeth Ⅱ Terminal和Ocean Terminal位于东部码头；City Terminal和Mayflower Terminal位于西部码头	8个邮轮码头分布于3个地方：A，B，C和D坐落在Adossat Terminals；N和S在World Trade Center (WTC)；另一个在Port Vell Terminal M
岸线	邮轮岸线总共2 286米	岸线1 708米：Ocean 480米；QE2 508米；Mayflower 350米；City 370米	总共1 680米，各泊位线在160米到700米之间

（续表）

指标	美国 迈阿密(Miami)	英国 南安普敦(Southampton)	西班牙 巴塞罗那(Barcelona)
定位	世界邮轮之都 Cruise Capital of the World	北欧邮轮之都 Cruise Capital of Northern Europe	欧洲顶级邮轮港口 One of the top European ports
泊位	可同时停靠20艘邮轮	可同时停靠6艘豪华邮轮	可同时停靠10艘以上的邮轮
能力	8艘邮轮，可接待世界最大邮轮；同时接待8400人	Ocean邮轮大厦可同时服务4000人	可同时停靠10艘邮轮；接待3000人以上
航线	东加勒比海、西加勒比海、巴哈马群岛、南美、巴拿马运河到西海岸和亚马逊等	地中海、圣彼得堡、波罗的海、挪威湾、摩洛哥、摩纳哥、斯德哥尔摩、哥本哈根等欧洲国家和地区	西地中海区域、Canary岛、摩洛哥以及长距离到东地中海和希腊岛
设施	拥有舒适的休息大厅、商务会议大厅、全封闭的上船通道、完善的订票系统、安全系统、登轮查验系统、行李操作系统、容纳733辆汽车的车库、先进的信息化服务，为游客出行提供近乎完美的服务。码头大厦D和E功能更完备	服务设施在不同的邮轮码头侧着点不同，包括咖啡、残疾人服务设施、公用电话、购物中心班车、出租车、交通指南、自动售货机、艺术长廊等	除了游客基本候船和联检设施，巴塞罗那邮轮中心后方还设置了大型购物中心，极具本地特色，可满足外地邮轮游客的购物需求。此外，邮轮码头附近周边也建立了亲水休闲、旅游观光、邮轮总部大楼以及地铁、巴士、旅游专线等公共交通设施

通过对比可以发现，优良的邮轮港口一般具备以下几个基本特征：

■　依托邮轮城市丰富的风土人文景观和旅游资源；

■　海陆空交通方便，一般靠近市中心和商务区，游客能快速方便地进入市区休闲娱乐区；

■　气候宜人，通常有屏障保护，利于邮轮停靠；

■　具有多方位开发航线资源的区位优势；

■　邮轮码头和周边配套设施齐备，服务质量优良；

- 拥有足够长的邮轮海岸线，且具有足够水深条件的港区和航道；
- 有足够的邮轮泊位数量和邮轮客流量；
- 通常采用多类型码头运营的方式；
- 配备良好的轮船接待和维护场地；
- 有符合国际法规和惯例的出入关程序和口岸管理程序等。

第三节　国际著名邮轮港口的案例分析

从国际案例来看，邮轮码头的演变主要经历了4代，功能和设施越来越丰富，即暂时性邮轮码头、第一代邮轮码头、第二代邮轮码头、第三代邮轮码头和第四代邮轮码头。暂时性邮轮码头最为简单，基本功能仅包括行李搬运、旅客登记、天气庇护、洗手间等基本内容，代表性码头为加拿大的魁北克和意大利的罗马；第三代和第四代码头最为复杂，内部设施齐备，功能多样，除了基本接待功能，还包括安检服务、船员空间、VIP空间、邮轮办公室、购物中心、会议中心、休闲娱乐餐饮等，代表性的码头分别为迈阿密邮轮大厦D、E和加州的长滩邮轮中心。

一、巴塞罗那

西班牙的巴塞罗那港位于西班牙河口东岸，濒临地中海的西北侧，是西班牙最大的海港，是西班牙的造船中心之一，也是欧洲最繁忙的港口之一，有现代化的国际机场，可直飞中东、美洲以及欧洲各国。凭借优良的港口设施、完善的配套功能和优越的地理位置，巴塞罗那成为欧洲最著名的邮轮母港，也是许多地中海邮轮的母港，是世界邮轮游客和邮轮公司最为青睐的目的港口之一。近年来，年接待邮轮乘客200万人次以上。

目前国际上优良的邮轮港口都具备多个邮轮码头大厦，且功能定位和设施配备有所差别。巴塞罗那港是地中海的主要邮轮港，海岸线总长约 3 700 米，邮轮岸线长 1 680 米，前沿水深在－8 到－12 米，邮轮专用码头 7 个，可同时停靠小型、中型和大型邮轮如图 4-4 所示。其中邮轮码头区 A 有 3 600 平方米，泊位线长 700 米，水深 12 米；码头区 B 有 6 500 平方米的面积，长 700 米的泊位可停泊 14 万吨、载客量为 3 600 的邮轮；码头区 C 为邮轮回转区，占地面积 4 000 平方米，泊位线长 580 米，水深 12 米；邮轮码头区 D 占地 10 000 平方米，为客运综合大厦，分南北邮轮码头，共有 824 米长的停泊岸线，其中南码头可以同时停泊 2 艘邮轮，最长的有 253 米；码头区 S 和 N 占地 10 000 平方米，水深 9 米，泊位线总长 664 米，主要停靠中型邮轮；此外，邮轮码头区 M 和 T 水深 8～11 米，主要为小型邮轮和轮渡提供服务。七大邮轮码头的功能分区如表 4-11 所示。

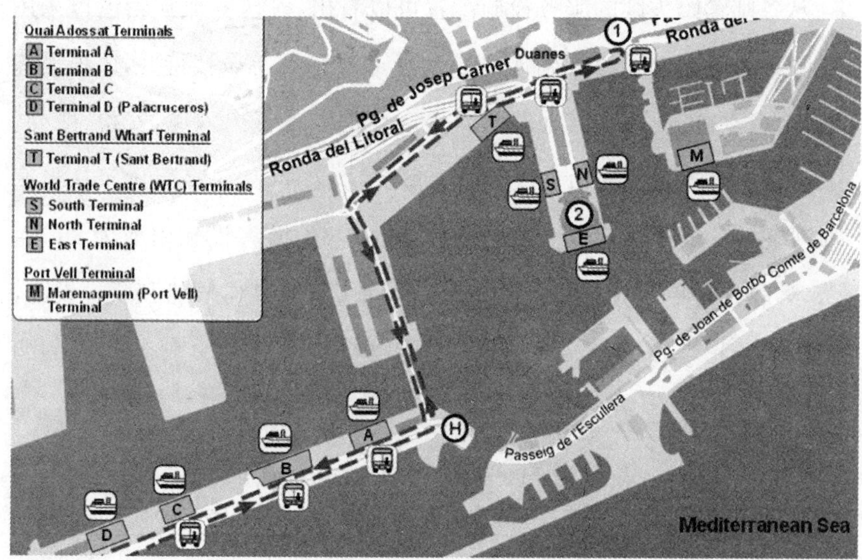

图 4-4　巴塞罗那邮轮码头的空间布局

Fig. 4-4　Distribution of Cruise Terminals in Barcelona

资料来源：http://www.barcelona-tourist-guide.com/en/transport/barcelona-cruise-port.html

表 4-11 巴塞罗那邮轮码头功能分区
Tab. 4-11 Barcelona Cruise Terminal in Details

码头外观	功　能	用地(平方米)	水深(米)	岸线(米)
Terminal A	大型邮轮	3 600	12	700
Terminal B	大型邮轮 14 万吨 3 600 乘客	6 500	12	700
Terminal C	邮轮回转	4 000	12	580
Terminal D	客运综合	10 000	12	580
Terminal N and S	中型邮轮	10 000	9	664
Terminal T	轮渡服务	2 200	11	255
Terminal M	小型邮轮	480	8	220
总计		36 700	8～12	3 700

从各邮轮码头区的服务设施配置可以看出，巴塞罗那邮轮港口采用多类型码头运营模式，其中邮轮码头大厦 D 为旅客综合接待区，服务设施齐备，服务功能齐全；而其他邮轮码头区也都具备了出入境、安检、舷梯、免税商店、纪念品店、外币兑换等基本服务功能，如表 4-12 所示。从巴塞罗那邮轮码头的整个功能分区来看，邮轮中心的游客设施用地为 36 700 平方米，基本可以停靠所有规格的邮轮。除了游客基本候船和联检设施，巴塞罗那邮轮中心的后方设置了大型购物中心，可以满足邮轮游客的购物需求。

表 4-12 巴塞罗那邮轮码头的服务设施
Tab. 4-12 Service Facilities of Barcelona's Cruise Terminals

服务设施	Terminal A	Terminal B	Terminal C	Terminal D	Terminal N & S
入境管理	Yes	Yes	Yes	Yes	Yes
金属探测	Yes	Yes	Yes	Yes	Yes
X-线机器	Yes	Yes	Yes	Yes	Yes

（续表）

服务设施	Terminal A	Terminal B	Terminal C	Terminal D	Terminal N & S
舷梯	2	2	/	Yes	/
行李搬运	Yes	4	/		Yes
空调	Yes	Yes	Yes	Yes	Yes
公用电话	Yes	Yes	Yes	Yes	Yes
外币兑换	Yes	Yes	Yes	Yes	Yes
免税商店	Yes	Yes	Yes	Yes	Yes
纪念品店	Yes	Yes	Yes	Yes	Yes
快递服务	Yes	/	/		/
餐饮酒吧	Yes	Yes	Yes	Yes	/
互联网	/	/	/	Yes	/
儿童空间	/	/	/	Yes	/
船员空间	/	/	/	Yes	/
VIP 休闲室	/	/	/	Yes	/
停车场①	Yes	Yes	Yes	Yes	Yes
电梯	/	/	/	Yes	/
往返公交	Yes	Yes	Yes	Yes	/
出租汽车	Yes	Yes	Yes	Yes	Yes

此外，邮轮码头附近周边也建立了亲水休闲、旅游观光、邮轮总部大楼以及地铁、巴士、旅游专线等公共交通设施，从而可以为邮轮旅客提供全方位的服务。另外，从其他国际知名邮轮港口的特点来看，许多邮轮码头仅仅具备简单的旅客候船厅、联检厅、免税店和餐饮区，有些设施比较陈旧，甚至使用旧有的货运码头，但都专注于提升游客集散方面的功能，实用性很强，能够非常便捷地实现游客通关和集散。

① 专为大型巴士汽车配备的停车场。

二、西雅图

西雅图位于美国西北部华盛顿州西部沿海的普吉特(Puget)湾的东岸,濒临太平洋西海岸的胡安德富卡(Juan de Fuca)海峡的东南侧,是美国第五大集装箱港,也是美国距离远东最近的港口。西雅图港有两个邮轮码头,码头 66 和码头 91,如图 4-5 所示。

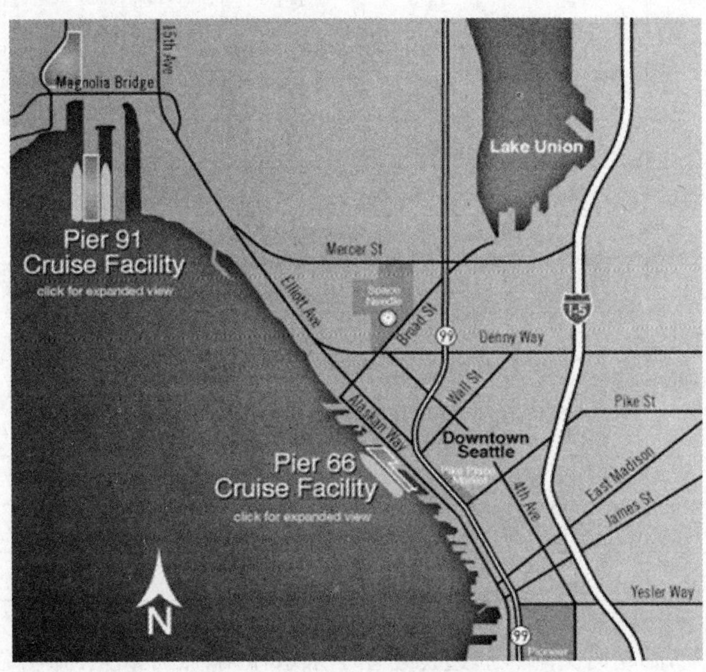

图 4-5 西雅图邮轮港口地图

Fig. 4-5 Cruise-terminal Map of Port of Seattle

资料来源:http://www.visitseattle.org/Tourism-Development/Cruise-from-Seattle/Cruise-Terminal-Transfers.aspx

码头 66 紧靠贝尔大街,又称贝尔大街邮轮码头(Bell Street Pier),有 6 300 平方米,为双层码头,南北长 488 米,东西长 122 米,主要停靠挪威邮轮和精英邮轮;91 号号邮轮码头长 610 米,有 2 个邮轮泊位,主要停靠加勒比邮轮、荷美邮轮、公主邮轮和嘉年华邮轮。两码头的交通都十分便捷。2007 年访问西雅图港共有邮轮 190 艘次，邮轮游客 781 143 人次。从 20 世纪初开始西雅图的邮轮业得到快速发展，主要承载阿拉斯加航线。

西雅图的双邮轮码头承载不同的邮轮接待功能。贝尔大街邮轮码头承载多功能用途，前沿滨水区开发成熟，为高品质休闲娱乐区，该码头耗资 1 650 万美元，主要功能承载：2 600 人次的邮轮接待、接待大厅走廊（零售亭、咖啡、休闲区）、行李搬运、高端消费、VIP 休闲和停车场（1 700 停车位）等。

码头 91 位于市区南端，紧靠货运码头和大型露天运动场，为邮轮专用或临时性码头，具有灵活性和一定的功能性。从西雅图邮轮码头功能布局中可以发现，西雅图致力于捕捉和分析市场信息，以单功能码头和多功能码头应对市场变化，码头建设考虑长远规划。

三、其他

此外，从功能定位、接待大厅以及岸线资源方面，表 4-13 列举了几个不同国家邮轮码头的基本情况，供读者参阅。

表 4-13　世界邮轮码头其他案例

Tab. 4-13　Summary of International Examples

邮轮中心	所在国家	功能描述	地面面积（平方米）	泊岸线（米）
墨尔本-车站码头 Melbourne-Station Pier	澳大利亚	非他用，专用邮轮中心	2 200	3 个泊位，90～400
悉尼-环形码头 Sydney-Circular Quay	澳大利亚	用于回转，多功能设施，节事、聚会	2 600	300
悉尼-第八码头 Sydney-Wharf 8	澳大利亚	多功能设施，将退役	4 000	335

（续表）

邮轮中心	所在国家	功能描述	地面面积（平方米）	泊岸线（米）
悉尼-白港 Sydney-White Bay	澳大利亚	起步阶段	未公布	233～278
南安普敦-i Southampton-Ocean T	英国	2009 年建成，一次接待 4 000 乘客，非多用途，可转变	9 100	480
阿姆斯特丹 Amsterdam	荷兰	多功能设施，包括会议、展览、节事等	15 000	600
温哥华 Vancouver	加拿大	有会议中心	6 500	5 个泊位，200～507
萨沃纳-配拉克罗希尔 Savona-Palacrociere Terminal	意大利	多功能设施，有容纳 200 人会议室	8 500	430
纽约-布鲁克林 New York-Brooklyn	美国	新中心，专用，4 000 乘客	18 500	345

第四节　邮轮港口及邮轮码头规划的国际经验

通过上文对邮轮港口和邮轮码头的特征分析可以发现，在港口选择和码头规划方面有许多值得借鉴的国际经验。从邮轮港口的选址来看，主要经验包括：港口的性质和规模应根据腹地经济、旅客流量及集疏运条件确定；邮轮港口宜选在地质条件较好的地区，天然水深应适当，不宜在地形、地质变化大和水深过深以及水文条件复杂的地段建造港工建筑物，也不宜在水深太浅而使维护挖泥量过大的场所选址；港口应留有足够的水域和陆域面积；港口水域宜选在天然掩护，浪、流作用小，泥沙运动较弱的地区；港口陆域纵深应满足拟建码头功能及相关管理的要求，且应留有一定的发展空间；港址所在地应具备良好的纵深旅游资源以接待游客，具有在短时间内分散游客的能力，以保证外来游客的正常登岸；选址应根据港口性质、规模及船型，按照深水深用的原则，合理利用海岸资源，适当留有发展余地，进行多方案备选；选址应统筹兼顾和正确处理商港、渔港、军港、临海工业、旅游以及其他部门之间的关系，并与城市及交通运输规划互相协调；港址选择应充分注意保护环境，遵守国家现行的有关规定。

从邮轮码头和邮轮中心的规划来看，主要经验有：邮轮接待中心的功能布置，取决于周边设施和码头设施的功能定位；邮轮产业的支撑不仅依靠邮轮客运中心，还依托于周边的基础设施；邮轮中心主体建筑具有灵活性，可适合他用，比如会议、会展、聚会等；配备单独的商店、汽车、出租车、公交车、乘客上下和安检区域；尽量减少旅客拥挤和排队等候时间，且能充分分割乘客、船员和运营管理行为；码头区要预留足够的空间以对邮轮进行有效补给；设置方便乘客的咨询区域，且有效管理邮轮和非邮轮活动；多码头运营时要考虑弹性，区分主次，减少浪费等。

此外，在邮轮公司母港选择方面，Lekakou，Pallis 和 Vaggelas(2009)也得到了有意义的结论。作者考虑了港口对邮轮的服务、港口的自然条件、港口对旅客的服务、港口基础设施、旅游区或旅游活动、港口服务成本、港口效率、港口管理、交通运输系统、政治因素或法规结构、城市的休闲娱乐和客源市场等 12 个方面，利用实证分析法研究了邮轮公司选择地中海母港时的影响因素，并识别出了 11 个最重要的要素，包括机场的可达性、环境的安全可靠性、交通网络的可靠性、码头的接待能力、岸线泊位水深、游客上下船设施、沿海运输政策或内航政策、服务安全性、航空网络运输能力、城市观光旅游和邮轮公司母港运营的动机等。

第五节 邮轮港口的发展趋势及启示

近年来,邮轮产业的发展呈现出两大明显的趋势。首先邮轮船舶本身越来越趋向大型化,比如嘉年华的 Magic 可以容纳 3 652 个乘客,挪威公司的 Epic 可容纳 4 100 人,皇家加勒比公司的 Allure 和 Oasis of the Seas 则可容纳 5 400 人。邮轮船舶的大型化对邮轮港口和邮轮码头在泊位长度、岸线水深、离岸空间、安全屏障、码头建筑、乘客集散和工程技术等方面提出了更高的要求。此外,邮轮市场越来越倾斜于具有独特历史人文景观以及丰富的旅游资源和岸上休闲娱乐活动的地区。因此,港口城市一方面应该重视邮轮港口配套设施的建设和服务能力的提升;另一方面应该注重“港口—腹地”型邮轮目的地的建设和规划,将发展眼光从邮轮港口转变到邮轮目的地上来。

中国邮轮产业才刚刚起步,仍然处在以港口接待为主的邮轮经济时代,邮轮港口/码头及配套设施的设计和规划是重中之重。专用邮轮码头的建设不仅耗资巨大,而且占用岸线资源,在我国邮轮经济的起步阶段,过多专用邮轮码头,特别是多功能港口和码头的建设会造成资源浪费和同质竞争。目前我国邮轮产业发展还存在若干有待解决的关键问题,比如大多数港口城市的腹地客源不足、旅客集散不便、通过能力不强、邮轮维修服务不完善、商品供应能力较低、母港班次较少、缺少国际邮轮公司总部、母港布局和口岸管理不到位、港口之间重竞争轻合作以及产业发展路径不明确等。

近年来,众多港口城市都将邮轮母港建设作为大工程来抓,但必须清醒地认识到我国大部分邮轮港口在短时间内不具备发展成为邮轮母港的条件。循序渐进,统筹兼备,区域合作和注重邮轮目的地开发才是现阶段中国发展邮轮产业的合理路径。此外，国际经验告诉我们，邮轮目的地在土地获得和设施建设方面耗资巨大，仅建造一个具有基础接待功能的码头及配套设施就需要投资 1 000 万到 4 000 万美元，而建设和发展一个大型邮轮目的地港口的投资更为巨大。

比如，2011 年 3 月投入使用的牙买加的法尔茅斯(Falmouth)港，初期总投资为 2.1 亿美元之多(Goldstein，2011)。可以说，邮轮目的地是发展邮轮产业、深化邮轮经济的关键所在，必须重视邮轮旅游目的地建设和开发。在正式建设之前，需要进行广泛的调研和分析，比如详细的地形和海洋测绘、总体规划和建筑布局、周详的地理和空间分析、海岸线工程分析、环境影响分析、政策法规可行性分析、码头选择和工程分析、财政和经济效益分析等。

小　　结

全球邮轮市场的倾斜，使得中国邮轮产业将在“十二五”期间正式跨入快速发展期。在旅游业快速增长的背景下，中国邮轮经济的发展时机日益成熟。目前中国大陆已建成了上海国际客运中心、厦门海峡邮轮中心、三亚凤凰岛国际客运中心三个设施较为齐全的邮轮港口。此外，上海、青岛、大连、天津、宁波、厦门、海口、深圳等港口城市都已将目光投向邮轮经济。现阶段我国邮轮产业仍然以港口接待业为主，在港口建设、设施布局、功能定位、在港运作、航线开发、市场培育和区域协作等方面缺少国际借鉴和实践经验。邮轮业在中国既拥有前所未有的产业发展机遇，也面临巨大的挑战。

作为发展最快的旅游领域，邮轮业一直没有引起研究者足够的关注，有关邮轮业的研究文献非常有限(Sun，Jiao and Tian，2011)，特别是少有文献对邮轮港口和邮轮码头进行研究(Lekakou, Pallis and Vaggelas, 2009)。随着我国邮轮经济的兴起,越来越多的国内学者开始关注这一行业,涉及中国邮轮旅游的文献逐年增加,但仍然不能满足中国邮轮产业发展的需求(孙晓东和冯学钢,2011)。为此,本章从国际比较的视角出发,以邮轮港口和邮轮码头为研究对象,从全球邮轮港口的区域分布和发展条件、世界著名邮轮码头的设施布局和功能定位以及国际邮轮目的地的发展趋势中总结经验,以期能为中国邮轮产业和邮轮经济的规划和发展提供国际借鉴和实践经验。

第五章 中日韩邮轮港口接待能力的比较研究

随着世界邮轮经济的东移，亚洲邮轮市场发展潜力巨大。不少亚洲国家纷纷提出发展邮轮经济的产业计划，特别是加强邮轮港口的规划建设，致力于邮轮母港的打造。中国邮轮港口的发展应该依托整个亚洲，致力于与东北亚、东亚和东南亚各国邮轮港口的协同发展。本章以可停泊邮轮总吨位、可停泊最大吨位、航道宽度、码头长度、码头前沿水深、离机场距离等六个方面构建指标体系，对中日韩三个国家总共 30 个邮轮港口的接待能力进行了评价和比较。首先从国家层面上，对三个国家的港口条件和港口接待能力进行比较。然后，在中国范围内，进行横向与纵向比较，分析国内各大港口的接待能力情况，从而识别出各港口的优势与不足。最后，根据研究结果对中国的邮轮港口建设给予一定的启示。

第一节 亚洲邮轮产业的基本概况

全球邮轮业所带来的不仅仅是一种旅游和娱乐的美好体验，同时也带来了经济的发展。上世纪 80 年代，现代邮轮经济开始在欧美率先起航。邮轮产业的高回报率，使其获得了“海洋上的黄金”的美誉。邮轮港口和邮轮公司在追求自身商业利益过程中，同时对区域经济的发展做出了极大的贡献。越来越多的国家、地区和城市都想从中分取一杯羹。现阶段,邮轮产业的发展重心显现出由西向东,由原来的欧美地区向亚洲地区转移的趋势。这一趋势一方面源于欧美市场逐步饱和造成的推力,另一方面由于亚洲国家近些年来的不断发展,人们生活水平日益提高所产生的拉力。随着人们休闲观念的日益进步、闲暇时间的不断增加以及可支配收入的日益提高,原本“高高在上”的邮轮度假变得越来越“触手可及”,渐渐成为一种大众化的旅游产品。越来越多的游客开始对邮轮这一新型的度假旅游产品跃跃欲试。据世界邮轮协会(CLIA)统计,当前北美洲 3.3 亿人口中有 3.2%的邮轮游客,而亚洲 35 亿人口中,仅有 0.05%。越来越多的邮轮企业开始意识到这片孕育着巨大财富的“蓝海”,纷纷加大在亚洲地区运力和宣传方面的投入,在保持邮轮旅游高端品质的同时,针对亚洲市场的偏好,开始推出相应的特色邮轮产品。

早在 1990 年,亚洲仅有 6.5 万名邮轮乘客,目前每年则约有 170 万亚洲游客进行邮轮旅游,在全世界邮轮市场中占到约 8%的份额,并且近年来有快速增长的势头。据预测,到 2020 年,亚洲地区的市场份额将达到 20%,邮轮游客将突破 700 万人次,而其中很大一部分是来自中国市场。

亚洲丰富而独特的旅游资源,以及不断兴建的邮轮码头,促使着亚太地区的邮轮业快速发展,并逐渐成为全球主要的邮轮旅游目的地之一。2012 年 5 月,新加坡投资 5 亿新元打造的邮轮码头正式投入使用,据悉可以停靠世界上最大的邮轮;2013 年中期,香港地区的启德邮轮码头也将正式投入使用。印度和中国同时将邮轮产业发展纳入到第十二个五年规划中,除此以外,印尼,日本,韩国等国家也都表示要加大邮轮码头的建设。

另一方面，为了满足游客对于亚洲这一新兴邮轮旅游目的地的追逐，加上自身开拓新市场的需要，邮轮公司也纷纷开始加大在亚太地区的运力投入。2012年，皇家加勒比邮轮公司将世界十大邮轮之一的“海洋航行者”号引入中国市场，这艘排水量达到13.8万吨，载客量相当于7架空客A380的“庞然大物”现已成为亚洲市场最大的邮轮。嘉年华邮轮公司也于2013年向日本投入了一艘邮轮，届时载客量2 670人的“钻石公主”号和载客量2 022人的“阳光公主”号将在亚洲20个港口进行总计42次巡航。从运力投入来看，目前皇家加勒比在亚洲市场投入的运力最多，达276 000总吨位，其次是丽星达258 749吨位和歌诗达为160 785吨位。对于邮轮公司来说，亚洲不再是一个遥远的战略市场，而是一个现实的，需要即时把握的市场。

总体来说，现阶段亚洲大力发展邮轮旅游业所要面临的最大挑战，就是缺乏能够接待大型邮轮的目的地港口。据统计，目前亚洲共有约80个邮轮码头，但是大部分却并没有能力接待大型邮轮。为了节约能源的消耗，邮轮公司都倾向于降低其邮轮的速度，但是由于亚洲现有港口之间的距离相对较远，这就给邮轮公司针对亚洲消费者设计短期航线增加了困难。以东南亚地区为例，目前仅有西部的马来西亚和新加坡港口的接待能力较高，而理想的布局是建设起南部的巴厘岛港，东部的菲律宾港以及北部的越南港，形成区域联动。再比如在东北亚地区，从中国沿海港口出发的较短期(通常4～7天)航线只能延伸到日本、韩国和俄罗斯。中国的休假制度加上日韩优良的旅游资源，使得日本和韩国成为中国最流行的邮轮旅游目的地。因此，日韩航线的规划对中国邮轮产业发展具有重要的影响作用。

正是在这一需求背景下，越来越多的亚洲国家和地区开始将大型码头的建造提上日程。对于中国来说，现阶段发展邮轮经济的重要任务是完善综合性服务，打造具有较强接待能力的邮轮港口，从而可以有效贯通中国与日本和韩国联动的邮轮航线。目前中国已拥有上海、天津、三亚、厦门四个母港可作为大型邮轮的始发港，同时深圳、大连、青岛、宁波、广州、北海等沿海城市也要打造邮轮母港。

众所周知，邮轮航线具有“点线结合”的特点，特别是作为“点”的邮轮港口，在航线开发过程中受困于“木桶原理”，任何接待能力欠缺的“短板”港口，将阻碍针对特定吨位邮轮的航线开发与拓展。特别是近年来邮轮船舶大型化趋势越来越明显，使得这一矛盾越发尖锐。区域内密集的邮轮航线是邮轮产业健康发展的保障，而对刚刚起步的亚洲邮轮产业来说，港口接待能力的提升则是邮轮航线布局的基础。鉴于此，本章将通过搜集整理国内 7 大城市的港口数据，对各大港口的接待能力做出评价；同时，以日韩为参照，整体比较中日韩三个国家的邮轮接待力情况。从而为我国乃至亚洲邮轮产业的发展提供理论依据。

第二节　中日韩邮轮港口接待能力的指标体系

根据亚洲邮轮产业的发展现状，本章收集整理了中日韩三个国家的 30 个主要邮轮港口的数据，其中包括：韩国 11 个港口、日本 11 个港口以及中国的 8 个港口。其次，通过分析影响邮轮旅游港口接待能力的港口因素，建立相应的评价指标体系。然后，对中日韩三个国家的整体邮轮港口接待能力进行测评。

一、邮轮港口接待能力指标体系

邮轮港口的各项基本数据决定了港口接待能力的高低，同时也是港口实现长远邮轮经济发展目标最根本的支持条件。评价指标包括港口可停泊邮轮总吨位、可停泊最大吨位、航道宽度、码头长度、码头前沿水深、离机场距离六个方面，如表 5-1 所示。

表 5-1　邮轮港口接待能力的指标体系

Tab. 5-1　Evaluation Index for Berthing Capacity of Cruise Ports

港口可停泊的邮轮总吨位(X_1)	该指标是指邮轮港口所有泊位可停靠的邮轮总吨位数，总吨位数越大，同一时间段可容纳的邮轮数量越多，邮轮码头的接待能力就越强
港口可停泊邮轮的最大吨位(X_2)	与前一指标的区别在于，前者衡量的是总量，而该指标衡量的是单个泊位上的最大值；随着邮轮大型化的发展趋势，10 万吨级以上的邮轮数量不断增加，目前世界上最大的邮轮是皇家加勒比旗下的“海洋绿洲”号，船型达到 22 万吨级；邮轮船舶的大型化对于港口的接待能力提出了考验，同时限制了邮轮航线的开发
码头前沿水深(X_3)	邮轮码头的前沿水深一定程度上反映了邮轮港口的接待能力，水深越深可停靠的邮轮船舶就越大，邮轮码头的接待能力就越强。伴随着船型的大型化，邮轮的吃水深度也在提高；从世界排名前五十位的邮轮来看，其吃水深度基本保持在 8～9 米之间。目前世界上最大的邮轮“海洋绿洲”号吃水深度约为 11.5 米，而到 2020 年，邮轮的最大吨位将达到 25 万吨级，吃水深度需要 12 米以上，因此为了接待国际大型邮轮，码头深度以 10～12 米为宜
码头长度(X_4)	目前世界上大型邮轮的长度一般在 260～300 米之间，对于码头的长度也要求与之相适合，与码头前沿水深相对应，码头长度同样反映了邮轮港口的接待能力
航道宽度(X_5)	邮轮巨大的体型要求港口可以提供较大的区域空间，航道足够的宽度可以方便邮轮进行掉头作业，减少对周边水域航行带的影响
离机场的距离(X_6)	对于邮轮港口，特别是邮轮母港来说，航空系统的便利性将很大程度上影响国际游客的出游选择；该指标用来衡量邮轮港口的可达性，反映了港口对邮轮乘客的接待能力，采用港口与机场之间的驾车时间来衡量

二、可停泊邮轮总吨位和最大可停泊吨位

从各国家的可接待总吨位来看，中国的接待能力最高，全国 8 大码头可接待邮轮的总吨位达到 174 万吨，约为日本的 1.8 倍，平均每个港口的可停泊邮轮吨位为 21.8 万吨，与近年来各沿海城市致力于打造世界邮轮母港的现实相一致。而从港口个体来看，韩国马山港以 54 万吨的容量位列第一；中国的天津港以 40 万吨容量排名第二；上海吴淞口邮轮码头以及青岛港以 30 万吨的容量并列第三，如图 5-1 所示。

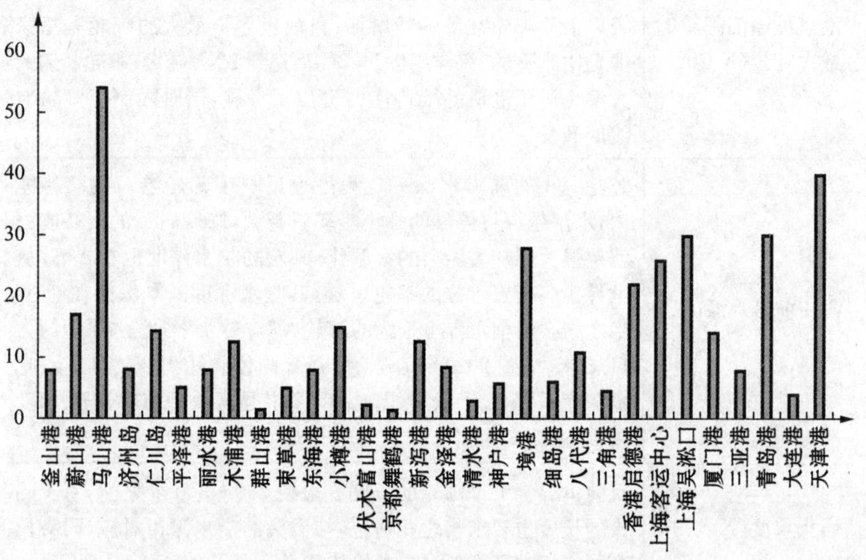

图 5-1　中日韩主要邮轮港口可停泊邮轮总吨位(万吨)

Fig. 5-1　Gross Acceptable Deadweight of Each Cruise Port(Mt)

在最大泊位这一指标中，上海吴淞口码头和天津港均能容纳 20 万吨级的超大型邮轮，其次是日本境港，最大泊位可容纳 16.5 万吨，而韩国可接待的最大邮轮吨位仅为 8 万吨级，如图 5-2 所示。面对当今世界邮轮大型化的发展趋势，港口可接待的邮轮吨位越大无疑越有竞争优势，有限的

最大邮轮吨位则会限制邮轮经济的发展。

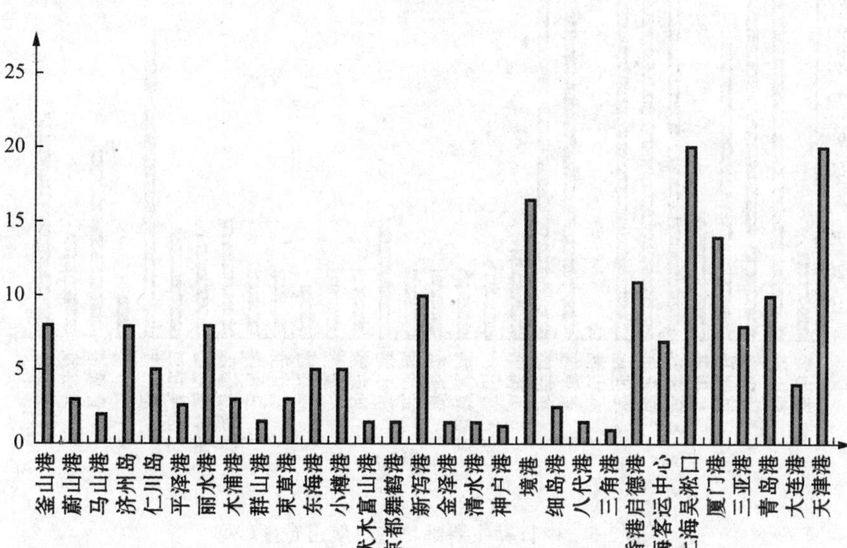

图 5-2　中日韩主要邮轮港口可停泊邮轮最大吨位(万吨)
Fig. 5-2　Max Acceptable Deadweight of Each Cruise Port (Mt)

无论是从港口的可容纳总吨位,还是最大吨位来看,中国的港口水平整体均高于日韩两个国家。为了实现邮轮经济的规模化,邮轮大型化是一个必然的发展趋势,这就对港口的可容纳吨位提出了要求。大型邮轮港口的兴建,是中国实现长远邮轮经济发展目标的根本保证。

三、航道宽度和码头长度

在两组指标中,韩国均位列第一,特别是在航道宽度上,远远超过中日两国,理想的航道宽度能为邮轮入港作业带来极大的便利,如图 5-3 和图 5-4 所示。在码头长度上,两国的码头长度都接近 700 米,但韩国以微弱的优势领先于中国,相比较而言,日本在这两项指标中都缺乏优势。

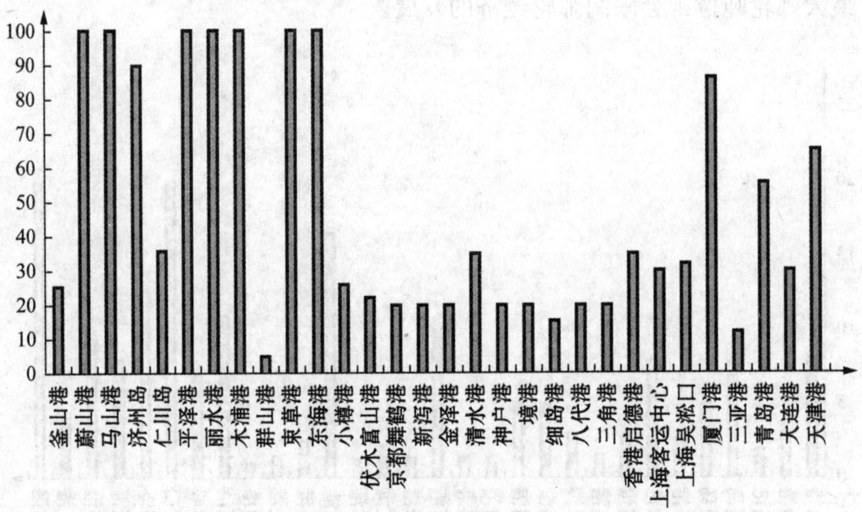

图 5-3　中日韩主要邮轮港口航道宽度(米)

Fig. 5-3　Route Width of Each Cruise Port (m)

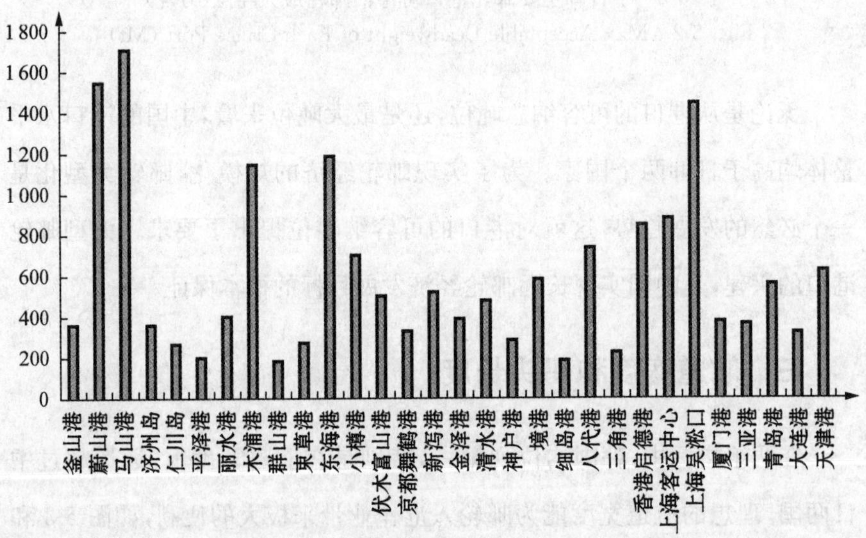

图 5-4　中日韩主要邮轮港口码头长度(米)

Fig. 5-4　Wharf Length of Each Cruise Port (m)

四、码头前沿水深

码头前沿吃水深度，中日韩三个国家几乎势均力敌。中国各大港口平均吃水深度为 12.1 米，略高于日韩两国，如图 5-5 所示。港口吃水深度对于其接待能力有十分重要的影响。总体来看，中日韩三个国家的邮轮港口水深条件都比较理想，目前世界上最大的“海洋绿洲”号，其吃水深度约为 11.5 米。可以说，单从码头前沿水深这一指标来看，三个国家都有能力接待巨型邮轮。

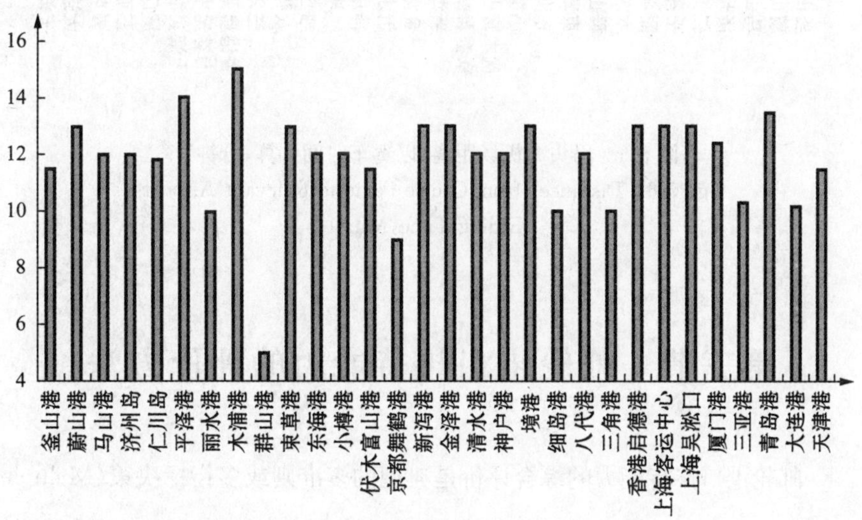

图 5-5　中日韩主要邮轮港口码头前沿水深(米)
Fig. 5-5　Mean Water Depth of Each Cruise Port (m)

五、码头离机场距离

从码头离机场距离来看，韩国的港口离机场最近，平均驾车 30 分钟到达，其次是中国的港口，到机场耗时约 35 分钟，日本则在三个国家中排名最后。不同港口的交通时间，如图 5-6 所示。

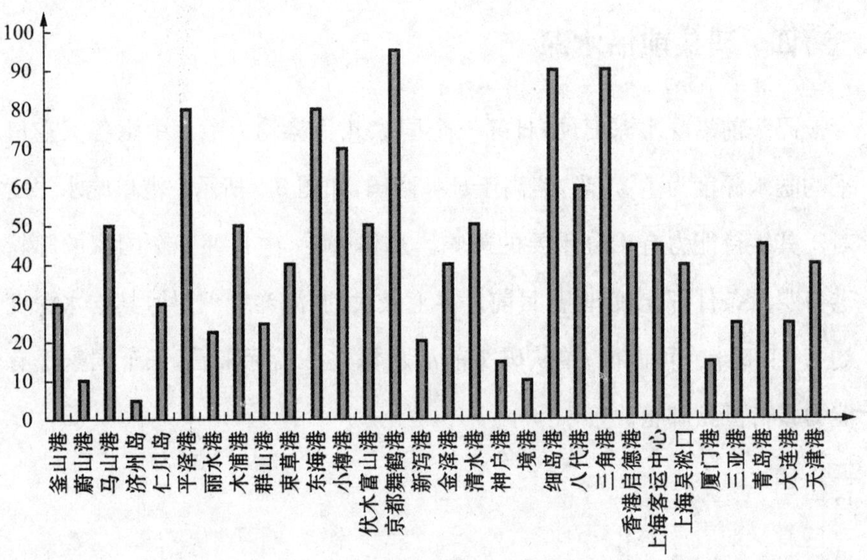

图 5-6　码头离机场距离(以驾车时间计算,分钟)

Fig. 5-6　Distances from Cruise Ports to Relevant Airports (Riding Time, Mins)

第三节　邮轮港口接待能力的评价方法

邮轮港口接待能力的综合评价是典型的多准则或多指标决策(Multiple Criteria Decision Making,MCDM)问题。MCDM 的主要是思路是将方案或对象的多个评价指标数据综合成一个指标或数值,从而可以在相同的标准下比较所有可选方案的优劣。多指标综合评价一般包括三个核心过程:指标数据预处理、指标权重确定和评价方法的选择。其中,指标数据预处理的目的是将具体不同量级、不同方向和不同量纲的指标数据进行标准化,从而指标之间具有可比性;指标权重反映了不同指标在评价中的重要程度,一般有客观赋权法和主观赋权法;评价方法则是考虑指标权重时将多指标综合为一个指标的过程,从而可以将评价对象进行排序。

一、指标数据预处理

在邮轮港口接待能力评价中,假设邮轮港口的数量为 m,港口集为 $A=\{A_1,A_2,\cdots,A_m\}(m\geqslant 2)$,其中 A_i 为第 i 个港口;港口接待能力的评价指标数量为 n,其中第 i 个邮轮港口第 j 个指标的数值为 y_{ij}。在邮轮港口接待能力指标中,除了离机场的距离这一指标是取值越小越好的指标,其他指标都是极大型指标(Benefit Indices),因此通过将离机场的距离取倒数来对数据进行同向化处理;此外,量纲的不同(吨位、米、时间)会使得数据不具有可比性,数量级的不同则会造成“大数吃小数”的现象。因此,在将指标综合之前,需要对数据进行标准化处理以使指标之间具有可比性。在多指标决策中,指标标准化方法有多种,本文采用区间标准化(Range Standardization)方法:

$$x_{ij}=\frac{y_{ij}-\min\limits_{1\leqslant i\leqslant m} y_{ij}}{\max\limits_{1\leqslant i\leqslant m} x_{ij}-\min\limits_{1\leqslant i\leqslant m} x_{ij}};\quad i=1,2,\cdots m;j=1,2,\cdots n \tag{5.1}$$

其中,x_{ij} 是第 i 个邮轮港口第 j 个指标的标准化数据,且满足 $0\leqslant x_{ij}\leqslant 1$;$\max\limits_{1\leqslant i\leqslant m} x_{ij}$ 和 $\min\limits_{1\leqslant i\leqslant m} x_{ij}$ 是各邮轮港口在第 j 个指标上的最大值和最小值。区间标准化以后的数据矩阵 X' 如表 5-2 所示,其中 ω_j 为第 j 个指标的权重。

表 5-2　邮轮港口接待能力评价的数据矩

Tab. 5-2　Data Matrix of Cruise Port Berthing Capacity

邮轮港口	评价指标				
	x_1	…	x_j	…	x_n
	ω_1	…	ω_j	…	ω_n
A_1	x_{11}	…	x_{1j}	…	x_{1n}
⋮	⋮		⋮		⋮
A_i	x_{i1}	…	x_{ij}	…	x_{in}
⋮	⋮		⋮		⋮
A_m	x_{m1}	…	x_{mj}	…	x_{mn}

（续表）

邮轮港口	评价指标				
	x_1	…	x_j	…	x_n
	ω_1	…	ω_j	…	ω_n
渴望水平 A^+	x_1^+	…	x_j^+	…	x_n^+
容忍水平 A^-	x_1^-	…	x_j^-	…	x_n^-

由于中日韩30个主要邮轮港口已经具备接待邮轮靠泊的能力，因此存在一个虚拟港口 A^- 能够以可容忍的水平(Tolerable Level)来接待国际邮轮，且存在另一个虚拟港口 A^+ 能够以渴望水平(Aspired Level)来接待国际邮轮，且满足：

$$A^+ = (\max_{1\leqslant i\leqslant m} x_{i1}, \max_{1\leqslant i\leqslant m} x_{i2}, \cdots, \max_{1\leqslant i\leqslant m} x_{in}) = (x_1^+, x_2^+, \cdots, x_n^+) \quad (5.2)$$

$$A^- = (\min_{1\leqslant i\leqslant m} x_{i1}, \min_{1\leqslant i\leqslant m} x_{i2}, \cdots, \min_{1\leqslant i\leqslant m} x_{in}) = (x_1^-, x_2^-, \cdots, x_n^-) \quad (5.3)$$

二、指标权重确定：熵值法

在MCDM中，确定指标权重的方法主要包括以层次分析法(AHP)、德尔菲法(专家法)、相邻指标比较法等为代表的主观赋权法和以变异系数法、熵值法(Information Entropy)、秩和比法、相关系数法、主成分分析法等为代表的客观赋权法。由于本文数据为客观数据，因此采用熵值法对指标进行赋权。在MCDM中，用熵值来判断某个指标的离散程度，指标的离散程度越大，该指标对综合评价的影响越大。熵以信息论为基础通过测度信息无序度来确定指标权重大小。基于数据矩阵测算出的熵越小，信息无序度越低，信息的效用量就越大，指标权重就越大；反之，熵越大，信息无序度越高，信息效用量就越小，指标权重就越小。因此，值法是一种依据各指标值所包含的信息效用量的大小确定决策指标权重的客观赋权法。

熵值法必须基于标准化以后的数据矩阵，计算步骤如下：

(1) 根据数据矩阵，计算第 j 个指标的熵值。

$$e_j = -\left(k\sum_{i=1}^{m} f_{ij}\ln f_{ij}\right); \quad i=1,2,\cdots m; j=1,2,\cdots n \tag{5.4}$$

其中，$k>0$ 是与被评价对象数量 m 有关的常数，即 $k=(\ln m)^{-1}$；如果 $\ln x_{ij}$ 的值有意义，则 $f_{ij}=x_{ij}$，否则可以对指标数据进行如下转换：

$$f_{ij} = \frac{1+x_{ij}}{\sum_{i=1}^{m}(1+x_{ij})}; \quad i=1,2,\cdots m; j=1,2,\cdots n \tag{5.5}$$

(2) 判断指标的离散程度，即指标的差异系数。对于第 j 个评价指标，指标的差异越大，对方案评价的作用越大，熵值就越小，指标的权重系数相应就越大。反之，差异系数越小，对方案评价的作用就越小，指标权重系数就越小。评判思路基本与以样本均值和样本方差为基础的变异系数法相同。差异系数的公式为：

$$H_j = 1-e_j; \quad i=1,2,\cdots m; j=1,2,\cdots n \tag{5.6}$$

(3) 基于差异系数对指标赋权，获得指标权重向量

$$\omega = (\omega_1, \omega_2, \cdots, \omega_j, \cdots, \omega_n),$$

其中

$$\omega_j = \frac{H_j}{\sum_{j=1}^{n} H_j} = \frac{1-e_j}{n-\sum_{j=1}^{n}(1-e_j)}; \tag{5.7}$$

$$i=1,2,\cdots m; j=1,2,\cdots n$$

三、综合评价模型构建

(一) 理想解法

理想解法(Technique for Order Preference by Similarity to Ideal Solution，TOPSIS)直译为逼近理想解的排序方法。该方法由 Hwang 和 Yoon 于 1981 年提出，是一种物理含义明确且评价结果可靠的多指标决策方法。理想解通过构造多指标问题的理想解(比如上文中的渴望水平

A^+)和负理想解(比如上文中的容忍水平 A^-),并基于备选方案与理想解和负理想解之间的距离关系,以靠近理想解和远离负理想解两个基准作为评价各对象的判断依据。

理想解法基于客观数据样本来判断备选对象数据序列与渴望水平 A^+ 和容忍水平 A^- 数据序列之间的距离关系:

$$d_i^+ = \sqrt{\sum_{j=1}^{n} \omega_j (x_{ij} - x_i^+)^2}; \quad i = 1,2,\cdots m; j = 1,2,\cdots n \tag{5.8}$$

$$d_i^- = \sqrt{\sum_{j=1}^{n} \omega_j (x_{ij} - x_j^-)^2}; \quad i = 1,2,\cdots m; j = 1,2,\cdots n \tag{5.9}$$

以靠近理想解和远离负理想解两个基准构造被评价对象的相对贴近度(Relative Closeness)RC_i:

$$RC_i = \frac{d_i^-}{d_i^+ + d_i^-}; \quad i = 1,2,\cdots m; 0 \leqslant RC_i \leqslant 1 \tag{5.10}$$

相对贴近度的大小反映了邮轮港口靠近渴望水平和远离容忍水平的程度。相对贴近度越大港口接待能力越强;反之,相对贴近度越小接待能力越弱。如果邮轮港口各项指标均处在渴望水平,则 $RC=1$;相反,如果港口各项指标仅仅处在容忍水平上,则 $RC=0$。

为了进一步对邮轮港口接待能力不同的指标水平进行评判,构造基于欧式距离的加权差异量(Gap):

$$\begin{gathered} g_{ij} = \omega_j \times [1 - | x_{ij} - x_j^+ |]; \\ i = 1,2,\cdots m; j = 1,2,\cdots n \end{gathered} \tag{5.11}$$

(二) 灰色关联分析法

在多指标决策过程,通常来说统计数据非常有限,加上人为的因数,数据可能波动较大,并无典型的分布规律,因素之间不都具有确定的数量关系。这种部分信息已知、部分信息未知的“贫信息”问题,可以用灰色理论加以分析。灰色系统方法原理简单，所需数据较少，易于挖掘数据规律，在处理“贫信息”问题中具有无可比拟的优势。在多指标决策中，灰色关联分析能取得令人满意的结果。

与以欧式距离为评判标准的理想解法不同，灰色关联（Grey Relation）分析考虑的是系统数据序列曲线的几何形状，对数据几何形状的相似程度进行比较。灰色关联分析以曲线间的相似程度作为关联程度的衡量尺度，曲线几何形状越接近，相应序列之间的关联度越大，反之则越小。因此对于邮轮港口接待能力评价问题，在其他条件不变的情况下，如果某一港口的数据与渴望水平的关联度越大，则该港口的综合接待能力越强；反之，如果与容忍水平的关联度越大，则该港口的邮轮接待能力越弱。

灰色关联综合评价法基于客观数据矩阵来衡量备选对象数据序列与渴望水平 A^+ 和容忍水平 A^- 数据序列之间的形状关系。首先，确定备选方案各项指标与渴望水平 A^+ 相应指标的灰色关联系数：

$$r(x_{ij},x_j^+)=\frac{\min_i\min_j|x_j^+-x_{ij}|+\zeta\max_i\max_j|x_j^+-x_{ij}|}{|x_j^+-x_{ij}|+\zeta\max_i\max_j|x_j^+-x_{ij}|}; \tag{5.12}$$

$$i=1,2,\cdots m;j=1,2,\cdots n$$

其中，$r(x_{ij},x_j^+)$ 是备选对象 i 与渴望水平 A^+ 在第 j 个指标的灰色关联系数，灰色关联系数越大，说明备选方案该项指标越好；反正，则越差；ζ 为分辨系数（Distinguished Coefficient），一般取值 0.5。

通过将所有指标与渴望水平相应指标的灰色关联系数取平均，可以得到第 i 个对象与渴望水平的灰色关联度：

$$r(A_i,A^+)=\sum_{j=1}^{n}\omega_j r(x_{ij},x_j^+); \tag{5.13}$$

$$i=1,2,\cdots m;j=1,2,\cdots n$$

同理，可以确定备选方案各项指标与容忍水平 A^- 相应指标的灰色关联系数和灰色关联度：

$$r(x_{ij},x_j^-)=\frac{\min\limits_i\min\limits_j|x_j^- - x_{ij}|+\zeta\max\limits_i\max\limits_j|x_j^- - x_{ij}|}{|x_j^- - x_{ij}|+\zeta\max\limits_i\max\limits_j|x_j^- - x_{ij}|};\tag{5.14}$$

$$i=1,2,\cdots m;j=1,2,\cdots n$$

$$r(A_i,A^-)=\sum_{j=1}^{n}\omega_j r(x_{ij},x_j^-);\tag{5.15}$$

$$i=1,2,\cdots m;j=1,2,\cdots n$$

最后，构造各备选方案的灰色关联相对贴近度(Grey Relation Relative Closeness)$GRRC_i$：

$$GRRC_i=\frac{r(A_i,A^+)}{r(A_i,A^+)+r(A_i,A^-)},\tag{5.16}$$

$$i=1,2,\cdots m;0<RC_i<1$$

灰色关联相对贴近度的大小反映了邮轮港口靠近渴望水平和远离容忍水平的程度。相对贴近度越大港口接待能力越强；反之，相对贴近度越小接待能力越弱。需要说明的是，与相对贴近度不同，灰色关联相对贴近度满足 $0<RC_i<1$，即使邮轮港口各项指标均处在渴望水平 RC 也不会等于 1；相反即使港口各项指标仅仅处在容忍水平上，$RC=0$ 也不会等于 0。

为了进一步对邮轮港口接待能力不同的指标水平进行评判，构造基于渴望水平的加权差异量(Gap)：

$$g_{ij}=\omega_j\times[1-r(x_{ij}-x_j^+)];\tag{5.17}$$

$$i=1,2,\cdots m;j=1,2,\cdots n$$

（三）组合评价模型

通过前面分析可以看出理想解法基于欧式距离构造相对贴近度，反映了方案与理想方案或负理想方案在位置上的接近或远离程度。相对贴近度越大说明方案与理想水平越接近，则方案越优；反之，相对贴近度越小方案越劣。理想解法反映了方案在位置上或距离上逼近理想方案的程度，但不能体现方案数据序列在形状相似性上逼近理想方案的程度。而灰色关联分析以方案数据序列几何关系或曲线几何形状的相似程度为基础，构造灰色关联相对贴近度，反映了方案与理想方案或负理想方案在发展态势上的相似程度。灰色关联相对贴近度越大，说明备选方案数据序列所绘制的曲线与理想水平越相似，方案就越优。因此，在多指标决策问题中可以将两者结合起来。如果一个方案的数据同时在距离上和曲线形状上与理想水平越接近，那么该方案越优；反之，一个方案的数据同时在距离上和曲线形状上与容忍水平越接近，那么该方案越劣（孙晓东、焦玥和胡劲松，2005）。

在对中日韩邮轮港口接待能力进行评价时，将相对贴近度与灰色关联贴近度结合起来，构造一种反映方案逼近理想水平的新尺度作为判断方案优劣的标准：

$$C_i = \frac{RC_i + GRRC_i}{2};\quad i = 1,2,\cdots,m \tag{5.18}$$

新贴近度基于欧氏距离和灰色关联度，同时反映了方案与理想方案和负理想方案之间的位置关系和数据曲线的相似性差异，物理含义更加明确。同理，进一步构造差距量来评判各邮轮港口与渴望水平在各指标上的差距：

$$Gap_i = \omega_j\{[1 - |x_{ij} - x_j^+|] + [1 - r(x_{ij} - x_j^+)]\};\quad i = 1,2,\cdots,m; j = 1,2,\cdots,n \tag{5.19}$$

第四节　中日韩邮轮港口接待能力综合评价

本章基于 6 大评价指标对韩国 11 个、日本 11 个以及中国 8 个邮轮港口的接待能力进行综合评价。为了使得指标之间具有可比性，通过区间标准化(Range Standardization)方法对中日韩邮轮港口接待能力指标数据进行标准化处理。标准化数据矩阵如表 5-3 所示。在利用熵值法计算指标权重时,由于标准化矩阵中含有零数据,因此采用公式 $f_{ij} = 1 + x_{ij} \Big/ \sum_{i=1}^{m} (1 + x_{ij})$ 对数据进行转换。最终确定的权重向量为 $\omega =$ (0.1518,0.2160,0.1930,0.1950,0.0583,0.1859)。通过指标权重可以看出,码头前沿水深的权重最小,仅为 0.0583。说明中日韩港口邮轮码头在前沿水深上的离散程度较低,差异性不是很大。

表 5-3 邮轮港口接待能力的标准化数据

Tab. 5-3 Range Standardization of the Data Matrix

邮轮港口	英文名称	X1	X2	X3	X4	X5	X6
釜山港	Busanhang Port	0.1238	0.3684	0.1176	0.0196	0.6500	0.1204
蔚山港	Ulsanhang Port	0.2952	0.1053	0.8954	0.4737	0.8000	0.4722
马山港	Masanhang Port	1.0000	0.0526	1.0000	1.0000	0.7000	0.0500
济州岛	Jejuhang Port	0.1238	0.3684	0.1176	0.0813	0.7000	1.0000
仁川岛	Incheonhang Port	0.2476	0.2105	0.0588	0.0297	0.6800	0.1204
平泽港	Pyeongtaekhang Port	0.0705	0.0842	0.0144	0.9522	0.9000	0.0104
丽水港	Yeosusinhang Port	0.1238	0.3684	0.1438	0.1388	0.5000	1.0000
木浦港	Mokposiinhang Port	0.2095	0.1053	0.6340	0.3780	1.0000	0.0500
群山港	Gunsanhang Port	0.0000	0.0263	0.0000	0.0000	0.0000	0.1556
束草港	Sokchohang Port	0.0667	0.1053	0.0588	0.0909	0.8000	0.0764
东海港	Donghaehang Port	0.1238	0.2105	0.6601	0.2440	0.7000	0.0104
小樽港	Otaru port	0.2571	0.2105	0.3399	0.0201	0.7000	0.0198
伏木富山港	ToyamaFushiki port	0.0152	0.0263	0.2092	0.0163	0.6500	0.0500
京都舞鹤港	Maizuru port	0.0000	0.0263	0.0980	0.0144	0.4000	0.0000
新泻港	Niigata port	0.2152	0.4737	0.2222	0.0144	0.8000	0.2083
金泽港	Kanazawa port	0.1333	0.0263	0.1373	0.0144	0.8000	0.0764
清水港	Shimizu port	0.0286	0.0263	0.1961	0.0287	0.7000	0.0500
神户港	Kobe port	0.0819	0.0105	0.0693	0.0144	0.7000	0.2963
境港	Sakai port	0.5048	0.8158	0.2647	0.0144	0.8000	0.4722
细岛港	Hososhima port	0.0876	0.0789	0.0033	0.0096	0.5000	0.0031
八代港	Yatsushiru port	0.1810	0.0263	0.3660	0.0144	0.7000	0.0324
三角港	Misumi port	0.0590	0.0000	0.0261	0.0144	0.5000	0.0031

（续表）

邮轮港口	英文名称	X1	X2	X3	X4	X5	X6
吴淞口码头	Wusongkou	0.5429	1.0000	0.8268	0.0258	0.8000	0.0764
天津港	Tianjin	0.7333	1.0000	0.2908	0.0574	0.6500	0.0764
香港启德港	Kai Tak	0.3905	0.5263	0.4379	0.0287	0.8000	0.0617
青岛港	Qingdao	0.5429	0.4737	0.2484	0.0483	0.8500	0.0617
厦门港	Xiamen	0.2381	0.6842	0.1307	0.0775	0.7400	0.2963
上海中心	Shanghai	0.4667	0.3158	0.4588	0.0239	0.8000	0.0617
三亚港	Sanya	0.1238	0.3684	0.1242	0.0067	0.5300	0.1556
大连港	Dalian	0.0476	0.1579	0.0915	0.0239	0.5200	0.1556

表 5-4 列出了分别利用理想解法和灰色关联分析法得到的中日韩主要邮轮港口的得分。图 5-7 展示了中日韩邮轮港口接待能力的综合排名。从国家层面来看，接待能力最强的是韩国，其次是中国，日本接待能力较弱。从中国来看，接待能力最强的四大邮轮港口分别是上海吴淞口邮轮码头、天津港、厦门港和香港启德港，地理位置上分别位于中国的中部、北部和南部，呈三足鼎立的形式。其中，上海吴淞口邮轮码头投资逾 12 亿元，2008 年底开工建设，2011 年 6 月竣工，2011 年 10 月正式开港；天津港在 2008 年 3 月开工，2012 年完成建设，总投资约 10 亿元人民币；而香港启德港也在 2012 年 5 月开始建设，并将于 6 月正式启用，投资金额更是达到了 80 亿元之多。同样，青岛、厦门等港口也都在近几年纷纷投入重金进行建设。由于不少邮轮港口都是近年来才刚刚完成建设，因此整体条件都比较好，港口的接待能力相对较高。

表 5-4　中日韩主要邮轮港口接待能力的得分表

Tab. 5-4　Evaluation Scores of Each Cruise Port Based on TOPISIS and Grey Relation Analysis

邮轮港口	d_i^+	d_i^-	RC_i	$r(A_i, A^+)$	$r(A_i, A^-)$	$GRRC_i$	C_i
釜山港	0.831	0.248	0.230	0.388	0.643	0.376	0.3031
蔚山港	0.599	0.541	0.475	0.527	0.466	0.531	0.5028
马山港	0.606	0.755	0.555	0.715	0.518	0.580	0.5673

(续表)

邮轮港口	d_i^+	d_i^-	RC_i	$r(A_i, A^+)$	$r(A_i, A^-)$	$GRRC_i$	C_i
济州岛	0.723	0.500	0.409	0.511	0.535	0.489	0.4489
仁川岛	0.851	0.222	0.207	0.381	0.683	0.358	0.2823
平泽港	0.826	0.476	0.365	0.483	0.643	0.429	0.3973
丽水港	0.709	0.490	0.408	0.508	0.518	0.495	0.4519
木浦港	0.733	0.416	0.362	0.457	0.563	0.448	0.4052
群山港	0.967	0.068	0.066	0.342	0.793	0.301	0.1835
東草港	0.893	0.209	0.190	0.373	0.700	0.348	0.2689
东海港	0.756	0.369	0.328	0.430	0.573	0.429	0.3785
小樽港	0.821	0.266	0.245	0.393	0.657	0.374	0.3094
伏木富山港	0.914	0.184	0.167	0.363	0.724	0.334	0.2507
京都舞鹤港	0.954	0.107	0.101	0.347	0.774	0.309	0.2049
新泻港	0.761	0.332	0.304	0.419	0.588	0.416	0.3602
金泽港	0.902	0.212	0.190	0.372	0.730	0.338	0.2641
清水港	0.911	0.192	0.174	0.366	0.722	0.336	0.2553
神户港	0.891	0.217	0.196	0.373	0.712	0.344	0.2697
境港	0.626	0.524	0.456	0.510	0.516	0.497	0.4763
细岛港	0.944	0.131	0.122	0.351	0.784	0.309	0.2155
八代港	0.868	0.245	0.220	0.381	0.705	0.351	0.2854
三角港	0.960	0.124	0.114	0.347	0.803	0.302	0.2079
吴淞口码头	0.619	0.657	0.515	0.612	0.514	0.543	0.5290
天津港	0.668	0.583	0.466	0.562	0.556	0.503	0.4844
香港启德港	0.718	0.398	0.356	0.443	0.580	0.433	0.3945
青岛港	0.736	0.385	0.343	0.438	0.605	0.420	0.3818
厦门港	0.719	0.403	0.359	0.447	0.553	0.447	0.4030
上海港客运中心	0.743	0.365	0.329	0.430	0.607	0.414	0.3719
三亚港	0.830	0.236	0.221	0.385	0.641	0.375	0.2982
大连港	0.884	0.167	0.158	0.366	0.684	0.349	0.2536

在可停泊总吨位上，天津港以 40 万吨位列第一，青岛港和上海吴淞口码头以 30 万吨并列第二；相比较，三亚港和大连港的邮轮总吨位则分别只有区区 8 万吨和 4 万吨。但是笔者已经注意到关于这两个港口加强邮轮港口建设的消息：据悉，三亚港将投资 180 亿元进行邮轮母港工程建设，届时将会拥有 1 个 10 万吨，2 个 15 万吨和 1 个 22.5 万吨的泊位，在

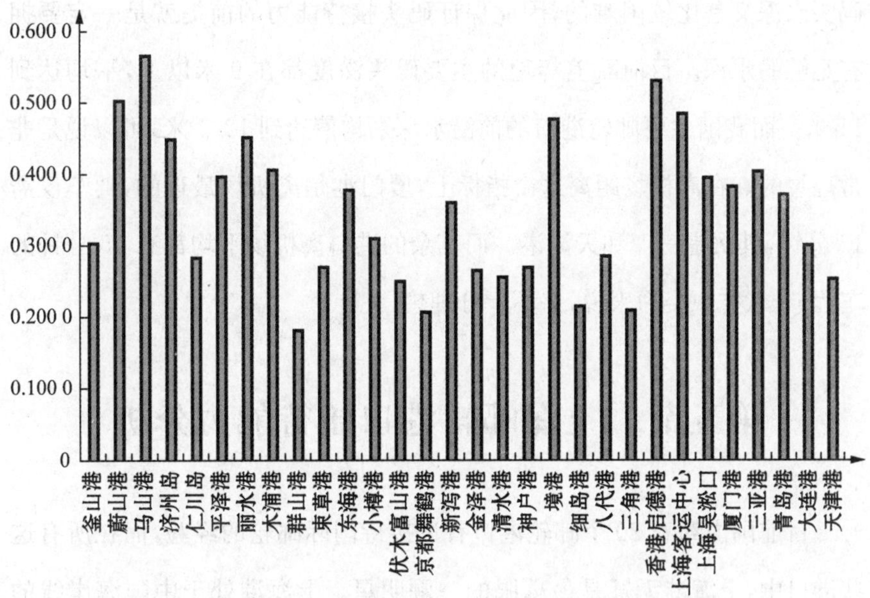

图 5-7　中日韩主要邮轮港口的综合得分

Fig. 5-7　Combined Relative Closeness of Each Cruise Port

可停泊总吨位上将取代目前天津港第一的位置；而大连港也将投入 200 亿元对老港区进行改造建设，前景同样不容小觑。

在最大可停泊吨位上，上海吴淞口码头和天津港均达到 20 万吨级，可以接待当今世界上最大的“海洋绿洲”号。在航道宽度上，厦门港最佳，达到 86 米，其次是天津港和青岛港。上海港两个码头，以及香港在航道宽度上并驾齐驱，均在 30 米左右。三亚港最不理想，仅为 12 米。在码头长度方面，上海港的两个邮轮码头占据了前两名的位置，其次是香港启德港。

在前沿水深方面，中国各大港口的水深均达到 10 米以上，比较理想。这很大程度上是由于各港口在进行邮轮码头建设之前，已经充分考虑到世界邮轮巨型化的发展趋势，因此在选择邮轮港口的时候特别注意了吃水深度这一块。邮轮港口接待能力的高低，吃水深度是很重要的一个影响因素。如果码头水深不够，能够接待的邮轮体型也会受到限制，而改变码头水深又是比较困难的，因此保证码头接待能力的前提就是一定要拥有足够的水深。目前欧美等地的主要码头深度都在 9 米以上，平均达到 11 米。而我国主要邮轮港口的前沿水深平均值达到 12.1 米，可以说是非常理想的。在离机场距离这个指标上，厦门港是离机场最近的，驾车仅需 15 分钟，其次是三亚和天津港。而其余的港口离机场平均都有 45 分钟的车程，光从空中交通来说，并不十分理想。

第五节 上海邮轮港口接待能力分析

目前国内约有 20 个邮轮港口有过接待国际邮轮的经验，而在所有这些港口中，上海港无疑是最耀眼的一颗明星。上海港处于中国海岸线的中部，长江三角洲前缘，地理位置得天独厚，经济腹地广袤富饶，目前已形成由上海国际客运中心邮轮码头、吴淞口邮轮码头为“两主”，外高桥码头为“一备”的邮轮母港形态。上海旅游局的数据显示，2012 年，上海共接待邮轮 126 艘次和乘客 35 万人次，其中吴淞口邮轮港口接靠邮轮 60 艘次，接待游客 28 万人次，分别占全市的 48％和 80％；2013 年上海靠泊 199 艘次邮轮和接待游客 76 万乘客，其中吴淞口接靠邮轮 128 艘次，接待游客 60 万人次，分别占全市的 64％和 81％。[①]

根据上海“十二五”规划中提出的邮轮经济发展目标，到“十二五”期末，上海港将成为亚太地区继新加坡、香港之后的第三个邮轮母港，母港邮轮达到 5～8 艘，同时邮轮产业对于上海的直接经济贡献达到 50～80 亿。从北外滩的“一滴水”到吴淞口的“东方之睛”，上海发展邮轮经济业已走过 10 年的历史，从当初北外滩独挑大梁，到现今与吴淞口的优势互补，在接

① http://lyw.sh.gov.cn/h/jdxwqxdt/0b2c99c9296d498dba22924386af5ca8.jhtml

待能力方面，上海邮轮组合母港已经完全有能力成为世界级的邮轮母港。

上海国际客运中心码头可以停靠三艘7万吨级，一艘5万吨级的邮轮；而吴淞口可以停靠20万吨级和10万吨级的邮轮各一艘。然而，在最大可停泊吨位上却差别巨大：上海国际客运中心码头最大只能容纳7万吨级的邮轮，而吴淞口则有能力接待20万吨级的邮轮。上海国际客运中心码头的接待上限主要是源于黄浦江上杨浦大桥净高48米的限制，从而导致很多大型邮轮都无法进入。也正是在这一背景下，吴淞口邮轮码头运用而生，由其负责接待7万吨级以上的大型邮轮。

在码头前沿水深方面，两者最大水深均达到13米，特别考虑到上海国际客运中心的最大接待吨位仅为7万吨，这一水深可谓绰绰有余。在航道宽度上，与国内其他城市港口相比，上海港两个码头相对处于劣势。上海港均为人工疏浚维护航道，可航水域宽度有限，特别是在船舶航行密度较大的时候，一艘大型邮轮要进入港口水域并不是一件容易的事情。如果邮轮还需要进行掉头等作业，更是会严重影响到船舶的正常航行。正是考虑到这些情况，2012年上海海事部门出台了倾向邮轮的政策，给予国际邮轮优先通航权，从而避免与商船抢道的情况出现。

最后在离机场距离这一指标上，两大码头到达最近的机场都需要40分钟左右的车程。上海市内交通主要是地铁和公交，然而都没有和邮轮港口直接相连，这就给游客造成一定的不便，交通接驳有待完善。

从大环境来看，北外滩与宝山吴淞口相比，属于上海的中心城区，特别有利于发展邮轮母港的商务功能。但从长远来看，也正是由于这一地理位置特点，北外滩港口的发展空间十分有限。上海国际客运中心码头所处的黄浦江属于内河，吴淞口则处于东海、长江和黄浦江的交汇处，是上海水域的门户，相比较，吴淞口码头受到更少的自然条件限制，拥有更好的城区用地空间。两大码头通过加强合作，优势互补，错位发展，完全有能力将上海港打造成亚洲乃至世界级的邮轮母港。

小　结

本章从邮轮港口可停泊邮轮总吨位、可停泊最大吨位、航道宽度、码头长度、码头前沿水深、离机场距离等六个指标对中日韩三个国家邮轮旅游港口的接待能力进行了比较研究。结果发现，中国邮轮港口在这三个国家中综合接待能力最高。特别在可停泊总吨位和最大泊位这两个指标中，中国港口由于都是近几年投入巨资打造，因此在码头容量方面优势远远高于日韩两国。其中上海吴淞口码头、天津港、厦门港、青岛港、香港启德港都能够接待10万吨级以上的巨型邮轮。泊位容量上的优势，使得中国港口能够从容地应对世界邮轮大型化的发展趋势。在航道水深方面，中日韩三国总体条件都比较理想，平均吃水深度达到11.8米，而目前世界上最大的"海洋绿洲"号吃水深度约为11.5米，仅从该指标来看，三个国家均有能力接待。

相对而言，中国邮轮港口的主要劣势在于航道宽度和离机场距离两个指标上。在航道宽度上，韩国港口最佳，对于巨型邮轮的进出港十分有利。而中国港口由于航道宽度上的不足，势必会面临商船与邮轮抢道的局面，特别在水域航行密度较大的时候，深水航道的航行权将成为紧缺资源。如何应对这一情况是摆在有关组织协调部门面前的一个重要问题。其中，上海港已经率先出台政策，提供邮轮优先通行权，最大程度地保护邮轮乘客的利益。在离机场距离方面，平均驾车时间为35分钟，但其中有很大一部分港口到机场需要45分钟左右。由于公共交通没有延伸到邮轮码头而导致与机场连接的不通畅，这一点也需要进一步完善。

总体来说，中国邮轮港在港口条件上具备较高的综合接待能力，这对于中国进一步发展邮轮产业经济是十分有利的，属于最根本的支持性条件。当然，在肯定国内各大沿海城市大力投资兴建邮轮码头成果的同时，也应该清醒地认识到，并不是每个城市都适合打造成邮轮母港。重金投资或许能够保证足够的接待能力，但接待能力仅仅只是最根本的条件，基于这一认识，先前也已经有很多学者从城市经济、旅游资源、地区人均GDP等方面对中国几大主要沿海城市成为邮轮母港的潜力进行过综合性评价，而本文则是追根溯源，回归到最根本的港口接待能力上去评价各大港口。如此，也就一定程度上决定了本文的局限性。比如，基于六个指标的评价，本文研究结果显示日本邮轮港口在三个国家中接待能力较弱，但不能表明其在亚洲邮轮产业中的竞争力也较弱。事实上，与中韩两国相比，日本在邮轮产业政策制定方面远远优于中国和韩国。

目前我国沿海港口城市热火朝天的邮轮港口建设，一定程度上反映了中国邮轮产业总体性规划的缺乏。尽管2006年出台了《全国沿海港口布局规划》，但由于没有对邮轮产业的具体指导，远远无法满足国内邮轮业的现实需要。比如该规划在对西南沿海地区港口群体规划中提到，以湛江、海口、三亚等港口为主布局国内、外旅客中转及邮轮运输设施。而现实的情况是，在三亚邮轮经济形成一定规模之后，海口和湛江也有意打造邮轮母港。如果一个区域出现三个邮轮母港，必然会形成恶性竞争，导致资源的浪费。这就要求沿海城市根据自身情况进行合理定位，同时也急需有关部门出台针对邮轮母港建设的指导性意见，结合当今国内邮轮业发展的现实和潜在需要，充分考虑利用率，避免重复建设和恶性竞争。

在拥有足够具有较高接待能力的邮轮港口之后，中国邮轮经济下一步的发展任务是考虑其他更深层的问题，包括如何培育国人的邮轮消费观念，如何规划符合中国市场的邮轮航线，完善相关的政策，明确邮轮市场定位，邮轮人才的培养，本土邮轮船队的打造等等。中国邮轮产业拥有美好的前景，也同样任重道远。

第六章　中国邮轮产业的研究现状及展望

近年来，国际邮轮市场的倾斜，使得中国邮轮旅游业发展势头强劲，已成为中国经济增长的新方式和新领域。随着经济的快速发展和人民生活水平的不断提升，邮轮旅游将渐渐成为我国消费者首选的休闲旅游度假产品。从现有文献来看，有关中国邮轮产业的研究成果还比较有限，难以满足我国发展邮轮经济的需要。本章基于现有文献对中国邮轮旅游产业的研究问题和研究成果进行了综述。首先介绍了世界邮轮业和中国邮轮业的发展现状；其次从宏观审视和微观分析的角度讨论了中国学者对邮轮旅游业的研究成果；最后从产业集聚视角、利益相关者视角和消费者视角提出了出未来值得研究的方向。

第一节　中国邮轮产业的总体研究现状

从学术研究的角度来看，作为旅游业和接待业完美结合的现代邮轮产业，并没有得到研究者应有的重视。在 2011 年社会科学索引(Social Sciences Citation Index，SSCI)收录的以 Tourism/Travel 或 Hospitality 命名的 9 种国际期刊中，以题名“Cruise”搜索发现，涉及邮轮旅游业的论文不到 50 篇，研究成果相当匮乏，各期刊论文数量如表 6-1 所示。

表 6-1　旅游与接待业国际期刊邮轮旅游论文数量

Tab. 6-1　Number of Academic Articles about Cruising in SSCI Journals in 2011

旅游与接待业 SSCI 国际期刊	邮轮旅游论文数量
Tourism Management	13
Annals of Tourism Research	6
Journal of Travel Research	9
International Journal of Tourism Research	3
Journal of Sustainable Tourism	3
Tourism Economics	5
Tourism Geographies	2
International Journal of Hospitality Management	5
Cornell Hospitality Quarterly	2
论文总数	48

为了吸引越来越多研究者的注意，近两年国际上出现了两篇关于邮轮旅游研究的综述性论文。其中，Papathanassis 和 Beckmann(2011)从旅游研究的角度对邮轮旅游文献进行了综述，并提出了邮轮旅游的研究困境和可行的研究过程；Sun 等(2011)则从市场研究、邮轮运营和收益管理的角度对邮轮业的现状进行了综述，包括一般性市场研究、邮轮定价、舱位分配以及航线设计与优化等，并从更为微观的角度提出了未来值得研究的方向。值得说明的是，这两篇综述论文分别发表在旅游和接待业两大 SSCI 权威期刊 *Annals of Tourism Research* 和 *International Journal of Hospitality Management* 上，足以说明国际上对邮轮旅游学术研究方面的重视。然而到 2012 年 8 月为止，在《旅游学刊》、《旅游科学》和《旅游论坛》等国内旅游类学术期刊上发表的论文中，仅有 6 篇关于邮轮旅游的，一定程度上反映了中国学者在邮轮旅游业学术研究上的不足。

随着中国邮轮经济的兴起，近年来有关中国邮轮旅游的文献有所增加,越来越多的国内学者开始关注这一行业。通过对期刊搜索引擎 CNKI 以论文标题进行检索发现,截止到 2011 年 1 月,国内有关邮轮的学术期刊或会议论文共有 240 多篇,其中硕士学位论文 14 篇;关于邮轮的报纸文章将近 600 篇。从研究成果数量来看,近几年有关邮轮的学术论文数量增长迅速,接近 85%的学术论文发表在 2006 年到 2010 年,90%以上的论文发表在 2004 年之后,如图 6-1 所示。值得一提的是,近几年硕士学位论文数量猛增,且全部发表在 2005 年之后。考虑到论文发表的周期,可以推断中国学者将邮轮旅游产业作为热点问题应该是从 2003 年左右开始的。

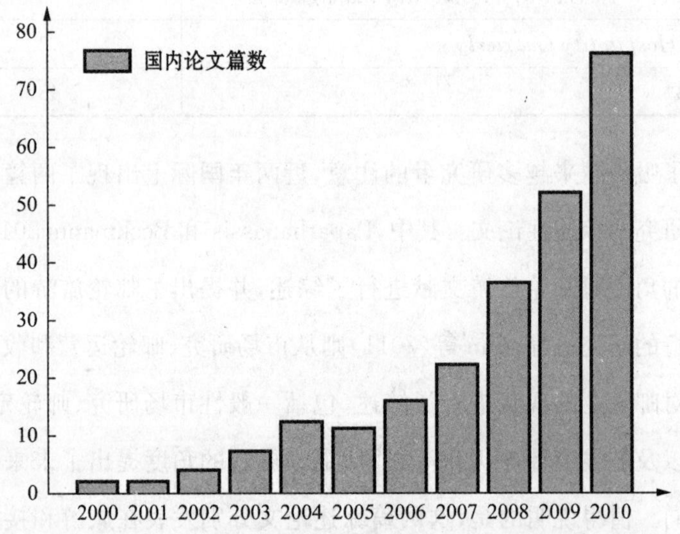

图 6-1　有关中国邮轮产业的学术论文数量

Fig. 6-1　Number of Academic Articles on the Cruise Industry in China

虽然近年来中国学者在邮轮旅游方面的研究成果有所增加,但远远不能满足中国邮轮旅游产业发展的需求。正是中国邮轮业的迅猛发展加上匮乏的研究成果促成了本篇综述的完成,以期能引起中国学术界的足够关注,吸引越来越多的研究者思考和解决中国特色的邮轮产业发展问题。本章将分别从宏观和微角度讨论了中国学者对邮轮旅游产业的研究成果；然后从产业集聚理论、利益相关理论和消费者视角提出了未来值得进一步研究的几个问题。

通过文献总结可以看出，中国学者对邮轮产业的关注主要集中在两个层次：宏观产业分析和微观问题讨论。其中宏观分析主要涉及邮轮旅游产业的经济特征、邮轮产业对区域经济的带动作用、邮轮经济的传导机制、邮轮经济与沿海经济的相关性、邮轮经济的空间结构和系统优化、邮轮产业的生态系统性、邮轮产业的集群性以及邮轮旅游的市场开发对策和策略等。微观研究主要涉及的内容包括邮轮港口竞争力评价或潜力测度、邮轮母港/港口规划、国际化视角下的邮轮公司经营策略、中国邮轮制造业初探、邮轮人才培养以及邮轮港口通关政策分析等。总的来说，中国学者对邮轮旅游产业的研究内容虽然较为全面，但研究问题比较宽泛，对资料收集、消费者调研、市场培育、实证分析以及邮轮运营等方面的研究并不多，即使有所涉及，深度也不够。

第二节　中国邮轮产业的研究综述

需要说明的是，在总结研究文献时，考虑到研究问题的重复性和可借鉴性，本章仅选择了具有代表性的学术论文进行综述，对这些文献的研究问题、研究方法和研究结论进行了详细的分析和讨论，以期能让感兴趣的研究者在快速把握中国邮轮旅游产业研究概貌的同时，发现中国邮轮产业的研究空白，提出和解决更为具体的中国邮轮旅游发展问题。

一、宏观层面

现代邮轮旅游具有经济效益高、经济拉动强和区域辐射大等特点。

此外,邮轮旅游产业本身具有诸多更为鲜明的经济特征。张言庆等(2010)认为邮轮产业诸多鲜明的经济特征包括全球化网络的节点经济特征、明显的聚集性特征、显著的规模经济特征、寡头垄断的市场结构特征、区域发展不平衡性、邮轮运营的地理季节调配特征等,并进一步认为现代邮轮旅游业显著的发展趋势应该为巨型化、主题化、近程化和联营化,中国应该针对这些发展趋势开辟出适合中国邮轮经济发展的道路。

邮轮产业的经济效益主要体现在其对区域经济的带动作用。特别是邮轮母港对区域经济的带动更为直接和广泛。研究表明,邮轮母港是邮轮挂靠港经济带动量的10～14倍。但这样数字的由来没有详实的计算做支持。在这一方面,栾航(2008)基于北美邮轮市场的数据,将区域逐年的经济带动量相加,除以邮轮母港/挂靠港的数量,得到平均每个邮轮母港/挂靠港对区域经济的带动量。研究结果表明,邮轮母港的带动量是挂靠港的2倍左右。进一步,作者用神经网络方法对美国邮轮母港同挂靠港的比值进行预测,结果表明邮轮母港同挂靠港之间的经济带动量之比有下降趋势。

众所周知,邮轮经济和沿海经济存在着密切的联系,行业的经济拉动能够促进区域内相关产业的发展。王凤庆(2010)选取辽宁沿海经济带六市的产业GDP、旅游总收入、国内旅游人次数和国外旅游人次数作为辽宁沿海经济带指标,利用灰色关联度分析法讨论了各指标与邮轮收入、邮轮游客数、挂靠次数三个指标的关联程度。结果表明,邮轮经济的发展与辽宁沿海经济带的旅游产业发展紧密相关,可以通过辽宁沿海经济带大力发展旅游产业带动相关产业的经济发展。

邮轮旅游产业的经济效益不是无缘无故产生出来的,而是通过一定的传导机制最终显现出来。邮轮旅游经济效应传导机制的基本要素包括政府部门、邮轮旅游市场、邮轮旅游经营者和邮轮旅客。邮轮旅游经济的传导方向应该是:政府部门利用政策工具(包括产业规划、产业政策、基础设施建设)影响邮轮旅游供需平衡关系,从而影响邮轮旅游价格体系,以提高邮轮经营者投资意愿和增加邮轮旅游者数量,最终提升邮轮旅游的经济效益和促进国民经济增长(张晓娟,2008)。总而言之,邮轮旅游经济效应的传导过程是通过邮轮旅游供求的变化,引起传导机制中各个要素的变化,最终产生邮轮经济效应的过程。进一步,张晓娟(2008)利用回归分析法,以 2000～2006 年北美邮轮旅游发展的相关数据为样本,研究了邮轮旅游发展与地区经济增长之间的关系,即邮轮旅游经济效应。研究结果表明,邮轮旅游发展水平和程度影响经济增长,而经济增长也会影响邮轮旅游发展水平和程度,即两者之间存在双向的因果关系。

而充分发挥邮轮经济对区域经济乃至全国经济的带动作用,必须建立合理的邮轮经济空间布局和结构,实践中不断完善邮轮旅游系统。在这一方面,杨丽芳(2009)从邮轮港口、邮轮航线、邮轮港口城市角度分析和讨论了中国邮轮经济的空间结构,利用 SWOT 分析方法论证了中国发展邮轮经济的优势(良好的政策环境、优越的地理位置、丰富的旅游资源和旺盛的消费需求)和劣势(邮轮制造业空白、邮轮公司低级、配套设施不足、人力资本匮乏和环境保护不够)。作者认为中国邮轮经济的空间发展战略必须从梯度战略、点轴开发模式、网络空间战略和外向空间战略等方面考虑。

中国邮轮旅游尚处在起步阶段,虽然各地对于邮轮经济的发展都抱有极大热情,但因缺乏相关规划而遭遇到一些瓶颈。邮轮旅游系统的优化对于区域邮轮旅游的良性发展至关重要(朱文婷,2010)。为此,朱文婷(2010)通过分析邮轮旅游系统的要素构成和系统结构,认为邮轮旅游供给系统由支持系统、邮轮服务系统和游客服务系统共同构成,而邮轮旅游需求系统的主体包括邮轮公司和邮轮游客。以上海为例,作者利用满意度分析方法(IPA)对邮轮供给系统、游客供给系统和支持系统三个方面进行分析,从而对上海邮轮旅游的系统功能进行综合评价,发现上海现阶段邮轮旅游系统发展的瓶颈主要体现在:港口的功能较为单一、供应机制尚未健全、旅游产品供应商经验不足、岸上旅游产品的丰度欠缺以及区域邮轮旅游合作机制不完备等几个方面。这几个方面也正体现了目前中国发展邮轮旅游经济所面临的瓶颈。

事实上邮轮旅游系统性也体现在由利益相关者角度组成的价值链或价值网上。如果以邮轮公司和消费者为核心,现代邮轮业是集交通工具、住宿、餐饮、娱乐休闲、观光旅游为一体的综合型旅游产品,这一服务组合产品实际上是一个由各利益相关者分工协作的系统。邮轮公司的产品就是通过这样一个系统,以供应链的形式提供给旅游消费者的。在这一方面,徐虹和高林(2010)将制造业的供应链模型引入到旅游业中,通过对邮轮旅游产业链上各环节的分析,借鉴供应链管理模式,构建了以邮轮公司为核心的邮轮旅游供应链模型,结合邮轮旅游产品的特点,以邮轮公司为主体,将供应链的核心思想融入到邮轮旅游产业中,从供应链的视角分析了邮轮旅游产业的构成及各环节的相互关系,并提出相应的优化协调措施。近几年,邮轮产业开始实现价值链的一体化,成为从船舶制造工业和非耐用品的制造到“事前—事中—事后”全过程的邮轮专业服务业。邮轮产业沿着全球价值链的升级,不仅取决于外部市场机遇和基础设施建设,而且还取决于参与服务业联盟和全球标准制定组织等软环境准备(李传恒,2007)。此外,胡建伟和陈建淮(2004)通过深入分析邮轮经济的内涵和外延,指出邮轮经济具有天生的“集聚性”。邮轮产业的集群性体现在邮轮港口的相关服务产业向区域乃至全国的扩散效应。

正如前面提到,邮轮公司和邮轮消费者是邮轮旅游价值链的核心组成部分。毫无疑问,如果没有足够的邮轮消费者被吸引到这一新兴旅游业态，中国邮轮市场将无法扩大，更不可能发挥邮轮经济的规模效应。而培育中国邮轮旅游消费市场，最关键的一点就是提供满足消费者需求的邮轮旅游产品。在这一方面，张言庆等(2010)从客观的角度总结和分析了国际邮轮旅游市场的相关数据资料，包括国际邮轮市场的总体情况与区域分布、人口及社会统计特征、消费特征，进而总结出国际邮轮旅游消费市场的基本特征，并对中国国内邮轮旅游市场需求进行了展望与预测，并提出了培育中国邮轮旅游消费市场的策略。但获得消费者的真正需求，不能仅仅对国际市场的人口统计和现有数据进行推断，还应该设法挖掘中国消费者对邮轮旅游的主观感知，包括认知、动机、意愿与满意。为此，采取问卷调查的方法，郑慧(2009)从文化认知、安全认知、费用认知、时间认知、服务认知、前景认知等六个方面对青岛、深圳、广州、上海和宁波等地各旅游景区的消费者进行调研。通过简单统计方法，对国内邮轮旅游的认知和需求情况进行了分析，得出了邮轮旅游产品结构性失衡和邮轮旅游市场宣传不足两个问题，并从产品设计对策、产品宣传对策和产品销售对策等方面提出了中国邮轮旅游发展的产品开发策略。只可惜作者研究仅仅依靠简单数据统计和整理来推断中国邮轮消费者的认知情况，无法挖掘更深入的结论。

中国邮轮旅游产业还处在幼年时期，在邮轮接待、港口规划、设施建设以及市场培育等方面还处在起步阶段。国际邮轮经济发展的实践表明，发展邮轮经济必须具备七个方面的条件：①雄厚的综合经济实力；②完善的基础配套设施；③发达的对外交通网络；④丰富的旅游观光资源；⑤充足的邮轮旅游客源；⑥国际化的邮轮经济政策；⑦高水平的邮轮专业人才(潘勤奋，2007)。为此，中国必须在这七个方面不断完善，才能真正发挥邮轮经济的强大拉动力，使邮轮旅游真正成为新的经济增长点。

然而在大力发展邮轮旅游的同时，还要清醒地认识到，仅仅将邮轮产业的发展思维固定在粗放扩展上是一种非常危险的倾向。对中国来说，邮轮是一个新生事物，相关研究尚处于起步阶段，大部分研究关注的是邮轮产业的经济效益，而忽略了邮轮对海洋生态环境的影响。促进邮轮产业的健康发展，必须站在生态的角度去审视和规划整个邮轮产业系统。李柏青(2009)认为，邮轮产业是一个包含研究开发、生产制造、销售、经营、维护保养、修理、管理等一系列经济活动而循环运行的生物生态系统(Biological Ecosystems)。在这个以邮轮产业集群为基础的系统中，邮轮制造群落、邮轮经营群落和邮轮消费群落三大群落与环境相互作用和影响。环境和自然是邮轮产业开发的物质基础，邮轮旅游的开发必须遵循生态学原则，在生态环境和景观资源能承受的范围之内进行，达到可持续发展的目的。

二、微观层面

国内研究者对邮轮旅游产业的微观研究主要体现在邮轮港口竞争力、邮轮母港/港口规划、邮轮公司经营、邮轮制造业、邮轮人力资源以及邮轮通关政策等方面。其中邮轮港口或区域旅游竞争力评价的研究成果最多。

随着全球邮轮旅游业的迅速发展，各港口城市之间的竞争日趋激烈，港口城市邮轮旅游业竞争力理论是研究的重要课题。邮轮港口(城市)旅游竞争力评价或者潜力测度问题主要涉及三个方面：一是评价对象的选择；二是指标体系的建立；三是评价方法的选择。在邮轮竞争力评价方面，陈紫华(2008)选择天津、大连、青岛、上海、厦门、宁波、深圳和海口 8 个邮轮港口为评价对象，选取竞争业绩、竞争潜力和竞争支持力三个二级指标下的 24 个三级指标建立指标体系，利用主成分分析法(PCA)对这些港口进行评价，最后将 8 个邮轮港口分为四类：上海和深圳为第一类；第二类是天津；第三类是青岛、大连和厦门；宁波和海口为第四类。

王帷洋(2008)选取三亚、广州、深圳、厦门、宁波、上海、青岛、天津、大连9个邮轮港为研究对象，以港口指标、服务指标、旅游指标、港口竞争力、邮轮码头建设情况、地区经济实力、人力资源实力、信息通讯实力和地区经济实力为评价指标，利用简单线性加权法对这些港口进行了评价，最终的排名结果为：上海、三亚、广州、大连、厦门、天津、青岛、深圳和宁波。

朱乐群(2010)以航空港旅客吞吐量、国家4A级及以上旅游区、星级酒店数量、市区空气质量优良天数、人均绿地面积、旅游外汇收入作为城市旅游环境的指标，以人均GDP、高等院校在校生、第三产业产值占GDP、城市居民人均可支配收入为经济发展与人力资源指标；以拟建邮轮码头泊位数、港口与城市中心距离、码头前沿水深、到访邮轮艘数为邮轮经济发展指标。利用因子分析法对16个邮轮港口城市进行评价，得出这些城市排名依次是：上海、厦门、珠海、深圳、天津、青岛、广州、三亚、宁波、大连、汕头、湛江、烟台、海口和北海。

蔡晓霞(2010)分析了邮轮旅游核心产业要素及竞争潜力的构成，从旅游资源、经营绩效、旅游企业、对外交通、金融保险、经济支撑以及城市环境等方面构建了邮轮旅游竞争潜力评价的指标体系，并利用因子分析法对我国上海、深圳、天津、宁波、青岛、厦门、大连和海口等8大邮轮旅游城市的竞争潜力进行综合评价，最终将其分为三个层级：以上海为首的邮轮旅游优势区；以深圳、天津为代表的邮轮旅游比较优势区和以宁波、青岛、厦门、大连、海口为代表的一般优势区。以此为依据，作者提出未来中国邮轮旅游的发展格局应以上海为邮轮母港，以深圳为区域中心港，辅以宁波、厦门、海口等挂靠港，对中国台湾地区和东南亚各国的南方邮轮旅游区；以及以天津为区域中心港，辅以青岛、大连的对日、韩的北方邮轮旅游区。

聂莉和董观志(2010)建立了由择资源赋存、市场规模、经济水平、环境保护、区位条件和发展潜力6个一级指标和22个二级指标组成的邮轮港口旅游竞争力评价指标体系,利用熵权法和理想解法(TOPSIS)相结合的方法对天津、大连、宁波、上海、青岛、厦门、深圳、海口和三亚9个港口城市的邮轮旅游竞争力进行了评价。结果表明,上海、天津和深圳排在前三甲;广州、厦门和大连处于中游水平;青岛、宁波和海口的竞争力较差。

从目前中国邮轮发展来看,如果一个港口城市被定位为停靠邮轮的母港,母港的发展会大大促进区域服务业、旅游业和物流业的发展,进而刺激港口城市及其周边地区经济的增长。刘小培(2010)从自然条件、基础设施和交通、经营环境和政策倾向等几个方面筛选出符合条件的八个备选港口城市,并利用层次分析法(AHP)进行综合评判,最终给出了这几个港口的邮轮母港竞争力排序:上海、天津、厦门、三亚、大连、宁波、深圳和青岛。此外,于得全(2008)利用层次分析法对7个港口的母港竞争力进行评价,按照竞争力指数的大小给出的排序结果为:上海、大连、宁波、广州、厦门、青岛和天津。其中考虑的因素包括港口腹地经济、地理形式、旅游资源和港口软环境。

通过以上分析可以看出,目前中国邮轮竞争力评价主要存在两个问题:一是指标体系不够健全;二是评价方法比较单一。从而使得对中国邮轮竞争力的评判结果差别较大。孙晓东和冯学钢(2012)按照以上7篇文献筛选出10个中国学者关注最多的邮轮港口/城市,并以各港口/城市在所有文献中的平均排序为新的判断标准,得出这些港口的竞争力排名为:上海、天津、三亚、广州、深圳、厦门、大连、青岛、宁波和海口,如表6-2所示。

表 6-2　中国邮轮港口竞争力评价
Tab. 6-2　Competetiveness of Chinese Cruise Ports

港口名称	陈紫华(2008)	王帷洋(2008)	朱乐群(2010)	蔡晓霞(2010)	刘小培(2010)	于得全(2008)	聂莉(2010)	排名
上海	1	1	1	1	1	1	1	1
天津	3	6	4	3	2	7	2	2
深圳	2	8	3	2	7	×	3	3
广州	×	3	6	×	×	4	×	4
厦门	6	5	2	6	3	5	8	5
大连	5	4	9	7	5	2	5	6
三亚	×	2	7	×	4	×	9	7
青岛	4	7	5	5	8	6	4	8
宁波	7	9	8	4	6	3	6	9
海口	8	×	10	8	×	×	7	10

近年来，随着邮轮旅游产业在中国的快速发展，各大港口城市都将目光投向发展邮轮经济上来，提出了建立邮轮母港的战略设想。中国学者对区域性邮轮旅游的研究也越来越多。作为内陆最具潜力的邮轮母港，上海获得的研究关注最多，主要包括上海邮轮经济潜力研究、上海邮轮市场开发以及上海邮轮经济集群性分析等。此外，厦门港和天津港等也开始吸引越来越多研究者的目光。

姜秀敏(2006)从市场潜力和环境潜力两个方面分析和讨论了上海发展邮轮经济的潜力。其中市场潜力体现在发展邮轮经济的巨大需求与供给市场上；而环境潜力体现在发展邮轮经济的外部因素上。上海是中国最大的邮轮客源地，在政治环境、经济环境、技术环境、社会文化环境上具有发展邮轮旅游产业的良好条件。因此，上海发展邮轮经济的潜力巨大。在市场开发方面，叶欣梁和孙瑞红(2007)从消费能力、消费状况、旅游产品组合等方面讨论了上海邮轮旅游者的需求特性，并提出了上海邮轮旅游市场的开发策略：①上海战略定位应该在2008～2010年成为亚洲最具魅力的邮轮母港和世界性的邮轮都市；②从产品策略、价格策略、分销渠道策略和促销策略四个方面分析了在上海发展邮轮旅游、提供满足上海旅游者需求的邮轮产品的途径。作者针对上海发展邮轮旅游的现状及具体的问题，从政策法规、通关制度以及人力资源等方面提出了未来市场发展的建议。此外，胡建伟和陈建淮(2004)运用产业集群理论从地理集中性、灵活专业化、合作竞争性、路径依赖性、外商环境和政府政策以及创新环境等方面分析了上海发展邮轮业集聚的可行性；并通过核心能力理论从独特性、延展性和价值性三个方面分析了上海发展邮轮产业集群的必要性。最后，揭示了上海发展邮轮经济的制约因素，并提出了上海形成产业集群的动力机制。

正如前文讨论的，发展邮轮经济必须在基础配套设施、相关法规政策和人力资源等方面给予有效的支持。在配套设施建设方面，邮轮母港的规划和设计是重中之重。王葳和张文玉(2008)分析了邮轮母港的功能要素和运营模式，从泊位数量、码头前方作业地带、登船桥数量、航站楼、运营模式、加油、维修、保养设施、物资补给、停车位、住宿等方面对邮轮母港的规划设计进行了探讨，并对国内邮轮母港的建设提出了针对性的建议。实践证明，邮轮旅游的健康发展离不开法律法规政策的支持，其中高效的邮轮检查工作是发展邮轮经济的必要条件。邵磊和张良(2007)对制约邮轮检查效率的因素进行分析，指出应该制定相对独立的邮轮管理法规，使邮轮检查有法可依，并且适当放宽邮轮旅客的签证政策，对随邮轮来华的船员、旅客实行相对便捷的签证过程。在人才支持方面，葛亚军(2010)讨论了国际邮轮协会(CLIA)邮轮咨询师的开发机制，并结合中国实际提出了政府主导、行业推动、业界、高等教育和培训机构参与、与国际接轨的人才培育模式。

众所周知，国际邮轮产业链主要由邮轮船厂、邮轮公司、邮轮港口码头和邮轮旅游四大产业环节构成。对于中国来说，组建和发展本土化的邮轮船队可能成为突破邮轮产业链限制的有效方法。虽然中国在邮轮经营方面经验不足，但可以通过分析国际邮轮公司的发展背景、发展历程、发展阶段、经营现状、发展策略、客源分布、市场布局（包括公司总部、母港和航线的分布格局）和经营效益来探索影响邮轮公司发展的因素，从而借鉴他们在邮轮公司建立、邮轮母港规划、邮轮航线设置和邮轮市场培育等方面的成功经验（王冠兰，2009）。除此之外，大力发展中国邮轮制造业也是突破产业链瓶颈的一个选择。邮轮经济的蓬勃发展给邮轮制造业带来了巨大机遇。目前世界邮轮设计和生产者主要集中在法国、意大利、德国、芬兰和西班牙等欧洲具有领先造船技术的国家。虽然中国具备了建造各种船舶的经验，但由于豪华邮轮在资金、技术和设计方面都有很高的要求，目前尚不具备建造豪华邮轮的能力。然而从长期来看，有效利用新兴邮轮旅游产业带来的契机，努力发展邮轮设计和制造业，推动造船业的产业升级是中国必须面对的课题（孙亮和王翠婷，2009）。

第三节　中国邮轮产业的研究展望

通过分析看出，中国学者对邮轮旅游业的研究主要分为宏观和微观两个方面。宏观研究主要关注邮轮旅游业对经济的拉动效应和传导机制、邮轮产业的空间布局和结构、邮轮产业的系统生态性和邮轮市场的培养和开发策略等；而微观研究则更多地关注邮轮港口/城市的竞争力评价、港口或区域邮轮产业规划、政府政策、邮轮制造以及邮轮经营等方面。

如前文所述，邮轮产业既可以看作是一个以产业集群为基础，由邮轮制造群落、邮轮经营群落和邮轮消费群落组成的经济系统，又可以看作是一个由不同产业中的利益相关者组成的产业价值链。在这条邮轮旅游产业链上，邮轮公司、邮轮港口和邮轮消费者是核心组成部分。邮轮产业的发展依赖也同时带动船舶制造、维修保养、机械电子、信息服务、教育培训、政府服务、物流运输、专业服务、产品贸易、地产租赁、观光旅游、休闲娱乐、港口/旅游代理、金融保险、食品加工、商务咨询以及教育培训等相关行业的发展。为此，本节主要从产业集聚视角、利益相关者视角以及消费者视角，提出了中国邮轮产业未来值得研究的问题。

一、产业集群视角

波特认为，产业集聚是“在某一特定领域内相互关联的、在地理位置上集中的公司和机构的集合”，是在产业发展过程中，同一产业或者相似产业由于相互之间的共性或者互补性而在空间地理区域内的高度集中，以及各相关要素不断汇聚与积累的过程及现象。依据第一章对邮轮经济系统的分析，可以将邮轮产业集聚定义为“区域内与邮轮旅游相关的具有合作或者竞争关系的邮轮公司、邮轮港口、旅游企业、政府机构以及其他相关组织在地理或区域空间上相互作用的经济集聚现象”。

现代产业理论的新进展表明，产业集群是提升区域产业竞争力的重要途径。体现一个国家或地区竞争优势的关键是产业的竞争优势，而产业竞争优势来源于相关的企业集群（惠宁，2005）。邮轮经济的集聚性表现在两个方面：一是以港口为集聚点，向邮轮或邮轮旅客提供服务的宾馆、餐饮、交通、物流、代理、景区和金融等相关机构或各类产业的集群；二是邮轮公司的集聚现象，即良好的邮轮母港或挂靠港能够吸引更多的邮轮公司停靠，多艘邮轮的集聚能大大促进区域经济的发展。

正如波特所说的，产业集聚是以一个主导产业为核心，大量的相关企业和支撑机构在空间和地理上聚集，并形成强劲、持续竞争优势的现象。

显然,邮轮产业具有典型的经济集聚性。在邮轮旅游产业系统中,良性的产业集群能大大提高各参与方的竞合互动质量,提升创新动力,促进产业升级,并最终提高区域竞争力。这一方面成功的范例包括迈阿密、新加坡、香港和巴塞罗那等以大型邮轮母港为依托的产业聚集区。中国邮轮经济起步较晚,目前还没有完成从邮轮接待到产业集聚的转换。这恰恰给国内研究者系统研究邮轮产业集聚提供了机会和挑战。因此,基于国际化比较,未来的研究可以关注中国邮轮产业集聚的形成机制、集聚原因、影响因素、系统构架、聚集程度、聚集绩效、发展模式、时间演化等方面。值得一提的是,国内大量文献对邮轮港口或邮轮城市的竞争力进行了综合评价,基于产业聚集的指标体系构建和港口或区域竞争力评价将是未来值得研究的问题。

二、利益相关者视角

在邮轮产业价值链上,邮轮公司、旅游代理、邮轮港口、旅游企业、旅游景点、邮轮消费者以及其他辅助服务组织之间是一种竞争与合作并存的关系。各利益相关者之间既有直接或者间接合作,又有直接或者间接竞争。比如,在同一个区域内,无论在消费者吸引、航线设置、存量投放、广告投入、投资决策、定价决策和资源获得方面,邮轮公司之间具有直接的竞争关系;而邮轮公司与旅游代理、物流配送、金融服务等组织之间则既在垂直整合竞争方面具有合作又在利益分配谈判方面具有竞争。

由于中国邮轮业目前还处在以邮轮接待为主的阶段,未来的研究可以关注邮轮港口、旅游代理和政府机构等国内组织与国际邮轮公司的合作模式。比如可以研究沿海港口如何以资金注入的方式与国际邮轮公司在邮轮经营方面进行合作。值得注意的是,从国际邮轮市场来看,渠道管理在邮轮营销和运营方面起着重要的作用。在邮轮业中,旅行代理

(Travel agents)不仅参与个人预订与团体预订的整个过程，而且从收集订金和全额票价，到跟踪后期的登船情况，甚至当系统瘫痪或者出现超售后实行拍卖(Auction)策略都起着重要的作用。邮轮公司已经把旅游代理作为存量控制管理决策的重要成员(Toh et al.,2005)。在国际上，Ng(2007)利用案例分析的方法研究了邮轮业与旅游代理之间的渠道合同问题。因此，站在旅游代理的角度研究国内代理企业与邮轮公司在渠道信息分享和合同制定等方面的问题具有现实意义。另外，国内其他利益相关者(比如航空、酒店餐饮和旅游景点)与邮轮公司长期合作和竞争的发展模式也是值得研究的方向。

2010 年 10 月我国交通运输部在官方网站发布了《关于外国籍邮轮在华特许开展多点挂靠业务的公告》，允许外籍邮轮在取得批准后，可以在华开展多点挂靠业务，即外籍邮轮在国际航线运营中，可以同时挂靠中国两个以上港口。在以前“境内港口—境外港口—境内港口”的运营模式下，国际邮轮只能挂靠一个中国港口，港口之间是直接竞争关系，而在“多港挂靠”下，同一航线上港口之间直接而纯粹的竞争关系则变成了以合作主导的竞合关系。“多港挂靠”即提高了沿海地区邮轮港口设施的利用率，又同时带动港口城市向多元化发展。因此，多港挂靠下邮轮港口之间以及各利益相关者之间的竞争与合作模式也是有意义的研究领域。

三、邮轮消费者视角

作为国际邮轮公司在亚洲的重要客源地，中国邮轮旅游刚刚起步，还未得到广泛接受。按照国际邮轮经济发展规律，当一个国家或地区人均 GDP 达到 6 000 美元到 8 000 美元时，就具备了快速发展邮轮经济的条件。目前上海、北京和天津三个直辖市的人均 GDP 超过了 6 000 美元，浙江、江苏、广东以及部分沿海城市人均 GDP 已接近或超过 6 000 美元。可以说，随着消费观念的转变和可任意支配收入的增加，会有越来越多的中国游客将邮轮巡游作为度假首选。如何让更多的消费者了解并且参与到邮轮旅游上来，是培育和扩展中国邮轮旅游市场的关键。显然，只有更好地了解和挖掘中国消费者对邮轮旅游这一新兴旅游业态的认知、动机、意愿、感知与满意，才能真正开发出满足中国消费者需求的邮轮产品，制定出适合中国邮轮市场的营销组合策略。

对于消费者研究，国际上已有了一些成果和结论。Qu 和 Ping(1999)通过市场调研的方法研究了香港邮轮旅客的驱动因素和满意度，研究表明顾客主要的驱动因素是逃避刻板生活、获得社交机会、欣赏美丽的自然风光；而住宿、饮食以及娱乐是消费者再次选择邮轮巡游的决定因素。随着邮轮业的迅速崛起，已经有越来越多的价格敏感型消费者被吸引到这样的行业。是否忠诚顾客比第一次消费的顾客或非忠诚顾客更有价值呢？Petrick(2004)的研究表明，虽然忠诚的顾客更容易再次消费，且具有更好的口碑传播力，但非忠诚和首次消费的顾客具有更低的价格敏感度，且愿意支付更多。2001 年，邮轮业发展有所减慢，为了增加乘客数量，邮轮公司改变价格结构，引入价格折扣来吸引消费者。然而，价格折扣使得邮轮公司面临新的挑战：一个前所未有的价格敏感型市场。此时的问题是，乐于接受新价格结构的消费者是否能对企业带来好处？Petrick(2005)利用价格敏感度对邮轮消费者进行了细分来探索目前的市场是一个怎样的价格敏感市场。研究表明，高价格敏感度的消费者愿意支付更多，而低价格敏感度消费者更容易对巡航经历做出积极的评价。作者进一步指出，不同细分市场消费者对价格的感知、消费者价格敏感的程度以及价格折扣等是未来值得研究的方向。此外，Petrick et al(2006)和 Petrick et al(2007)还分别对邮轮业消费者的重复购买意愿和决策过程进行了研究；Duman 和 Mattila(2005)研究了消费者情感因素对邮轮旅游价值的影响,并对邮轮业的消费者满意进行过探讨。

正如前文提及的,消费者的巡游经历不仅来自沿途旅游的体验,还来自消费者在邮轮上的度假体验,包括住宿、餐饮、休闲、娱乐和岸上观光活动等等。除了经济效益,船上供给和岸上服务在获得高消费者满意方面起到了重要的作用。国际上研究表明,邮轮产品和服务达到并且超过了顾客的期望,这恰恰也是邮轮业快速发展的原因之一。

而从国内研究来看,虽然在顾客认知方面,有研究者从文化认知、安全认知、费用认知、时间认知、服务认知和前景认知等几个方面有所涉及。但无人涉及中国消费者动机、意愿和满意方面的调研,更没有挖掘消费者顾客认知、驱动因素、购买意愿、顾客满意、重复购买以及顾客忠诚之间的关系。只有正确理解这些关系,才能更好地把握中国消费者的心里特征和购买行为,从本质上扩大国内邮轮旅游市场,充分发挥邮轮经济的潜力。特别地,研究和分析"多港挂靠"环境下消费者的特征、感知和行为,可以帮助企业或者相关部门有针对性地研发适合邮轮旅客需求的特色旅游线路和产品。

小　结

虽然邮轮业是近几年发展最快的旅游行业,将在未来成为全球旅游的新增长点,但引起学术界的关注却远远不够。随着国际邮轮市场向亚太地区的东移,中国邮轮旅游业有了飞速发展,越来越多的中国学者开始关注这一新兴的旅游业态。但从国内研究现状来看,中国学者在邮轮产业上的究范围比较狭窄,所关注的问题比较宽泛,研究成果不够丰富,有些指导意义不明显,无法满足当今邮轮经济快速发展的需要。

因此,"中国邮轮旅游爆发式发展"和"中国邮轮旅游研究成果匮乏"

的双重作用促成了本篇综述的完成。本章首先分析了世界邮轮业和中国邮轮业的现状,进而从宏观审视和微观分析的角度,讨论了中国学者在邮轮旅游方面的研究问题和相应成果。希望本篇综述能起到抛砖引玉的作用,吸引更多的研究目光来关注和解决中国特色邮轮旅游产业的具体问题,为中国邮轮业的发展提供理论和实践经验,最终开辟适合中国国情的邮轮旅游发展道路,进而促进世界邮轮产业的良性发展。

第七章　中国邮轮产业的发展现状、问题及启示

我国以优越的地理位置、独具魅力的东方文化、丰富的旅游资源和潜力巨大的客源市场成为亚洲邮轮市场的核心组成部分，越来越受到邮轮公司的重视。2009 年 2 月 18 日《人民日报海外版》以题名“中国兴起邮轮旅游热”分析了中国发展邮轮经济的趋势和条件，指出全球邮轮业已经向中国延伸，中国邮轮经济渐行渐近，发展邮轮产业有望成为中国经济增长的新方式、新领域。随着中国经济的长期稳健发展，居民生活水平的持续提高和旅游消费需求的迅速增长，以及旅游方式从以游览观光为主向度假休闲的转变，邮轮旅游逐渐引起中国旅游消费者的关注，并成为一种充满魅力的新兴旅游方式。

第一节　中国邮轮产业发展的基本特征

近年来，邮轮旅游发达的北美、欧洲市场日趋饱和，邮轮经济带动力和发展速度明显趋缓，全球邮轮旅游市场东移态势显著。北美、欧洲、亚太全球三大区域邮轮市场格局正在悄然变化。我国既是亚太区域中最主要的客源市场，又是重要的旅游目的地，优越的地理区位及旅游资源吸引了众多国际邮轮公司的关注，中国日渐成为世界邮轮旅游的战略性新兴市场。

一、中国邮轮旅游市场潜力巨大

一方面，我国地理环境独特，地跨东北亚和东南亚两个大区，不仅是亚洲夏季邮轮航线重要的起始港和目的地，也是冬季邮轮航线的重要停靠点，同时还是全球环游世界航线的必经之地，加之独特神秘的东方文化吸引力，使世界主要邮轮品牌商纷纷造访中国；另一方面，我国持续增长的出入境游加上庞大的中产阶级群体使得中国成为国际邮轮公司争夺的巨大市场。出境旅游人数从1999年不足100万人次，增加到2011年的7 025万人次，年均增长率18.90%，入境旅游人数从1999年约7 000万人次，增长到2011年约13 542.35万人次，年均增长率5.54%。另据预测，至2020年，我国出境旅游人数突破一个亿，同时我国现有的3亿中产阶级数量将是未来邮轮旅游的重要潜在客户。

1978～2007年是中国水上旅游及邮轮旅游产品的缓慢引入时期。近年来，作为国际邮轮公司在亚洲的重要客源地和市场，中国邮轮旅游刚刚起步，还未得到广泛接受。但是随着人们消费观念的转变和可支配收入的不断增加，邮轮旅游必将发展成中国重要的旅游业态。2009年，从内地乘坐邮轮出境游的人数达到近20万，加上在香港和海外登船的人数，中国邮轮游客数量达到35万到38万人。在旅游业快速增长的背景下，中国发展邮轮经济的时机日益成熟，邮轮业在中国蓄势待发。上海、青岛、大连、天津、宁波、厦门、海口、深圳等港口城市都已将目光投向邮轮经济。目前，中国大陆已建成了上海国际客运中心、天津国际邮轮中心、厦门海峡邮轮中心、三亚凤凰岛国际客运中心三个设施较为齐全的邮轮港口。

二、国际邮轮公司掌控中国市场

（一）三大巨头分割中国市场

2004年7月，亚洲第一、世界第三大邮轮公司一马来西亚丽星邮轮集团经中华人民共和国商务部特批，获得国家旅游局颁发的经营许可证，在上海设立分支机构，提供专门的邮轮旅游服务；2005年，全球最大的歌诗达邮轮集团正式进入中国市场；2007年，世界第二大邮轮巨头皇家加勒比进军中国市场。至此，世界三大邮轮巨头在中国展开了激烈角逐，占据了我国邮轮旅游市场的半壁江山，中国公民也自此开始有规模地参与邮轮旅游活动。2011年和2013年歌诗达邮轮公司和皇家加勒比邮轮公司分别在中国成立独资船务公司。此外，银海邮轮、地中海邮轮等全球知名邮轮公司也纷纷看好中国市场，分别在上海、北京、广州等城市设立代表处，面向中国市场推广其邮轮航线。

（二）本土邮轮企业蹒跚起步

早在1978年，总部位于武汉市的长江轮船海外旅游总公司与美国林德布雷德旅行社合作，经营了长江上第一艘豪华邮轮“昆仑号”开创了长江三峡邮轮旅游的先河，后陆续有国际邮轮造访我国沿海各口岸。2002年前后，深圳中达邮轮有限公司经营的国内第一艘可容纳400多名乘客旅游度假的豪华邮轮“假日号”在深圳蛇口实现处女航，成为全国旅游界瞩目的焦点。经过短时间的辉煌经营之后，“假日号”就移泊黄浦江。2011年9月份，山海树集团签订多份协议拟在厦门建造我国第一艘自主建造的10万吨级邮轮，邮轮名称拟定为“中国厦门号”，将打造出厦门邮轮母港始发的中国最大的邮轮运营船队。2012年3月初，温州民资联手进入豪华邮轮市场，在香港发起海洋产业基金并成立了中国邮轮有限公司，“中华之星”在港试航并计划5月初实现在舟山的正式航行，同时将陆续申请开辟舟山—台湾、舟山—冲绳、上海—冲绳等多种组合航线。2013年初中国海航旅业控股集团有限公司旗下豪华邮轮“海娜号”在三亚凤凰岛国际邮轮港首航，其主要面向中国本土消费者推出东方服务，被业内称为中国本土的第一艘豪华邮轮。2013年5月1日，“海娜号”以天津为母港，首次运营天津—韩国新航线。但2013年9月13日，“海娜号”驶离韩国济州港时遭当地一家法院扣押，船上2300多人，包括1659名游客滞留船上，海航品牌受到重创，引发了业界进一步思考。

通过国内形势分析，我国在组建本土邮轮公司和邮轮船队的模式上，基本采用收购或改装的方式，资金投入偏向低价的二手邮轮市场，本土邮轮公司处于尝试性经营阶段，同时也显示出我国邮轮经营管理人才匮乏和存在本土造船技术障碍等问题。

三、产业新政开辟邮轮旅游新时代

邮轮旅游被认为是世界许多港口城市新的经济增长点，世界发达国家和地区的滨海城市普遍重视建设邮轮（旅游）母港，致力发展邮轮旅游产业链，以带动就业，促进经济增长。自2008年，无论是国家层面还是地方政府，相继出台了众多支持邮轮旅游发展的政策、措施，鼓励发展邮轮产业，包括出台政策鼓励建设邮轮母港，打造邮轮旅游综合体，组建本土邮轮公司和邮轮船队，完善邮轮旅游产业链，积极参与国际邮轮旅游市场竞争，并先后批准成立了上海“中国邮轮旅游发展实验区”、天津滨海新区“中国邮轮旅游发展实验区”鼓励先行先试，不断探索适合我国国情又符合国际惯例的中国特色邮轮旅游产业发展道路。新政策取得丰硕预期效果的同时，也暴露出了我国邮轮旅游发展过程中存在的诸如重硬件轻软件建设、母港盲目开发和同质性竞争、政策法规滞后和产业链不完善等问题。

四、邮轮母港建设步入战国时代

邮轮旅游是中国旅游业“十二五”期间发展的重点领域，国家旅游局正与相关部门编制《中国邮轮旅游经济总体规划》，预计到“十二五”末，中国邮轮旅游市场将突破100万人次。目前我国内地已拥有上海、天津、厦门、三亚4个国际邮轮母港，它们可以作为邮轮旅游始发站的港口。除此之外，还有16个能接待国际邮轮的港口，可提供挂靠服务，分布在海南、山东、浙江、福建、广东等地。4个国际邮轮母港共6个港口，其中上海“两主一备”的组合母港格局占了3个，预计各母港全部建成后约20个泊位，单个设计能力年均接待能力都能突破50万人次，远期接待能力有望达到1400万人次，每个母港的设计规划投资少则十几亿，多则上百亿。从现有港口来看，部分邮轮码头过于追求硬件、规模和档次，以世界第一、亚洲最大为建设标杆。这种热情固然值得赞赏，但是蕴藏在热情中的非理性因素，如过高的客源期望、忽略软件建设、经营管理低效、母港与航线的同质化竞争等也是需要面对的现实问题。

中国交通运输协会邮轮游艇分会(CCYIA)秘书长郑炜航认为，邮轮码头只需要快速的通关条件、宽敞的候船条件、旅客的集散条件，而建邮轮母港，要非常谨慎，世界上可以挂靠邮轮的港口有900个，但是称为国际邮轮母港的不到10个，邮轮母港不是靠政策形成的，而是靠市场形成的，需要很多硬件条件。发展邮轮产业包括航行管理、酒店管理、旅客管理、销售管理、供应管理，是一个系统工程，目前中国缺的不是购买邮轮的资本，而是经营邮轮的人才。

五、传统法规政策制约邮轮产业发展

我国邮轮旅游产业管理主要参照现行国家涉外航运政策和法律，未能考虑到邮轮产业链发展的实际情况及其关联效应，存在较多进入性壁垒，不能从根本上适应邮轮旅游产业以旅游度假为主功能的特定发展需求，同时与国际惯例存在诸多冲突，很大程度上限制我国邮轮产业的进一步发展。如博彩业既是国际邮轮重要的收入来源，也是邮轮游客娱乐活动的组成部分，而赌博在我国现行法律中则是明令禁止的；同时应进一步完善我国针对邮轮产业运行的法律法规，如控制邮轮海洋污染的法规标准、邮轮跨境偷盗、游客保险、邮轮失事过程中游客遇险赔偿和善后等相应的法律法规。

六、高价值和高附加值产业环节缺失

国际邮轮产业链大体由邮轮设计制造、邮轮公司运营、邮轮港口码头配套服务和邮轮旅游接待服务四大产业经营环节构成。目前我国邮轮产业主要集中在港口服务和邮轮客源代理环节，收益主要集中于旅行社作为境外邮轮公司代理从事出境游游客招徕而获得的销售佣金、旅行社接受境外邮轮公司委托开展入境游接待服务所得收益及从邮轮港口停靠服务带来的相应收益，其余由综合接待消费、邮轮补给、餐饮供应、劳务收入等构成的收益较小。

从产业链的角度，邮轮业可划分为上中下游产业，而我国邮轮产业在高价值及高附加值的中上游产业环节缺失。

(1) 上游产业是邮轮的设计建造与大型国际化邮轮公司，尤其是邮轮的设计制造属于高附加值产业链。我国的设计水平、船舶技术及人才储备无法满足产业链的发展需要，由此造成我国邮轮上游产业链严重断链。

(2) 中游为邮轮公司的经营与大型邮轮母港及码头的相关经营。我国缺乏国际邮轮的运营经验，也未能组建具有国际品牌知名度和影响力的本土邮轮公司和船队，母港服务配套方面如船舶维修、补给供应还无法满足国际邮轮公司的实际需要，由此造成我国邮轮中游产业的部分断链和收益漏损。

(3) 下游则是小型邮轮停靠码头的经营与岸上邮轮旅游(目的地和客

源地)企业的经营,这些下游环节对经济增长的贡献十分有限。

产业链断链则从根本上体现了行业人才链的断链现象,因办学条件等诸多因素的限制,我国对于邮轮人才的培养主要集中在服务人员的管理和培训,对于高级管理人才、高级技术人才、科技领先人才、法律专业人才的培养与国外的人才培养存在较大差距。由此可见,我国邮轮的"产业化"格局远未形成,断链现象严重,缺乏核心竞争力,仍受控于在境内经营的国际邮轮公司,我国邮轮产业亟待规划完善和进一步提升。

第二节　中国邮轮接待业的发展现状

纵观全球邮轮旅游市场,虽然国际邮轮旅游市场主要集中在北美和欧洲,两地区的发达国家占了市场的最大份额。但随着国际邮轮产业将发展重点转向亚洲这一新兴市场,亚太地区邮轮产业发展迅速,增长速度已高于世界平均值,成为世界邮轮旅游市场中年轻而充满活力的分区。2011 年,随着世界邮轮旅游业的蓬勃发展,亚洲掀起了一股邮轮旅游热潮。不同的文化背景、优美的自然风光、不断兴建的专业邮轮港口和邮轮码头使得亚太地区渐渐成为全球主要的邮轮旅游目的地之一。比如新加坡,耗资 5 亿新加坡元建成的新加坡滨海湾邮轮中心于 2012 年 5 月开始启用,加上现有港湾城的新加坡邮轮中心,预计三到五年内,可吸引 150 万邮轮乘客,将进一步带动新加坡本地邮轮业的发展。作为国际邮轮公司在亚洲的重要客源地和市场,中国内地邮轮旅游刚刚起步,还未得到广泛接受。但是随着人们消费观念的转变和可支配收入的不断增加,国人选择邮轮旅游也将日趋普遍。因此邮轮旅游必将发展成为一种重要的旅游业态。据国际邮轮网的数字,预计未来 15 年内中国出境游游客数量将以每年 12.5%的速度增长,国际豪华邮轮挂靠中国港口的班次将持续增加。

一、邮轮接待

2007 年，我国接待国际邮轮 15 艘和 78 个班次，约有 20 多万外籍游客搭乘邮轮来华观光。2009 年，从内地乘坐邮轮出境游的人数约 20 万，加上在香港和海外登船的人数，中国邮轮游客数量达到 35 万到 38 万人(张言庆等，2010)。2011 年 1 月 25 日在上海发布《2010—2011 中国邮轮发展报告》指出，2010 年中国大陆共接待国际邮轮 223 航次，同比增长 42.9%，其中出发港邮轮 95 个航次，访问挂靠邮轮 128 个航次，同比分别增长 18.8%和 68.4%；2010 年中国大陆出入境邮轮旅客为 79 万人次，入出境的国际邮轮旅客为 46.2 万人次，分别比 2009 年增长 20.1%和 15.5%。从 2006 年开始，中国邮轮母港航次以较快速度增长，2011 年以我国沿海港口为母港的航次第一次超过中转航次，如图 7-1 所示。

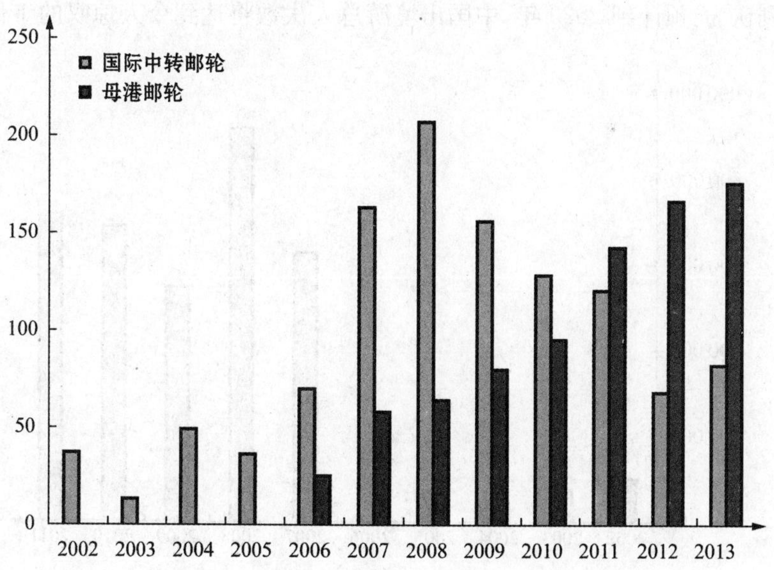

图 7-1　中国沿海港口接待邮轮数量(航次)

Fig. 7-1　Number of Cruise Calls in China from 2002 to 2013

在邮轮乘客接待方面，2006 年以来我国接待邮轮乘客数量增长迅速，如图 7-2 所示。据中国交通运输协会邮轮游艇分会(CCYIA)统计，2011 年，在邮轮接待方面，中国大陆全年共接待国际邮轮 262 艘次，与 2010 年相比，同比增长 17.5%，其中从我国沿海城市出发的国际邮轮 142 艘次，同比增长 49.5%，访问我国沿海城市的国际邮轮 120 艘次，同比降低 6.2%。另外，香港地区 2011 年全年共接待国际邮轮 104 艘次。在乘客接待量方面，2011 年我国共接待国内外邮轮游客 504 582 人次，中国大陆出入境邮轮游客 252 084 人次，出入境国外邮轮游客 252 498 人次，香港地区共接待出入境邮轮游客 213 981 人次。2007 年到 2010 年，中国邮轮航次年均增幅为 13%，其中母港航次年均增幅达 56%，邮轮旅客接待量年均增幅为 21%(刘军，2011)。根据世界旅游组织的预测，到 2020 年，中国将成为旅游目的地第一大国，同时成为第四客源地国家。联合国世界旅游组织秘书长弗朗西加利认为：预计到 2020 年，中国出境游总人次数将达到令人惊叹的 1 亿之

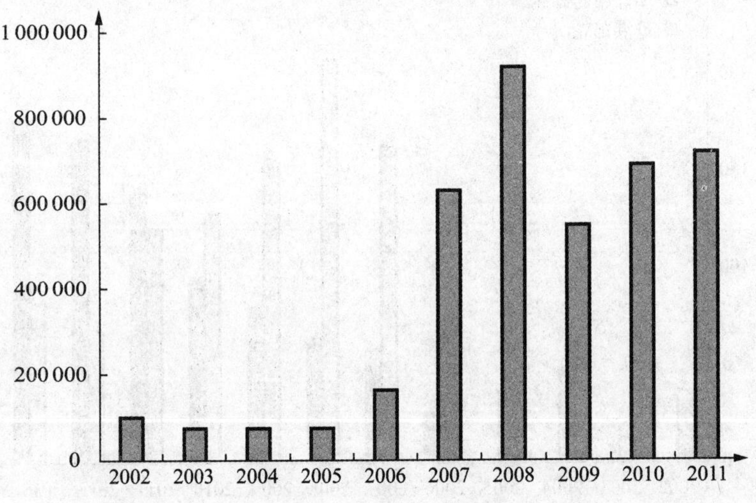

图 7-2　中国沿海港口接待邮轮乘客数量(人次)
Fig. 7-2　Number of Cruise Calls in China from 2002 to 2011

多[①]，如果其中有5%的旅客选择邮轮旅行，将是一个相当可观的数字。

在旅游业快速增长的背景下，中国发展邮轮经济的时机日益成熟。随着经济全球化步伐的加快，一些欧洲和美洲的邮轮公司已经把目光投向了亚洲，主要是东南亚各国。中国作为服务业和旅游业迅速发展的国家更成为各大旅游公司关注的地区。许多邮轮公司已经在中国建立了办事处和分公司。可以说，邮轮业在中国蓄势待发。上海、天津、三亚、青岛、大连、北海、厦门、舟山、威海、广州、海口等港口城市都已将目光投向邮轮经济，积极参与邮轮接待服务。目前，中国大陆已建成了上海国际客运中心、厦门海峡邮轮中心、三亚凤凰岛国际客运中心三个设施较为齐全的邮轮港口。天津港邮轮码头和上海宝山吴淞口邮轮码头已经投入使用。大连国际邮轮码头设计已经完成，于2010年动工。海口、广州、深圳、珠海、宁波、秦皇岛、青岛等沿海城市也开始进行邮轮码头的规划和建设。我国建成、在建和规划中的邮轮港口已达20个以上，具体分布如图7-3所示，2011年各港口城市邮轮接待情况如表7-1所示。

二、上海案例

在邮轮旅游开发方面，上海具有得天独厚的地理位置和发展条件。上海所在的区位是东北亚地区邮轮最为理想的运营区域。以上海为中心的长三角地区是中国沿海最为发达的经济区域，且拥有丰富海岛、海域和海岸线资源，是中国沿海邮轮航线的中点所在，同时也是中国近海邮轮航线和亚洲邮轮航线的圆心所在。以上海为中心，豪华邮轮可以在48个小时内，通达中国香港地区、中国台湾地区、韩国、日本、新加坡等地。可以说，上海完全具备打造亚太国际邮轮中心和一流国际邮轮枢纽港的条件。

---

① http://gotrip.zjol.com.cn/05gotrip/system/2006/09/19/00788137.shtml.

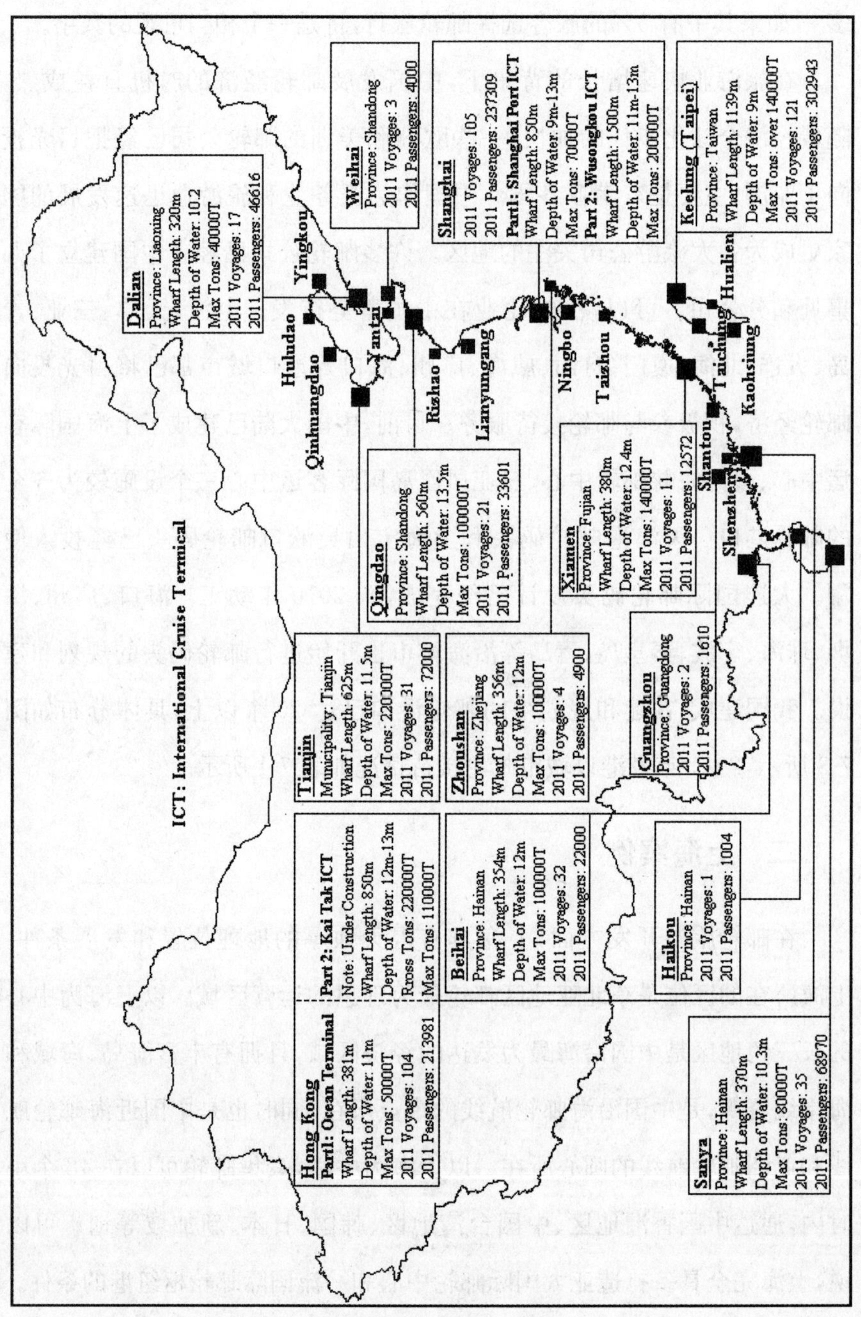

图 7-3　中国邮轮港口系统

Fig. 7-3　The Cruise Port System in China

表 7-1　2011 年中国大陆主要港口邮轮接待情况

Tab. 7-1　Cruise Reception of Chinese Cruise Ports in 2011

邮轮港口	出入境人数	始发港艘次	始发港出入境人次	访问港艘次	访问港出入境人次
上海	237 309	75	164 457	30	72 852
天津	72 000	5	17 453	26	54 547
三亚	68 970	15	19 608	20	49 362
青岛	66 000	13	22 601	8	43 399
大连	46 616	0	0	17	46 616
北海	22 000	32	22 000	0	0
厦门	12 572	1	2 225	10	10 347
舟山	4 900	1	3 740	3	1 160
威海	4 000	0	0	3	4 000
广州	1 610	0	0	2	1 610
海口	1 004	0	0	1	1 004
总计	536 981	142	252 084	120	284 897

近年来，到上海旅游的外国游客总数年平均增长 8%。未来几年，上海国际邮轮市场的潜在客流量有望每年超过 50 万人次。数据显示，2006 年在中国通过水路进出口的人数有 15 万人次，其中从上海港进出的就达 10 万人次左右，进出上海港的国际邮轮达到 34 艘次，几乎所有到中国的邮轮都会以上海港为停靠点进行旅游观光。上海城市人口已接近 2 000 万，人均国内生产总值为全国平均水平的 4.3 倍，2009 年人均 GDP 已超过 10 000 美元。对于邮轮产业来说，上海不仅具有足够的客源，有招揽游客的强大能力，而且能很好地满足旅游需要。

此外，作为上海市重点工程，上海港国际客运中心已于 2008 年底全部建成并投入使用。总投资为 2.6 亿美元的上海港国际客运中心，年旅客吞吐量可达 100 万人次，是亚洲数一数二的邮轮停靠基地。2008 年 4

月，作为世界第二大邮轮集团的美国皇家加勒比邮轮公司宣布将上海设为母港，开发中日韩航线。至此，世界三大邮轮集团：嘉年华邮轮、皇家加勒比邮轮和丽星邮轮均进驻上海。上港集团也同时宣布上海港国际客运中心已初具规模。目前，上海已经形成了上海港国际客运中心、吴淞口国际邮轮港码头2个母港码头和外高桥海通备用码头等"两主一备"的邮轮组合母港发展格局，邮轮泊位数9个，可以停靠20万吨级的大型国际邮轮。

2009年4月《国务院关于推进上海加快发展现代服务业和先进制造业建设国际金融中心和国际航运中心的意见》允许境外国际邮轮公司在上海注册设立经营性机构，开展经批准的国际航线邮轮服务业务；鼓励境外大型邮轮公司挂靠上海及其他有条件的沿海港口，逐步发展为邮轮母港；为邮轮航线经营人开展业务提供便利的经营环境；研究建立邮轮产业发展的金融服务体系，在保险、信贷等方面开设邮轮产业专项目录，促进邮轮产业健康有序发展。2010年10月《上海市邮轮产业十二五发展规划》以规划的形式将邮轮产业纳入到政府主体工作之中，是上海邮轮产业的发展历程中的里程碑，凸显了上海市政府对邮轮产业的高度重视。

随着2008年的奥运会和2010年的上海世博会的举行，越来越多的邮轮把上海港作为邮轮母港。上海"邮轮经济"正式步入"母港时代"。2009年以上海为母港的国际邮轮航次达到32个，比2008年增长21%。据《上海第一财经日报》报道，2010年，上海港无论是来沪邮轮规模，还是出入境客流量，均创造了历史新纪录，共接待出入境旅客逾24万人次，同比增长近一倍，出入境邮轮177艘次，同比去年增长48%。上海港国际客运中心和吴淞口国际邮轮港码头的统计数据表明，2011年，上海接待国际邮轮100艘次，其中母港邮轮69艘次，出入境人数达146 681人；访问港30艘次，出入境人数67 701。由于受日本大地震和核泄露危机以及世博后效应的影响，待邮轮游客 30 余万人次，同比下降 10.3%。另外，《上海口岸发展报告》指出，2011 年上海共接待 130 艘次邮轮和 30.9 万邮轮乘客，分别超过香港 26 艘次和 9.6 万人次。上海旅游局公布的数据显示，2012 年，上海共靠泊邮轮 126 艘次，接待游客 35 万人次；2013 年共靠泊 199 艘次邮轮，接待游客 76 万人次，占亚洲邮轮总量的 21%和 26%。此外，2012 年 5 月份发布的《上海市加快国际航运中心建设“十二五”规划》对邮轮产业提出了总体目标，即到 2015 年上海出入境邮轮达到 500 艘次，出入境游客达到 100 万人次；初步建成邮轮母港基地，且配备较为完善的航运经纪、船舶管理、航运服务代理、海事法律和航运金融等服务体系的。

第三节　中国邮轮产业发展的政策支持

中国邮轮产业的发展，离不开各级政府的大力扶持。近几年，相关部门出台了一系列发展邮轮产业、深化邮轮经济的利好政策，包括 2008 年 6 月出台了《促进我国邮轮业发展的指导意见》；2009 年 10 月 19 日，允许国际邮轮公司在华开展多点挂靠业务，旅客可以在邮轮停靠的任一港口离船登陆观光，并简化多点挂靠时的旅客检查手续；2009 年 12 月发布了《关于加快发展旅游业的意见》，首次提出“要把旅游业培育成为中国国民经济的重要产业，要培育新的旅游消费热点，支持有条件地区发展邮轮、游艇等新兴旅游；把邮轮、游艇等旅游装备制造业纳入国家鼓励类产业项目”等；2010 年 11 月 24 日《国际邮轮口岸旅游服务规范》(LB/T 017—2011)行业标准通过全国旅标委审查，该规范从接待服务、服务设施与服务项目、安全要求、卫生要求、服务信息传递和综合管理等方面对我国邮轮港口的相关服务标准进行规范，是目前第一个国家级邮轮行业标准。

这一系列政策的出台将有力地拉动中国邮轮经济的发展。近年来，中国政府、各部委和地方政府颁布和发布的主要邮轮政策措施，如表 7-2 所示。

表 7-2　近年来国家各部委和地方政府主要邮轮政策措施

Tab. 7-2　Chinese Cruise Policies since 2008

发布单位	发布时间	发布内容
国家发展和改革委员会	2008 年 6 月	《关于促进我国邮轮业发展的指导意见》
教育部	2009 年 1 月	首次将邮轮专业纳入全国招生目录
国家质量监督检验检疫局	2009 年 3 月	《国际航行邮轮群体性疾病突发事件应急处置技术方案》
公安部	2009 年 10 月	针对邮轮旅客出入境边检管理的措施
交通运输部	2009 年 10 月	外国籍邮轮在华特许开展多点挂靠业务
交通运输部	2009 年 11 月	《海峡两岸邮轮发展政策研究》
国家旅游局	2010 年 2 月	将邮轮旅游纳入滨水旅游规划体系
海关总署	2010 年 9 月	《国际邮轮通关政策研究》
国家旅游局	2011 年 6 月	《国际邮轮口岸旅游服务规范》
交通运输部	2011 年 1 月	《中国国际邮轮船队建设与经营政策研究》
青岛市政府	2009 年 8 月	《青岛市邮轮旅游发展总体规划》
上海市政府	2011 年 6 月	《上海十二五邮轮经济发展规划》
深圳市政府	2008 年 12 月	《深圳市邮轮产业发展推动纲要》
厦门市政府	2008 年 2 月	《厦门邮轮经济恢复振兴计划》
珠海市政府	2008 年 8 月	《珠海市邮轮港口发展规划》
海关总署与海南省	2011 年 2 月	《共同推进国际旅游岛建设合作备忘录》
海口市政府	2011 年 10 月	《海口邮轮游艇总体规划》
国家旅游局	2012 年 2 月	准许外资邮轮公司设立的旅行社组织中国内地居民从上海出发的邮轮旅游业务
国家旅游局	2013 年 4 月	天津滨海新区“中国邮轮旅游发展实验区”
国务院	2013 年 9 月	《中国(上海)自由贸易试验区总体方案》

（续表）

发布单位	发布时间	发布内容
三亚市政府	2012 年 12 月	《三亚市邮轮旅游发展专项规划(2012—2022)》
天津市政府	2013 年 1 月	《天津市邮轮游艇产业发展“十二五”规划纲要》
青岛市政府	2013 年 4 月	《青岛市邮轮游艇经济发展规划(2013—2030)》
上海市政府	2013 年 9 月	《中国(上海)自由贸易试验区外商投资准入特别管理措施(负面清单)(2013 年)》:邮轮设计与制造

此外，近年召开的“中国邮轮产业发展大会”、“国际邮轮博览会”和“中国邮轮产业发展高峰论坛”以及中国交通运输协会邮轮游艇分会(CCYIA)、各地区“邮轮游船游艇业行业协会”定期举行的不同规模、不同议题的会议和论坛等，广泛吸引政府部门、邮轮公司、旅行社和学术机构共同探究邮轮业的发展趋势，为中国邮轮经济的发展出谋划策。

以“现代服务业”为核心特征的邮轮产业，涉及交通、海洋和旅游三个领域，其经济效益涵盖了运输经济、航运经济、海洋经济、港口经济和旅游经济。中国“十二五”规划明确指出要“发展海洋经济”。《2010 年中国海洋经济统计公报》的数据显示，从海洋经济各行业的总产值来看，滨海旅游业位居第一，占主要海洋产业总值的 31.15%，全年实现增加值 4 838 亿元，比上年增长 7.9%。从《2011 年中国海洋经济统计公报》来看，滨海旅游业的总产值达到 6 258 亿元，占海洋经济总值的 33.4%，同比增长 12.5%。从当前国家形势来看，邮轮产业将是滨海旅游业产业升级的最佳选择，成为转变港口发展方式的重要内容。

2010 年 10 月中国通过了《中共中央关于制定国民经济和社会发展第十二个五年规划的建议》(以下简称《十二五规划》)清晰地指出“把推动服务业大发展作为产业结构优化升级的战略重点”，“推动特大城市形成以服务经济为主的产业结构”。而作为现代服务业的邮轮产业正是推动我国服务经济的新生力量。“十二五”规划还指出东部沿海城市要“在更高层次参与国际经济合作和竞争”。而邮轮旅游业是中国经济融入国际分工、参与国际市场的一个典型国际化产业。全球邮轮市场的倾斜使得中国邮轮产业将在“十二五”期间正式跨入快速发展期，既拥有前所未有的发展机遇，也面临巨大的挑战。目前我国邮轮经济主要来自港口接待和旅游服务，邮轮产业仍然处在全球价值链的最低端。如何有效嵌入邮轮产业的全球价值链并向高附加值的战略环节攀升，从而实现产业的优化和升级，并最终提高产业竞争力，将是摆在中国面前的最大难题。

第四节　中国邮轮产业发展的 SWOT 分析

随着邮轮市场的东移，邮轮旅游在中国受到越来越多的关注，即将成为中国旅游业的新亮点。中国邮轮产业刚刚起步，目前正处在建设和完善邮轮港口等岸上设施、接待外国来访邮轮的初级阶段。虽然我国邮轮接待量还较少，但近年来一直保持着较高的增长率，中国邮轮旅游市场的发展潜力巨大。本节将利用案例分析法以及 SWOT 的分析方法得出，中国发展邮轮旅游拥有很好的自身优势，同时外部环境也给予中国邮轮业一个很好的发展契机。虽然我国邮轮产业处于初步阶段，各方面还存在很多不足，但通过借鉴外国经验，改善自身劣势，仍可以实现持续健康的发展。

一、优势(Strengths)

(一) 政策支持

1996 年，针对联合国提出的《21 世纪议程》，我国制定了《中国海洋 21

世纪议程》，阐明了海洋可持续发展的基本战略、战略目标、基本对策以及主要行动领域。中国自加入世界贸易组织之后，不断加大与世界接轨的步伐。2004 年 11 月 24 日，世界旅游组织和国家旅游局在上海联合举办了"2004 中国邮轮高层论坛"，表明世界看好中国邮轮旅游的发展前景。

2006 年交通部发布了《全国沿海港口布局计划》，根据不同地区的经济发展状况及特点，以及各地区港口设施、环境的具体情况，将全国沿海港口划分为环渤海、长江三角洲、东南沿海、珠江三角洲和西南沿海 5 个港口群体，强化群体内综合性、大型港口的主体作用，并对每个港口群体提出了指导意见。

2007 年，全国旅游工作会议又提出，"要重视高端旅游产品的需求，鼓励有条件的地区积极发展会议展览、邮轮游艇、文化体验、科考探险等有潜力的旅游产品"。

2008 年国家发改委发布了《国家发展改革委关于促进我国邮轮业发展的指导意见》，引导和促进我国邮轮业的健康发展。

2009 年初，由中国交通运输协会邮轮游艇分会(CCYIA)与上海市虹口区人民政府共同完成的《2008—2009 中国邮轮发展报告》在上海对外正式发布，报告全面总结了国际邮轮产业的发展历程和发展趋势，以及近年来我国邮轮产业发展现状，提出了今后中国邮轮经济的发展思路，至今已经公布了 4 份报告。

2011 年国家旅游局颁布的《国际邮轮口岸旅游服务规范》和交通运输部发布的《中国国际邮轮船队建设与经营政策研究》，标志着我国打造高品质邮轮接待业和拓展邮轮产业链的决心。

同时，许多地方政府也推出了发展邮轮经济的鼓励性政策，上海、厦门和三亚已经建成国际客运中心三个高标准邮轮港；天津、大连、青岛、宁波、珠海、广州、深圳、汕头等港口城市也积极推进邮轮码头的建设。

（二）消费升温

按照国际邮轮经济的发展规律，当一个国家或地区的人均 GDP 达到 6 000 美元至 8 000 美元时，人们的生活方式、消费理念将随之发生变化，邮轮经济将得到快速发展。2011 年深圳人均 GDP 达到 16 960 美元，上海、北京、天津人均 GDP 分别为 12 784 美元、12 447 美元、13 392 美元，浙江、江苏、广州等省也超过了 6 000 美元，因此我国现在有相当的经济基础发展邮轮经济。同时，我国出境人数也逐年递增，2011 年更是达到 7 025 万人次，增长 22.4%；其中因私出境人数达到 6 412 人次，增长 24.5%，表明我国居民出游的热情，也显示了中国邮轮旅游巨大的客源市场潜力。

（三）区位资源

中国位于亚洲东部，太平洋的西岸，距离东南亚和日韩这两个亚洲最重要的邮轮市场都比较近。海岸线总长度 3.2 万公里，其中大陆海岸线 1.8 万公里，岛屿海岸线 1.4 万公里。沿大陆海岸线，自北而南分布着众多优良海湾和港口城市，包括大连、秦皇岛、天津、烟台、青岛、连云港、南通、上海、宁波、温州、福州、厦门、广州、珠海、湛江、北海、海口等，其中能够停泊邮轮的港口城市且具备建设邮轮母港自然条件的城市包括大连、天津、青岛、上海、宁波、厦门、深圳、三亚、海口等。同时中国也拥有广阔的海域，在中国的东部和南部有四个海域，总面积多达 473 万平方千米，往东还有浩瀚的太平洋。而南海和太平洋，特别适合发展邮轮旅游。

此外，以中国北部邮轮港口城市为核心可以方便地开发和运营日韩航线，而以南部城市为核心可以开发和运营东南亚航线。比如以上海为中心，豪华邮轮可以在 48 个小时内通达韩国、日本、新加坡、中国香港和中国台湾等地，因此夏季可以重点开发北部沿海、日本、韩国、俄罗斯的航线，冬季可以重点开发前往南部沿海和东南亚的航线，从而可以降低季节性带来的影响，使淡旺的周期达到最小，邮轮经济效应达到最大。除了优越的地理环境，中国也拥有丰富的旅游资源。在一些主要邮轮港口周围，分布着大量优质的旅游资源，比如以大连和天津邮轮港口为中心的北部旅游带，以青岛、烟台等邮轮港口为中心的环渤海湾旅游区，以上海为中心的(泛)长三角旅游区，以广州和深圳邮轮港口为中心的珠三角旅游区，以海南和三亚邮轮港口为中心的海南国际旅游岛等旅游资源。

二、劣势(Weaknesses)

(一) 服务体系

以目前中国邮轮产业的发展状况，我国邮轮的“产业化”格局还远未形成。究其原因在于与邮轮产业发展相关的人才培养体系、制度法规体系、产业服务体系和文化意识培育等均很不系统，缺乏一个行业发展所需的系统的框架。在邮轮制度法规方面，没有符合国际惯例的口岸管理措施和邮轮出入关程序，各港口的边防检查程序也是繁简不一。这些问题都造成了邮轮出入口岸甚为不便，无法与国际接轨，不能满足游客方便、快捷、舒适等通关要求。

在人才体系方面，邮轮产业对从业人员的综合素质要求非常严格，而人才培养又是邮轮经济发展的关键。我国邮轮旅游刚刚起步，邮轮专业的人才十分稀缺，特别是邮轮旅游服务、邮轮码头服务和邮轮市场营销等方面的专业人才。所以，必须要向国际邮轮产业发达的国家学习，如北美和西欧的一些发达国家，引进境外的高级人才；同时也要健全我国的培训机制，培养适合中国邮轮产业发展的邮轮从业人员。

(二) 配套设施

港口的配套设施也是邮轮产业链中非常重要的一个环节。配套建设包括邮轮专用码头、港区配套设施及其他相关基础设施的建设。基础设施主要指邮轮港口和相关的设施，具备相应的餐饮和娱乐场所，有充足的供水、供电、供热的能力，又要有足够的污水和废物处理能力，还要有修理船舶和为邮轮提供补给的能力，以保证满足游客的需求。而国内在这一块还存在很大的欠缺，尽管有相当一部分的港口城市已经开始相应的配套设施的建设，但是真正意义上的专业港口还不存在。而且很多城市一味地看中邮轮母港所带来的经济效益，却没有考虑到自身的条件限制，反而不利于自身的发展。

（三）政策体系

一般而言，国际大型邮轮乘客数量较大、停泊的周期较短，时间的安排比较紧凑，对通关时效性的要求较高。但由于我国邮轮产业起步比较晚，目前邮轮的出入关管理和口岸管理与国际惯例不能很好接轨，导致旅客出入关时间过长，出入口岸不方便，不利于国际邮轮在华开展业务。同时由于政策限制导致游客上岸不便，如我国居民在上海登邮轮去香港，途经宁波时，境外乘客可以上岸观光游览，而我国居民则不能离开邮轮，其理由是根据目前我国口岸管理条例，从宁波下邮轮就是入境，而回邮轮是再出境，必须重办出境手续。

（四）产业系统

我国邮轮经济的发展起步晚，目前还处于幼年时期，缺少发展邮轮产业的经验，特别是在邮轮产业链拓展方面经验不足。欧美的邮轮经济之所以有强大生命力，与其成熟的产业链是密不可分的。成熟的邮轮产业链涉及到几十个系列行业，由邮轮船厂、邮轮公司、邮轮港口和邮轮旅游四大产业经营环节组成。目前，我国包括邮轮经济的来源主要体现为邮轮的停靠接待服务、岸上旅游服务及少数的邮轮供应服务，单单依靠这几个环节对当地经济的贡献是有限的。而且,在邮轮港口的综合开发建设方面,目前也缺乏一体化的整合开发思路,产业链的拓展和邮轮港的整体开发遭遇瓶颈。这些会成为我国邮轮产业项目长远发展的阻碍。

(五) 人才培养

邮轮旅游在我国还处于起步阶段,面对快速发展的邮轮旅游产业,邮轮旅游人才匮乏凸显,特别是创新型、研究型和职业人才不足,如邮轮经营管理人才、服务人才、设计制造人才、司法服务人才、港口规划人才等十分紧缺。邮轮旅游专业性强,产业链长,仅以邮轮上的工作人员为例,据测算,一艘豪华型邮轮需配备海乘人员 1 300～1 700 名。随着我国邮轮市场的崛起,对邮轮管理及服务人才的需求不断增加,邮轮旅游专业人才匮乏问题十分突出。同时,我国对邮轮经济的研究和实践历史太短,不具备有效培养邮轮领域创新型人才的条件。

(六) 消费认知

作为国际邮轮公司在亚洲的重要客源地,中国邮轮旅游刚刚起步,还未得到广泛接受。当前我国邮轮旅游经济规模小,占全球邮轮市场的比例太低,与 13 亿人口大国不相称,大众对邮轮旅游这一新兴的海洋休闲度假产业还需要进一步的认知和接受。同时,邮轮的演艺、娱乐、博彩等文化活动与国内的管理方式、思想意识等还有一定的冲突。但随着消费观念的转变和可任意支配收入的增加,会有越来越多的中国游客将邮轮巡游作为度假首选。

三、机遇(Opportunities)

(一) 国际市场

根据 2011 年国际邮轮协会发布的 2010 年邮轮统计数据显示,2010

年游客增加数比去年增加10.2%,从1980年到2010年,邮轮游客数以年均7.4%的速度增长。CLIA就2011年邮轮市场前景和趋势向协会会员及旅游代理商进行调查,会员普遍认为2010年邮轮业发展胜过去年,25家定期邮轮公司会员都表现得信心满满,甚至认为客运量有望再创新高,达到1600万人次,增加6.6%。其中占73%的旅客是来自北美地区,共1168万人次,其余的27%共432万人次分散在其他地区。世界邮轮旅游的发展为中国发展邮轮旅游提供了外部机遇。

(二) 中国市场

虽然北美地区一直保持着全球邮轮行业领军者的低位,而且全球最大的两家邮轮集团—嘉年华和皇家加勒比海邮轮公司的总部都设在美国。但近些年来,随着北美传统邮轮市场的成熟和其他地区新的邮轮目的地的兴起,全球邮轮市场的格局在慢慢地发生变化,综合各种信息表明:全球邮轮市场正在东移。而且随着传统邮轮市场的渐渐饱和,邮轮公司都开始加快拓展新市场的步伐,而中国正是他们必争的一块市场。目前,国际邮轮三巨头公司相继在华开展业务,开辟了从中国出发的东南亚和东北亚的航线,在该区域投放了好几条新的邮轮航线。

(三) 政策条件

近年来,为了推动中国邮轮产业的发展,相关部门出台了一系列发展邮轮产业、深化邮轮经济的利好政策,包括2008年的《促进我国邮轮业发展的指导意见》;2009年允许国际邮轮公司在华开展多点挂靠业务、2009年的《关于加快发展旅游业的意见》、2009的《国际航行邮轮群体性疾病突发事件应急处置技术方案》、2009年工业和信息化部将豪华邮轮列入今后两年中国船舶工业的投资方向、2009年方便中外邮轮旅客出入境边防检查的4条新措施等。此外,近年召开的"中国邮轮产业发展大会"、"国际邮轮博览会”和“中国邮轮产业发展高峰论坛”等，也为我国的邮轮产业发展做出了贡献。

（四）未来规划

十二五规划明确指出，要“发展海洋经济”，其中滨海旅游业是海洋经济的核心产业之一。而邮轮产业将是滨海旅游业产业升级的最佳选择。此外，十二五规划指出：“把推动服务业大发展作为产业结构优化升级的战略重点”，“推动特大城市形成以服务经济为主的产业结构”。而邮轮产业正是推动我国服务经济的新生力量。十二五规划还指出，东部沿海城市要“在更高层次参与国际经济合作和竞争”。而邮轮产业是一个典型的国际化产业。

四、威胁(Threats)

（一）区域竞争

中国发展邮轮旅游的外部威胁主要还是来自亚洲地区的其他国家，虽然亚洲市场占据全球市场的份额还不是很大，但很多亚洲国家都占到了邮轮旅游发展的先机，早于中国发展邮轮业，相对于中国经验更加丰富。远东地区有韩国和日本两个竞争对手，东南亚有新加坡、越南、马来西亚等国家，在一定程度上对中国邮轮旅游的发展构成了一定的威胁。例如，新加坡政府1991年投资5 000万新币修建了邮轮码头，1998年又重修，仅是在2001年就有1 200多艘国际邮轮抵达新加坡码头，其邮轮旅游的发达程度可见一斑。2012年5月，耗资5亿新加坡元建成的新加坡滨海湾邮轮中心开始启用，加上现有港湾城的新加坡邮轮中心，预计三到五年内，可吸引150万邮轮乘客，将新加坡邮轮产业的竞争力提升到更高的一个水平。

（二）环境挑战

邮轮产业对海洋生态、海洋遗产等地负面影响问题越来越受到欧洲国家和国际社会的广泛重视，邮轮废弃物对港口和海洋生物影响很大，这对邮轮经济可持续发展带来挑战。随着邮轮产业的不断发展，人们在考虑其经济效益的同时，也慢慢地开始考虑其社会效益，尤其是在倡导环保的大背景下，人们越来越关注其在海上航行过程中的环境污染问题，例如国际邮轮协会就发布过关于环境保护方面的文章。但是，迄今为止，中国在这一块上面还是一片空白。因此，在今后邮轮旅游的发展过程中，应该多注意环境保护方面的问题研究，以求其可以可持续发展。

第五节　中国邮轮产业发展的主要问题及障碍

一、中国邮轮产业发展的主要问题

（一）起步晚，总量小，产业链狭窄

从邮轮接待来看，中国邮轮旅游港口接待总量还较小。美国迈阿密港驻扎了15个国际邮轮公司的总部，每年出入境旅客接近500万人次；西班牙巴塞罗那是欧洲邮轮母港，每年的出入境旅客也接近300万人次。2009年度我国乘坐邮轮出境游人数大约在38万人次左右，所占比例极小。

作为全球化的网络性产业（张言庆，马波和范英杰， 2010），邮轮产业具有船舶制造国际化、邮轮运营国际化、港口接待国际化、航线设计国际化和人才培养国际化的特征。邮轮产业以国际化的大型船舶为道具，以整个海洋为舞台，以世界各地的邮轮码头为依托，具有网络化的节点经济特征，是全球价值链下中国经济融入国际分工、参与国际市场的一个典型产业。目前，中国邮轮业的产业链过于狭窄，仍处在港口接待为主的全球价值链最底端，经济效益主要来自邮轮的停靠接待业务、岸上旅游服务以及少数邮轮供应服务，对当地经济的贡献有限，限制了中国邮轮产业链的拓展。

（二）缺乏规划，设施不足，人才匮乏

邮轮旅游产业发展涉及的部门较多（比如旅游、海事、交通、港口、码头、环保、检疫、水务、军务、警务、海关、城建、园林、水利、救助、打捞等），从产业规划、审批、管理到服务，需要建立一个统一的协调机制。目前，我国沿海城市在邮轮港口建设方面存在各自为政的问题，使得“母港竞争白热化”，很容易造成同质竞争和资源浪费。另外，我国缺少符合国际惯例的出入关程序和口岸管理条例，通关速度慢，通关时间较长，一定程度上影响了邮轮服务的质量。

近几年来，北美、欧洲国际邮轮市场开始饱和，邮轮经济东移趋势明显，各承接国纷纷制定适合国情的总体规划。2004 年，印度制定了《国家邮轮旅游总体规划》；2008 年，东盟 10 国联合制定了《东盟邮轮经济协调发展规划》；2010 年，韩国也编制了《大韩民国邮轮产业发展规划》。目前，我国各地邮轮经济仍然处在自由发展阶段，缺乏总体规划和区域协调，很容易造成恶性竞争，并且缺乏专门针对邮轮业发展的制度规范；国家发改委和商务部对邮轮产业的港口、旅游、边防、海关、检疫、航运、造船等相关行业尚未提出专项指导意见和总体规划。

基础设施建设是发展邮轮经济的先决条件之一。尽管我国沿海各地纷纷提出建设邮轮母港的规划，但邮轮母港的建设耗资巨大，需要完备的

邮轮接待和服务设施,然而,国内各港口城市的基础设施仍然不能满足国际邮轮特别是大型邮轮的现实需要。此外,邮轮旅游专业性强,产业链长,仅以邮轮工作人员为例,一艘豪华型邮轮需配备海乘人员1 300～1 700名。区域人才储备是邮轮公司选择总部和管理机构驻扎地考虑的重要因素。邮轮旅游在我国是旅游新业态,还处于起步阶段,快速发展的邮轮旅游产业,对管理和服务人才的需求不断增加,邮轮旅游专业人才匮乏问题已经十分突出。

二、中国邮轮产业发展的主要障碍

(一) 技术运营障碍

据专家介绍,建造大型豪华邮轮的技术难度不亚于航母,在建造方面,我国主要面临技术瓶颈和设计理念两个难题。我国造船业主要集中于标准化船舶(如集装箱船、油轮、散货船)的制造,在高附加值的专门技术性船舶(如豪华邮轮)方面,几乎还是空白。而目前全球运营的近300艘邮轮和未来5年内投入运营的十几艘邮轮基本上为意大利、芬兰、德国和法国四大造船大国所垄断。由于邮轮市场集中在欧美,舱室内部装修设计和审美风格上偏西方化,要求设计人员具有较高艺术和审美水平,如何在设计上透彻理解和传承西方古典文化的底蕴对中国造船业而言是个严峻挑战。此外,建造豪华邮轮是一个综合性工程,需要设计、咨询及其他工程外包公司的合作,在这方面我国公司尚未有成熟的经验。2011年,厦门环球邮轮有限公司协议委托皇家加勒比邮轮设计团队对"中国厦门号"邮轮进行设计并担任建造顾问,委托芬兰德他马林有限公司承担邮轮建造的顾问及监理,最终由厦门船舶重工股份有限公司负责船舶制造;2012年,长航集团船舶重工总公司金陵船厂与澳大利亚矿业巨头克莱夫·帕尔默(Clive Palmer)先生的蓝星航运公司签订了建造豪华邮轮谅解备忘录;如果“中国厦门号”邮轮和“泰坦尼克二号”邮轮建造成功,将为我国造船业向产业多样化和高精尖发展开辟道路,也将打开中国进军国际邮轮市场的大门。

邮轮运营属于资本密集型投资,而且需要国际化运营,服务的是全球市场,对运营管理要求较高。第一,国际邮轮运营业务主要包括海事运营、酒店运营管理、船上项目经营、航线开辟、陆上旅游策划和资本运营等,目前我国缺乏适应邮轮运营所需的高级运营管理人才,亦缺乏邮轮运营实践经验。第二,我国现行的休假制度及其中产阶级的消费状况制约了国际邮轮公司中远程航线的开发,同时航线开辟涉及诸多利益主体,申请和审批存在政策掣肘。第三,国内邮轮企业运营航线主要集中在长江沿岸及沿海的几个港口,提供的服务项目有限,市场难以形成规模。最后,国际邮轮公司在我国运营存在业务自主权的限制,可拓展空间不足。

(二) 邮轮税费障碍

我国在船舶运输及国际邮轮挂靠方面,税种繁多,主要税费包括由海关收取的船舶吨税及由交通部收取的港口规费。首先,从国外购买的或者产于国外的船只若要到国内注册,需缴纳进口关税、进口环节增值税、印花税、船舶吨税等多种税项。1994 年实行新税制以后,我国将船舶进口关税和增值税提升至船价的 27.53%,该税率水平在国际上各海运国家中是绝无仅有的。以一艘造价为 2 250 万美元的 4 万吨级散货船为例,这一税率水平意味着该船 2～3 年间的全部经营收入(不扣除任何成本)。这种税费政策对我国船舶公司在国外建造先进船舶十分不利,加大了船舶企业的成本负担,直接导致我国企业拥有的船舶悬挂“方便旗”,同时也让来中国注册船籍的国际邮轮公司望而却步。

其次，目前中国的港口规费较高，且港口规费税费繁杂，包括引航移泊费、带缆系泊费、船舶港务费、船舶代理费、客运代理费等。据某些邮轮公司反映，停泊费国家规定按小时收取，比如上海港按天收取，如果邮轮实际在港口的停泊时间一般为 12 个小时，按天收取的费用就高出一倍；码头服务费国家规定为 1 美元/人，上海港收取 50 元人民币/人；邮轮停靠一次，上海港收取的费用为 40 万元人民币左右。另据相关人员透露，按照国际惯例，船员的收入不需要纳税，而中国船员的收入却必须缴纳个人所得税，变相增加了企业的成本，使企业不愿意招收中国员工。这种高额繁杂、不甚合理的税费政策不利于吸引国际邮轮，也不利于我国邮轮经济的发展。而且，外轮供应公司往往在邮轮船供方面需额外收取国际邮轮企业采购货品总价 5%的服务费，邮轮企业和协会普遍反映这一不合理的垄断现象，既损害了邮轮企业的利益，又降低了其在国内的采购量。

（三）核查审批障碍

核查审批障碍主要涉及国际邮轮乘客出入关查验程序、国际邮轮多港挂靠审批、营业性演出审批和免税店开设及保税仓库设置审批等方面。邮轮乘客出入境通关速度慢，效率低。目前，我国多数港口城市仍习惯按传统涉外客轮的管理方式办理邮轮入境团体游客通关，在核查程序上不同地区各有差异，证件要求也不完全一致，给邮轮乘客造成了通关上的诸多不便。经过调研创新，在海关、边检和检验检疫等相关部门通力合作下，近年来出入关程序已经得到显著改善，效率明显提升，游客满意度逐渐提高。但落地签、免签的开放度与国际上其他港口还存在着一定差距，对于通关旅客的信息化建设水平还有待加强，要真正实现统一高效的通关手续仍需不断探索求新。

邮轮业务审批环节有待进一步简化。首先，针对国际邮轮在我国多港挂靠的问题，虽然交通部已经出台试行规定，但特案批准的申报手续则较为繁琐复杂，对于无目的地港的公海游仍然采取限制政策。其次，据国务院《营业性演出条例》有关规定，若中国籍邮轮引进国外著名演出项目和演出团体，须经文化部批准；若中国表演团体在外籍邮轮从事演出，须经地方政府审批；由于邮轮在中国港口停靠时间一般短则数小时，长则1～3天，而文艺性演出申报审批周期就长达数周。再次，国际邮轮公司在其长期停靠的邮轮码头申请设置保税仓库，需报经海关总署作为特案严格审批，一般审核周期长，通过几率不大，大大挫伤了国际邮轮公司的投资积极性。

外商投资企业经营业务准入受到严格限制。我国对于开放外商投资豪华邮轮的设计制造、邮轮公司、船舶管理企业、旅行社、船供公司等业务领域较为谨慎，长期以来实行严格业务准入限制。对于外商投资的准入形式如独资、合资、合作及控股权益等均有严格界定。2013年9月，中国(上海)自由贸易试验区总体方案中提到，充分发挥上海的区域优势，利用中资“方便旗”船税收优惠政策，促进符合条件的船舶在上海落户登记；在试验区实行已在天津试点的国际船舶登记政策，简化国际船舶运输经营许可流程，形成高效率的船籍登记制度；允许设立外商独资国际船舶管理企业。在中国(上海)自由贸易试验区服务业扩大开放措施中，也提到允许在试验区内注册的符合条件的中外合资旅行社，从事除中国台湾地区以外的出境旅游业务。虽然准入门槛有所降低，但也都仅限于在试验区内注册的企业。

(四) 金融信贷障碍

目前，我国在保险、信贷和基金领域尚未建立完善的邮轮专项目录，邮轮保险、信贷等具体金融业务开展欠缺制度性指引。在邮轮产业金融支持体系上，并没有从制度层面确立对邮轮公司租、购或自建邮轮的配套金融政策支持。

一方面，组建本土邮轮公司、邮轮船队，邮轮公司必须在租赁、购买或者建造邮轮等方面投入巨额资金。由于我国目前的邮轮市场仍然是由占全球81%市场份额的歌诗达邮轮公司、皇家加勒比邮轮公司及丽星邮轮公司所操控，本土邮轮公司缺乏运营经验，竞争力较弱，对投资邮轮经营获利信心不足，在政府金融配套政策跟不上的前提下，本土企业对投资邮轮旅游经营较为谨慎。同时，国内造船贷款较难，政府未配套补贴和资助，加上17%增值税、进口设备关税、建造周期长、船用设备质量不高等因素影响，船东大量国外融资造船，而贷款融资机构又指定船厂，导致本土造船厂失去了在国际市场上摸爬滚打的机会，同时游离在邮轮制造产业链边缘。

另一方面，金融机构设置了对外支付单笔限额，超过限额需办理相关证明。由于邮轮企业国内代表处没有经营权，一般由海外邮轮公司直接与我国旅行社签订委托销售合同，旅行社需直接将销售票款汇至海外邮轮公司的账户。但单笔汇款等值3万美元以上则需要利用10～20天左右的时间到旅行社所属的税务部门办理《对外支付税务证明》。考虑到旅行社对外汇款的金额多为30～40万美金，权衡利弊后旅行社大多选择每天汇3万美元，避开税务证明的办理，一班邮轮的收入往往要经过10多天才能完全汇出。

（五）人才培养障碍

我国邮轮旅游产业刚起步，人才十分紧缺。邮轮产业发展对人才需求较为旺盛，就业带动性强。邮轮企业经营最关键的就是人才，尤其是懂经营管理、国际司法、多国语言、掌握核心技术以及熟悉邮轮旅游、知晓出入境常识等方面的专业人才。高技术人才和高级经营管理人才既是组建我国本土邮轮公司和船队、设计和制造符合中国特色的豪华邮轮的现实需要，又是我国参与国际邮轮市场竞争的迫切要求。

邮轮产业的发展呼唤与国际接轨的邮轮人才培养体系。虽然经教育部批准，已在中等职业院校和部分高校开设了国际邮轮乘务专业，但因我国对于邮轮产业研究的时间较短，教学和科研能力十分有限，无法在短时间内培养出适应邮轮旅游市场发展需要的复合型人才。而且，根据我国有关规定，所有船员都必须持有海员证。但目前我们海员证的考核办法是不分工种执行统一的标准。邮轮与一般的客运船舶不同，存在着大量服务性的工种，由于海员证的大部分考核科目与其日常工作无关，从而导致邮轮旅游教育培训机构出来的学生上船工作能力差，专业知识缺乏，大大降低了我国公民在国际邮轮劳务市场上的竞争力。因而中国急需引进国外大学和科研机构的专家、学者，吸引境外邮轮经营、管理和技术人才来华工作，并参与我国邮轮专业人才培养，建立与国际接轨的邮轮人才培养体系。

（六）风险管理障碍

邮轮常年航行在宽阔的海域，地震、海啸、火灾、碰撞、海盗、恐怖袭击等事件时有发生，对于乘客、船员和投资成本高的邮轮来说，面临巨大风险。同时，非典、禽流感等传染性疾病在邮轮这个封闭场所也易交叉传染，并难以有效控制，甚至有可能传染到沿海停靠的港口城市。此外，邮轮旅游处于一个相对独立的海上空间，服务员相对固定，乘客的防范心理会放松，邮轮上的财产偷盗问题也时有发生。我国发展邮轮旅游如何保障邮轮、游客和船员安全，已成为不可回避的重要问题。同时，快速发展的邮轮产业会造成对海洋生物、海水及港口空气等方面的环境污染，需借鉴国际经验加强环境影响评价，强化环境规制，保护我国近海、港口和内河生态，实现邮轮经济可持续发展。

对于邮轮旅游发展存在的潜在风险，各港口城市要引起足够重视，合理规划，从长计议。一方面要大力提高海事司法水平，规范海事司法管理，扩大海事审判在国内外的影响力；另一方面，细化我国海洋环境保护规定，建立邮轮排污和安全生产的监管制度；最后还应该发挥行业管理协会在邮轮旅游发展社会规制中的行业指导、标准制定、体系认证以及监督监管等作用，实施完备的风险管理机制。

第六节　中国邮轮产业发展的对策及建议

目前，我国邮轮经济的来源主要体现为邮轮的停靠接待服务、岸上旅游服务及少数的邮轮供应服务，就这些环节而言，邮轮业对当地经济的贡献有限。中国邮轮经济基本上受控制于在境内经营的国际邮轮公司，少数母港还需要逐渐壮大与国际邮轮公司平起平坐对话的实力，成为在中国邮轮经济产业当中具有核心控制力的产业链环节。同时当务之急就是组建发展本土化的邮轮船队，将过去我国简单、粗放经营的邮轮经济发展模式转变为复合式、现代化的邮轮经济发展模式，从而形成中国本土邮轮经济受益于本土邮轮公司的发展态势。

一、继续完善港区配套设施

近年来，邮轮产业的发展呈现出两大明显的趋势。首先邮轮船舶本身越来越趋向大型化，比如嘉年华的 Magic 可以容纳 3 652 个乘客，挪威公司的 Epic 可容纳 4 100 人，皇家加勒比公司的 Allure 和 Oasis of the

Seas 则可容纳 5 400 人。邮轮船舶的大型化对邮轮港口和邮轮码头在泊位长度、岸线水深、离岸空间、安全屏障、码头建筑、乘客集散和工程技术等方面提出了更高的要求。

国际经验告诉我们，邮轮目的地在土地获得和设施建设方面耗资巨大，仅建造一个具有基础接待功能的码头及配套设施就需要投资 1 000 万到 4 000 万美元，而建设和发展一个大型邮轮目的地港口的投资更为巨大，比如 2011 年 3 月投入使用的牙买加的 Falmouth 港，初期总投资为 2.1 亿美元之多。可以说，邮轮目的地是发展邮轮产业、深化邮轮经济的关键所在，必须重视邮轮旅游目的地建设和开发。在正式建设之前，需要进行广泛的调研和分析。比如详细的地形和海洋测绘，总体规划和建筑布局，周详的地理和空间分析，海岸线工程分析，环境影响分析，政策法规可行性分析，码头选择和工程分析，财政和经济效益分析，等等。

二、降低港口税费，提高监管水平

（一）适当降低港口税费，努力吸引邮轮挂靠

邮轮中心的建立应首先取决于邮轮公司的选择。只有依靠众多的邮轮停靠与密集的邮轮航线设置，才能实现邮轮港口的产业聚集。目前，邮轮运营中涉及的税费包括由海关收取的船舶吨税、由交通部收取的港口规费（包括引航移泊费、带缆系泊费、船舶港务费、船舶代理费、客运代理费等），项目过多、收费偏高，不利于吸引国际邮轮挂靠。因此，应从国家层面实行统一的邮轮税费制度，规范并清理不合理的税费收缴行为，同时对以本港口为母港、长期停靠的邮轮以及航次多、到客量大的邮轮公司给予税费优惠。同时对经营邮轮码头的港口企业给予税收优惠，从而提高港口的服务水平。

（二）提高港口监管水平，凸显便利性与人性化

在港口通过方面，海关、国家口岸检查等机构按照国际惯例接送邮轮乘客，在全面推广随船办理、登轮办理、信息提前录入、统一发放登轮证、72 小时内乘坐邮轮入境和出境的旅客实现免签证等系列通关措施之外，重视监管的便利性和人性化。按照美国海关 CBP 的经验，工作人员就近在码头停靠点设立监管点，“零距离”贴近监管对象，为邮轮和游客最大程度提供方便。一般情况下不登船实施检查。海关、检疫等监管功能合并执行，简便快捷，使得监管手续与邮轮安检程序无缝衔接，全部监管程序一个流程走完，真正实现“一站式”、一次性通关。

三、拓宽邮轮产业链

如何有效嵌入邮轮产业全球价值链并向高附加值的战略环节攀升，最终实现产业优化和升级，将是“十二五”期间发展邮轮经济的首要问题。组建和发展本土化的邮轮船队，通过提高设计和建造技术步入邮轮船舶制造业，可能成为中国邮轮产业打通产业链的机会。中国在相当长的时期里仍然缺乏邮轮船舶设计和建造、邮轮在港运作、票务代理、航线开发、市场培育、渠道协作和人员培训等方面的经验。我们必须充分认识世界邮轮产业高浓度竞争的特点，统筹兼顾，循序渐进，合理配置资源，首先以“点—轴”结合和区域合作的方式大力发展邮轮港口接待业，加大邮轮旅游市场的培育力度，努力开拓本土客源市场，并在此基础上学习国外邮轮产业主体的经营策略和人才战略，努力拓展高附加值的战略环节，打造宽幅产业链，最终以区域集群的方式嵌入全球价值链，积极参与邮轮产业的国际分工。

（一）打造邮轮设计与制造企业

比如，作为中国邮轮产业发展的先头力量，上海可依托自贸区负面清

单，打造邮轮设计与制造企业。豪华邮轮作为一种高附加值船型，其研发和建造技术长期以来只集中在少数几家欧洲大船厂手中，没有设计与建造经验的造船企业很难准确判断邮轮研发与建造的难度。《国家发展改革委关于促进我国邮轮业发展的指导意见》提出，要“利用我国在船舶设计及建造方面形成的良好基础，坚持技术引进、合作和自主创新相结合，加大资金和技术力量投入，建立技术及人才储备，积极开展邮轮设计理念及外观、舱室艺术设计等关键技术研究，逐步形成我国邮轮设计和建造能力”。

2013年9月中国（上海）自由贸易试验区作为制度创新的重大改革举措，吸引了全球的眼光，同时也为上海提供了一个深化邮轮经济的平台。随后公布的《中国（上海）自由贸易试验区外商投资准入特别管理措施（负面清单）（2013年）》（以下简称《负面清单》）列明了上海自由贸易试验区内对外商投资项目和设立外商投资企业采取的与国民待遇等不符的准入措施。在邮轮设计与制造方面，《负面清单》指出“在船舶及相关装置制造领域，投资豪华邮轮的设计，船舶低、中速柴油机及其零部件的设计，游艇的设计与制造须合资、合作；投资船舶低、中速柴油机及曲轴的制造须中方控股；投资船舶舱室机械的设计与制造须中方相对控股；限制投资船舶（含分段）的设计与制造（中方控股）”。

由于邮轮制造与散货船、集装箱、油轮等贸易船舶不同，功能要求更加广泛，因此，其设计制造环节对企业的考验更为严峻。目前中国在设计工艺、装潢、邮轮文化理解等方面还无法满足国际邮轮市场的需要。因此，在邮轮产业方面，可以依托上海自由贸易“试验区”与中国邮轮旅游发展“实验区”的设立原则，出台相关政策鼓励国际邮轮设计与制造企业与国内企业在上海自由贸易区内注册成立合资或合作的邮轮制造企业，专门从事邮轮设计工作。

自邮轮告别“交通型”转入“旅游休闲型”以来，造船模式也随之发生了很大的变化。几十年前，船厂负责邮轮建造的所有工程项目，包括设计、建造、装潢等。如今，邮轮建造正在转向把内装设计、舱室模块制造、装饰装修等分解到不同企业的新兴模式。也就是说，船厂基本上是“造壳”，船厂只是提供一个空间，提供生产的基本条件如水、电、气等，让众多专业公司分工负责，靠合同协调，共同完成这项系统工程。因此，对除列明限制措施以外的外商投资(邮轮制造)，取消股比限制(邮轮设计)、经营范围限制、投资者资质限制以及相互合作限制等准入条件。比如，按照国际邮轮制造的新趋势，可以鼓励具有合资性质的邮轮设计公司与邮轮制造企业同时参与邮轮船舶制造业务。目的是吸收世界邮轮设计、建造、管理的先进科学技术，积极创造建造邮轮的机遇。

(二) 打造本土邮轮公司

国际经验表明，要组建一只高效运行的邮轮船队，必须符合三大条件:第一，要有符合船龄和挂旗要求的邮轮。第二，需要有邮轮管理团队，包括旅游管理、酒店管理、娱乐管理三部分。第三，需要有岸上销售体系、邮轮供给和物流供应体系。

目前邮轮公司组建船队可以通过购买新船、引入旧船和建造新船三种方式完成。由于船舶建造周期较长，在本土邮轮公司船舶引入方面本土邮轮公司可采用购买新船和购买二手的方式。然而在买船方面，本土邮轮公司面临两大限制:一是邮轮引入税费过高。比如 10 亿元人民币购买一艘邮轮，船东需要交纳的关税、增值税等就高达 2.5 亿元。税费成本过高，加大本土邮轮公司的经营难度，难以与国际邮轮竞争。二是中国目前的政策规定，如果是买二手船，只能买 10 年以内船龄的，而将对货船、商船船龄规定延伸到邮轮则不太符合实际。因为邮轮船舶的青壮年期一般在下水后的第5年到第25年,此时状态最好,邮轮公司通常不会卖掉的。如果沿用货船和商船的规定将影响本土邮轮公司买卖船的交易。为此,可以就以上限制出台相关政策降低本土邮轮公司的船舶引入门槛,包括降低新船购买税费、降低旧船引入年限限制或通过专项财政支持降低企业溢价购买成本。比如,对租船、买船的给予低息贷款或者贴息,订制中型以上新型邮轮的给予税收优惠或财政性补贴;按照美国 Capital Construction Fund(CCF)经验,鼓励本土邮轮公司购买和租用在中国境内建造的邮轮,并在融资方面给与专项财政支持,甚至出台政策鼓励邮轮公司悬挂五星红旗。

在本土邮轮公司注册方面,有条件的地区(比如天津和上海)可率先启动国际船舶登记制度试点,采用更开放的船舶登记制度,有选择地放宽登记主体条件、股权结构、所购船龄、船员配比(比如,邮轮公司船员必须是70%以上的中国船员等)、经营项目(比如,演出演艺项目)等准入条件,完善船员配备、登记种类、登记收费、船舶航行区域等登记内容,力争突破《关于加强国际海上旅客运输市场准入管理的公告》中部分准入限制。比如,简化邮轮多点挂靠审批程序、放宽对船龄超过30年的邮轮进出中国港口的限制、经营者应当至少拥有一艘国际航行船舶的限制等。此外,对在自贸区设立的本土邮轮公司最大力度给予税收免征政策,特别是在本土邮轮公司购买邮轮时减免进口税、增值税、船舶吨税、港口规费(包括引航移泊费、带缆系泊费、船舶港务费、船舶代理费、客运代理费)等,最大限度降低本土邮轮公司的运营成本等。

(三)完善船供服务体系

在邮轮船供方面,各地要继续开放国际船供市场,进一步扩大国际邮轮船供海关备案制试点范围,允许所有符合条件的船供企业在海关备案后，从事外轮船供业务。国际邮轮对食品品质及保鲜需求很高，需要进出口手续快捷、运输便利，要增强港口、海关、商检、商务、交通等行业主管部门的工作合力，形成相互合作、紧密衔接的监管链工作机制，建立政府部门与港区联合监管机制。对此要出台政策鼓励船供企业注册在自由贸易试(点)验区，可享受国家出口退税政策，并对部分邮轮物资(如高档烟酒等)给予免税政策；允许国际邮轮公司在长期停靠的邮轮码头附近设立邮轮专用保税仓库，用于存放本公司邮轮使用的物品，并给予保税物流中心的各项政策。

四、注重港口合作及腹地联动

从当前中国邮轮产业的发展阶段来看，邮轮港口/码头及配套设施的设计和规划是重中之重。专用邮轮码头的建设不仅耗资巨大，而且占用岸线资源，在我国邮轮经济的起步阶段，过多专用邮轮码头，特别是多功能港口和码头的建设会造成资源浪费和同质竞争。目前我国邮轮产业发展还存在若干有待解决的关键问题，比如大多数港口城市的腹地客源不足、旅客集散不便、通过能力不强、邮轮维修服务不完善、商品供应能力较低、母港班次较少、缺少国际邮轮公司总部、母港布局和口岸管理不到位、港口之间重竞争轻合作以及产业发展路径不明确等。近年来，众多港口城市都将邮轮母港建设作为大工程来抓，但必须清醒地认识到我国大部分邮轮港口在短时间内不具备发展成为邮轮母港的条件。循序渐进，统筹兼备，区域合作和注重邮轮目的地开发才是现阶段中国发展邮轮产业的合理路径。

此外，邮轮市场越来越倾斜于具有独特历史人文景观以及丰富的旅游资源和岸上休闲娱乐活动的地区。因此，港口城市一方面应该重视邮轮港口配套设施的建设和服务能力的提升；另一方面应该注重"港口—腹地”型邮轮目的地的建设和规划，将发展眼光从邮轮港口转变到邮轮目的地上来。

五、引入跨国培训机构，加强人才队伍建设

邮轮旅游产业横跨远洋航行、国际旅游、酒店管理等多个领域，工作范围涉及航运、酒店、管理、旅游、市场、服务等业务，对邮轮旅游业务操作、市场营销等专业人才需求很大，然而我国目前此类复合型人才严重短缺，亟须加强邮轮旅游专业人才的教育培养、培训提高。为此，可以鼓励国际邮轮公司或境外培训机构与我国高校和高职院校开展产学研合作，开设邮轮旅游专业，采取直接培养、培训提高等各种方式，培养邮轮旅游专业人才；同时，吸引境外邮轮公司高管、技术研发、邮轮经纪、邮轮保险、邮轮金融、海事仲裁等专业人员来华工作。

小　结

随着全球邮轮市场的倾斜，中国邮轮产业将会在十二五规划期间正式跨入快速发展期，既拥有前所未有的产业发展机遇，也面临巨大的挑战。目前中国邮轮产业仍然处在以港口接待为主的初级阶段，邮轮港口及配套设施的设计和规划是重中之重。但专用邮轮码头建设不仅耗资巨大，而且占用岸线资源。在我国邮轮经济的起步阶段，过多专用邮轮码头和多功能港口的建设会造成资源浪费。近年来，沿海港口城市都将母港建设作为大工程来抓，造成“母港之争”、“以港论港”和“重竞争轻合作”等问题，成为制约中国邮轮产业发展的主要障碍。

正如上海国际航运研究中心邮轮经济研究所副所长程爵浩所说：“邮轮母港规划热这一现象很可能导致后续经营中为吸引邮轮公司入驻而形

成港口城市之间的激烈竞争，因此很有必要从全国层面对邮轮港口建设进行统筹规划。”从当前形势来看，我国大部分港口在短时间内不具备发展成为邮轮母港的条件。循序渐进，统筹兼备，区域合作和注重邮轮目的地开发才是现阶段中国发展邮轮产业的合理路径。

世界邮轮产业的发展经验告诉我们，邮轮目的地建设是发展邮轮产业、深化邮轮经济的关键所在，必须重视邮轮旅游目的地建设和开发。因此，港口城市一方面应该重视邮轮港口配套设施的建设和服务能力的提升，从竞争走向合作；另一方面更应该注重邮轮港口腹地的建设和规划，将发展眼光从邮轮港口转变到邮轮目的地上来，将经济效益从港口接待扩展到腹地旅游服务上来，通过发展邮轮旅游，切实推动旅游目的地建设。

此外，组建本土邮轮公司和建造豪华邮轮可能是中国打造邮轮产业宽幅产业链的重要切入点。然而邮轮经营和邮轮制造属于高门槛行业，而且竞争非常激烈，目前我国在短时间仍然没有充足的经验和技术。中国可以首先在邮轮接待中学习国际经验，以产业集群的形式嵌入邮轮产业全球价值链和参与国际竞争，并努力向高附加值的战略环节攀升攀升，最终实现产业结构的调整、升级和优化。

第二篇

邮轮产业及邮轮经济的微观分析：基于邮轮公司的视角

第八章　邮轮收益管理的需求预测与估计

对于邮轮公司来说，要想最大化自身收益，决定性前提条件便是精确的需求预测与估计。在邮轮收益管理中，做好需求预测和估计是成功实施存量分配和定价策略等前提。本章首先对收益管理预测进行了综述，介绍了邮轮收益管理需求预测的符号和精度度量方面的内容。其次介绍了航空收益管理、酒店收益管理预测的现状和方法，比较了邮轮收益管理预测与酒店收益管理预测的异同，并主要介绍了十种最基础的收益管理预测方法。然后系统地讨论和分析了邮轮需求预测的数据来源、数据整理、数据矩阵类型以及数据实例，并比较了基础预测方法和组合预测方法在邮轮需求预测方面的效果。最后，对邮轮舱位水平总需求的分布规律进行了识别，研究表明正态分布和伽玛分布能较好地拟合实际数据。

第一节　收益管理预测理论概述

一、收益管理需求预测的作用

需求预测是收益管理中的基础部分，是其他收益管理模块的基石，超订、存量控制和定价等决策都是在需求预测的基础上开展的。高质量的定价、存量控制等需求管理决策都依赖于精确的预测。收益管理预测给系统设计者带来了不少挑战。一方面，大量的编程工作涉及到收集和处理数据使其转变成符合预测模型要求的数据。大量处理后的数据是从多渠道收集而来，或者是实时的数据，或者是前一晚批量的数据。数据结构有完全(Completed)数据，也有部分(Partial)数据。数据库的设计是一个很重要的问题，因为在大范围应用时，大量数据被调入，更新。数据备份占据了更多的时间。

预测在收益管理中的作用不仅仅是基础和前提，还是一种承上启下的作用。在典型的定量为基础的收益管理系统中(如图 8-1 所示)，预测模

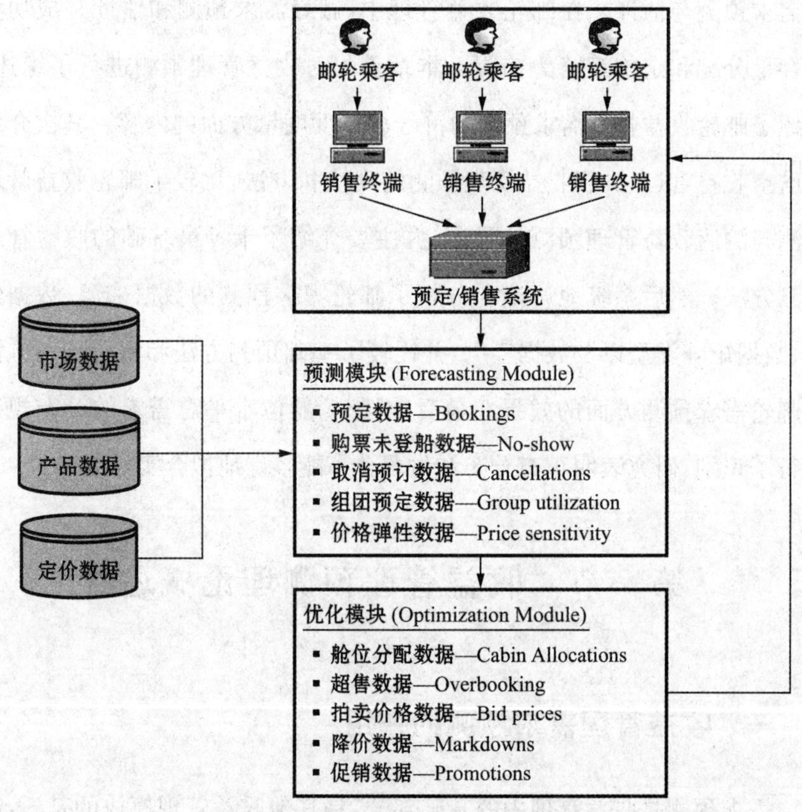

图 8-1　预测模块在收益管理中的作用

Fig. 8-1　Forecasting Module in Revenue Management System

块将输出结果输入最优化模型来制定存量分配(Allocations)、拍卖价格(Bid Prices)、超售(Overbooking)、减价(Markdowns)、促销(Promotions)等决策。预测模块的输入则来自于预订数据库的历史数据和现时预订的实时数据,包括预订数据、No-show 数据、取消预订数据、团体预订数据以及价格敏感度数据等。此外,市场信息、产品信息以及价格信息也是预测模块的重要输入数据。

二、收益管理需求预测文献

收益管理预测包括需求预测(Demand forecasting)、存量预测(Capacity forecasting)、价格预测(Price forecasting)以及收益预测(Revenue forecasting)。需求预测问题包含了3个不同的层次:针对航线的宏观市场预测(Macro-level forecasting)、针对旅客行为的预测(Passenger choice modeling)和针对具体舱位等级需求的微观预测(Micro-level forecasting)。总体上来说,预测方法可以分为三类:定性法(Qualitative)、定量法(Quantitative)和决策分析法(Decision analysis)(Wickham,1995)。

定性预测通常指主观判断预测和专家预测,是那些利用判断、直觉、调查或比较分析对未来做出定性估计的方法。影响预测的相关信息通常是非量化的、模糊的、主观的。该方法是基于专家的知识、经验和分析判断能力,在历史和现实有关资料综合分析基础上,对未来市场变动趋势做出预见和判断的方法。具体包括专家会议法、头脑风暴法和 Delphi 预测法等。历史数据或者没有、或者与当前的预测相关程度很低。在进行宏观市场预测时,通常定性法是唯一的方法。此外,中期到长期的预测更多选用此方法。

定量预测方法的复杂程度不同,产生预测方法的逻辑基础不同。定量方法通常分为时间序列(Time-series)分析和因果方法(Causal methods),

前者的特点使得数学和统计模型成为主要的预测工具，包括移动平均、趋势投影法等；后者的基本前提就是预测变量的水平取决于其他相关变量的水平，包括回归分析(Regression)、计量经济(Econometrics)、贝叶斯(Bayesian)预测以及模拟(Simulation)预测等。决策分析法包括市场研究法(Marketing research)、系统动力法(System dynamics)、启发式(Heuristic)以及概率(Probabilistic)预测法。

在实际操作中，大多数收益管理系统使用定量预测模型，其中分为三类：Historical booking models、Advanced booking models 和 Combined models(为了方便读者查阅文献，在此用英文名称)。Historical booking models 只考虑最终预订数量，例如在进行邮轮需求预测时，只考虑在特定预订时间内有多少需求；Advanced booking models 则考虑预订数量随时间的增量，比如，下一周或者未来有多少需求到达。Combined models 往往采用加权的方法对前两种模型进行组合。

从目前的文献来看，收益管理预测的研究现状是：①在收益管理的应用中，缺少一些新的预测方法；②使用的预测算法，大多数不是特别复杂。在收益管理的预测中，人们把大量的精力都投入到了数据的准备和数据的处理(预测前的准备工作)等问题上了；③对于多种预测方法的选择问题，一般采用多种预测算法进行分别预测、比较其结果，或者提供一些选择不同预测方法的依据，或者对不同的预测方法进行组合。在预测的过程中，除了方法选择，还要考虑许多重要的因素，包括需要预测什么，在什么层次水平上预测，考虑多少个周期，应用什么数据，在什么水平上考虑精度度量，考虑什么样的外部因素以及如何权衡约束性和非约束性需求等。

关于收益管理预测，大多数文献都是关于航空业的(Littlewood，1972；Wickham，1995；Weatherford，1998；Zickus，1998；etc.)。在方法比较与

选择方面，Wickham(1995)基于航空预订数据研究和比较了多种方法，并且发现增量预测法能取得较好的结果。Weatherford(1998)比较了加法、乘法以及回归预测法，研究表明加法和回归预测比乘法预测更有效。此外，在航空业中，Zickus(1998)的研究发现非约束需求预测方法对收益有一定的影响。值得一提的是，在收益管理预测的研究文献中，很大一部分是硕士和博士论文。这些硕博论文中，作者们从不同的侧面详细介绍了收益管理预测的基本方法和步骤。为了有助于研究者和实践者查找这些论文，本章对其进行了简单整理，并列于表 8-1 中。

表 8-1　收益管理预测的硕博论文

Tab. 8-1　Thesis on Revenue Management Forecasting

硕博论文	题　目
Sa (1987)	Reservation forecasting in airline yield management
Owenlee (1990)	Airline reservations forecasting：probabilistic and statistical models of the booking process
Lee (1990)	Airline Reservations Forecasting：Probabilistic and Statistical Models of the Booking Process
Wickham (1995)	Evaluation of Forecasting Techniques for Short-term Demand of Air Transportation
Zickus (1996)	Forecasting for Airline Network Revenue Management：Revenue and Competitive Impacts
Skwarek (1996)	Competitive impacts of yield management system components：forecasting and sell-up models
Gorin (2000)	Airline revenue management：sell-up and forecasting algorithms
Zeni (2001)	Improved forecast accuracy in revenue management by estimating unconstrained demand from censored data
Reyes (2006)	Hybrid forecasting for airline yield management in semirestricted fare structures

在酒店收益管理预测方面，Weatherford et al. (2001)讨论了酒店房间的需求预测问题，并分析了聚集方法(Aggregated approach)和分散方

法(disaggregated approach)的效果。作者指出,预测酒店的需求应该从价格等级和顾客停留时间上考虑。此外,与本章相关的文献还有Weatherford and Kimes(2003)和Chen and Kachani(2007)。两者都讨论了酒店收益管理预测方法的选择问题。

Weatherford和Kimes(2003)基于来自Choice Hotels和Marriott Hotels旗下酒店房间的预订数据,比较了多种预测方法的效果。作者提出了一种两阶段的研究框架。在第一个阶段,以Choice Hotels旗下4个酒店的较少预订数据为基础进行了初期研究。在第二个阶段,以Marriott Hotels旗下2个酒店的大量预订数据为基础,进行更为详细和深入的比较研究。以Mean Absolute Error(MAE)为预测的精度度量标准来确定最稳定和最精确的方法。通过比较,作者推荐以下5种较好的方法:Exponential smoothing、Pickup、Moving average、Holts method以及Linear regression。详细的比较结果参见表8-2。注意,表中预测方法的"*"号越多,方法越精确。

表8-2 酒店收益管理的预测比较

Tab. 8-2 Selection of Forecasting Methods for Hotel Revenue Management

预测方法	Weatherford (2003)	预测效果	Chen (2007)	预测效果
增量法 Pickup	X	****	X	不够好
线性回归法 Linear regression (LR)	X	*	X	最差
指数平滑法 Exponential smoothing (ES)	X	*****	X	*****
移动平均法 Moving average	X	***		
对数线性回归法 Logarithmic LR	X			

（续表）

预测方法	Weatherford (2003)	预测效果	Chen (2007)	预测效果
乘法增量法 Multiplicative method	X			
先进增量-指数平滑组合法 Advanced pickup and ES			X	****
Holt 双指数平滑法 Holt's double ES	X	**	X	

此外，Chen 和 Kachani（2007）也用类似的方法对酒店收益管理预测进行了研究。作者基于酒店的实际数据，利用多种预测方法进行预测，并分析和比较了各种方法的预测精度。研究表明，Linear regression（LR）方法得到最差的精度；组合优化方法能取得较好的结果。进而基于预测结果，作者建立了一种网络流（Network flow）模型研究了酒店存量分配问题。从预测和收益优化来看，简单指数平滑法（ES）是最稳健的方法，其次是组合预测方法，LR 仍然取得最差的效果，具体见表 8-2。

从上文的分析可以看出，这两篇文献采用类似的结构对酒店收益管理预测问题进行了研究。虽然在预测方法选择和预测结果方面不完全相同，但很接近。从表 8-2 我们可以注意到，这两篇文献都用到了 Linear regression 方法、不同版本的 Pickup 方法以及不同参数的 Exponential smoothing 方法。两者都表明，Exponential smoothing 是较为稳健和精确的方法；Linear regression 取得不够理想的结果；关于 Pickup 方法，两者的结论不尽相同；此外，组合预测方法是两篇文献都推荐的。

事实上，从上文的分析可以发现，关于酒店收益管理预测，就特定的问题来说，很难找到所谓的“最优方法”。一种可行的思路是，将众多不同的预测方法应用到实际的历史数据上，比较这些方法优劣。因此，类似地,对于邮轮收益管理来说,同样可以基于历史数据,采用这种框架对邮轮预订需求进行预测。此外,除了方法选择,同样要考虑数据类型、预测水平、预测周期、精度度量以及其他外部因素,比如假期、特殊事件等。

除了以上要考虑的因素,另一个值得关注的问题是,如何从约束(Constrained)性观测数据中得到非约束的需求(Unconstrained),即如何挖掘潜在需求。因为传统的收入管理预定系统只记载实际发生的预定数据,不考虑已经到来的但没有被满足的需求。未被满足的需求通常与价格和库存有关,这部分需求对收入管理结果的准确度有很大影响。如何把预订系统中被截掉的需求修复,是收入管理预测中特有的难题。

在基于存量的预订数据库中,历史数据总是被固定存量和各个票价或者舱位等级的预订限制所约束。一旦邮轮某等级停止销售或所有的存量销售完毕,预订系统就在这点停止观测需求,因为大多数的预订系统只记录实际的预订而不记录"试图预订(Attempted bookings)"。忽略了这一方面,会引起相当大的预测偏差。类似地,这种限制性观测也会发生在定价基础的收入管理中。当销售额(和滞销)不能直接观察到时,这样要获得消费者购买行为的完全信息就比较困难。例如,如果一个消费者由于在零售商店一些选择无法得到而决定不购买,这一信息常常不记录。如果数据不能对损失信息做出正确解释,那么忽略这些流失需求,可能导致很大的预测偏差。

因此,为了克服这方面的缺点,需要用到一些"Unconstraining"方法从截断 Truncated)或者删节(Censored)需求数据中估计出真实的、无约束的需求。值得庆幸的是,目前,在收入管理中有几种有效的方法可以用来估计无约束需求,主要包括期望最大化法(Expectation maximization, EM)、投影截尾法(Projection detruncation, PD)、预定曲线法(Booking curve detruncation)、增量截断法(Pickup detruncation)以及参数回归方法。在这个问题上，Weatherford and Polt（2002）以及 Zeni（2001）基于模拟和实际航空预订数据，讨论和比较了多种“Unconstraining”方法。研究结果表明，期望最大化法和投影截尾法能取得较好的结果。此外，Crystal et al（2007）也分析和讨论了众多方法，并且提出了一种利用双指数平滑（Double exponential smoothing，DES）或者Holt's method去解决非约束需求预测问题。通过与其他方法的比较发现，EM 和 DES 方法比其他方法更有效。

需求的非约束化不仅可以通过数学模型来实现，也可以通过“被拒绝的预订数据（Reservation denial data）”达到。在汽车租赁行业，Zhu（2006）通过租赁公司记录的被拒绝数据（Denials 或者 Turndowns）提出了一种分解方法来估计公司的潜在需求。研究结果表明，拒绝数据在估计潜在需求方面具有重要价值。在酒店业中，大多数酒店数据被诸如价格控制、预订限制以及固定存量等因素截断，很难获得实际的非约束需求。Liu et al（2002）基于最大似然估计方法，利用参数回归模型从阶段数据中估计出非约束性需求。

在邮轮业中，目前还没有发现任何文献研究如何从约束性数据中挖掘邮轮的潜在或者真实的预订需求。在实际的邮轮运营中，虽然邮轮上的舱位有双床铺（Double-berth）、三床铺（Triple-berth）以及多床铺舱位，但大部分都是双床铺的舱位。这是因为，邮轮旅游的需求大部分双床铺需求。邮轮公司往往通过将多床铺舱位的存量转移给双床铺舱位，从而在一定程度上对需求进行了非约束化。例如，当一个双床铺需求到达并且双床铺的存量已经全部卖出，邮轮公司会推荐和鼓励游客通过升舱购买多床铺的舱位。大部分游客乐于花费一样多，有时是更多一点的钱享受更高的巡游待遇。最后，邮轮公司通过升舱销售在一定程度上对需求进行了非约束化。

在实施邮轮收益管理预测之前，一个很重要的工作是识别邮轮需求预测与酒店预测的不同。虽然，邮轮与酒店有类似的收益管理行业特征，但确实有很多不同之处。邮轮仅仅是漂浮的酒店，还是与漂浮的酒店有很大的不同？仅从预测方面来说，它们的异同就值得详细讨论。在酒店收益管理预测中，数据具有两维的特性：预订数量和消费时间期限，也就是说，什么时候顾客需求到达，预订以后这个顾客要停留多久。

在邮轮业中，游客要在船上体验相同的时间，也就是不存在消费的时间期限。由于邮轮往往从一个季节驶入另一个季节，与酒店相比，数据具有较弱的季节性(Seasonality)。在酒店业中，需求预测在房间等级、价格等级以及消费的时间期限三个层面上考虑；在邮轮业中，需求预测仅仅需要考虑价格等级和舱位类型，不需要考虑消费的时间期限。此外，邮轮的预订周期很长，通常是提前一年，在进行实时动态预测每一个时间点的需求时比酒店要难，因为数据离散性较大。另外，在实际预测中，酒店关注的是某一周的某一天，即以天作为预测单位。例如，对周一的需求预测是基于其他周的周一做出的。因为较长的预订周期，在邮轮业中的预测通常以周为单位。例如，对本次巡游某一周的需求预测是基于前期巡游在这一周获得的数据展开的。

第二节　邮轮需求预测的符号及数据描述

在实际的邮轮收益管理预订系统中，预订每时每刻都在发生，整个预订周期有52周，每两周就有一次航行。在特定的观测点上，企业关心的是未来航次的需求。在这种情况下，收益管理面临的是一种非完整的矩阵数据，需求预测是真正基于未来的，而不是也不可能预测完整的需求曲线。本节将主要介绍邮轮收益管理需求预测中用到的符号和数据。

一、需求预测符号说明

以下是邮轮收益管理预测的基本符号说明,具体关系参见表 8-3。在以后的章节中,如有新的定义,将做新的说明。

表 8-3　邮轮收益管理预测的符号说明

Tab. 8-3　Forecasting Notations for Cruise Line Revenue Management

符　号	启航航次					未来航次		
邮轮航次	1	2	…	$i-1$	i	…	n	$n+1,\cdots$
历史数据	$X_0^k(1)$	$X_0^k(2)$	…	$X_0^k(i-1)$	$X_0^k(i)$	…	$X_0^k(n)$	$X_0^k(n+1),\cdots$
预测数据	$F_0^k(1)$	$F_0^k(2)$	…	$F_0^k(i-1)$	$F_0^k(i)$	…	$F_0^k(n)$	$F_0^k(n+1),\cdots$
预测误差	$e_0^k(1)$	$e_0^k(2)$	…	$e_0^k(i-1)$	$e_0^k(i)$	…	$e_0^k(n)$	$e_0^k(n+1),\cdots$

- $X_t^k(i)$:航次 i 在启航之前第 t 周舱位 k 的累积需求;
- $F_t^k(i)$:航次 i 在启航之前 t 第周舱位 k 的累积需求预测;
- $X_0^k(i)$:航次 i 在启航时舱位 k 的总需求;
- $F_0^k(i)$:航次 i 在启航时舱位 k 的总需求预测;
- $e_0^k(i)=X_0^k(i)-F_0^k(i)$:预测误差;
- $t=52,51,50,\cdots,2,1,0$:邮轮启航前需求预订周数;
- $i=1,2,3,\cdots,m$:邮轮启航次数(航次);
- $k=1,2,3,\cdots,6$:邮轮的舱位类型编码。

在邮轮收益管理预测方法的选择过程中,必须基于一定的精度度量方法选择精度最高的方法。在预测理论中,可以使用多种方法判断预测的优劣。基于邮轮收益管理的符号说明,本章对这些方法进行了总结和整理,参见表 8-4。不管是预测每周内的需求还是预测邮轮的总需求都可以用表中的方法衡量预测精度,得到的数值越小,说明该方法预测的精度越高。

表 8-4 邮轮收益管理预测的精度度量

Tab. 8-4 Forecasting Accuracy Measurements for Cruise Line Revenue Management

精度度量方法	计算公式
平均误差 Mean Error	$ME_0^k = \frac{\sum_{i=l+1}^{n} e_0^k(i)}{n-l}$
平均绝对离差 Mean Absolute Deviation	$MAD_0^k = \frac{\sum_{i=l+1}^{n} \mid e_0^k(i) \mid}{n-l}$
均方根误差 Root of Mean Squared Error	$RMSE_0^k = \sqrt{\frac{\sum_{i=l+1}^{n} [e_0^k(i)]^2}{n-l}}$
百分比误差 Percentage Error	$PE_0^k(i) = \frac{F_0^k(i)-X_0^k(i)}{X_0^k(i)} 100\%$
平均绝对百分误差 Mean Absolute Percentage Error	$MAPE_0^k = \frac{\sum_{i=l+1}^{n} \mid PE_0^k(i) \mid}{n-l}$
泰尔不等系数 Theil's inequality coefficient	$U^2 = \frac{\frac{1}{n}\sum_{i=1}^{n}[F_0^k(i) - X_0^k(i)]^2}{\frac{1}{n}\sum_{i=1}^{n}[X_0^k(i)]^2}$

MAD是预测问题中用得最多的精度度量方法。MSE、RMSE以及Theil's通过对误差进行平方放大误差的作用。MPE和MAPE以误差对原始数据的百分比来衡量预测方法的效果。MPE和MAPE一个很大问题是在预测特定时间点上的需求时，可能因为需求为零而使得该方法无效。从以前的文献来看，Weatherford and Kimes(2003)使用MAD或者MAE，而Chen and Kachani(2007)推荐Theil's的精度度量方法。

需要说明的是，以上符号是基于增量(Incremental)数据矩阵而言的，增量数据矩阵是指矩阵中的数据是单位时间(比如周)内的预订数量。除了增量数据矩阵，还有累积(Cumulative)数据矩阵，其中单位时间(比如周)内的数据不是本单位时间内的预订需求，而是从预订周期开始到该时间点上的总预订需求。无论采用哪种数据矩阵，基本的符号表示方法是相同的。

二、数据处理过程

（一）数据的作用

定量预测往往基于历史数据对未来需求进行估计。预测工作一般可以划分为以下几个步骤：

（1）确定预测的目的。

（2）确定预测的因素。

（3）搜集整理资料。

（4）选择适当的预测方法。

（5）建立预测模型。

（6）进行预测。

（7）计算预测误差。

（8）预测结果比较。

（9）预测结果运用。

数据的收集、分类、筛选、整理是预测最重要的前提。收益管理预测给系统设计者带来了不少挑战。大量处理后的数据是从多渠道收集而来，或者是实时的数据，或者是前一晚批量的数据。预测要以庞大的数据存储量为基础，需要进行细致的数据挑选。

（二）数据的收集

不了解过去，无从预测未来，对邮轮收益管理预测正是以过去和现在的需求信息为基础的。需要收集哪些历史数据，如何收集，以及怎样判断哪些历史数据有效，是科学预测的第一步。

（三）数据的细分

用于预测的历史数据与要预测的需求必须密切相关，且范围越接近的数据往往越能提供有力的预测依据。这就需要对所收集的历史数据进行分类。如果我们能把数据分得足够细，就能得到很准确的预测。但是这通常是不可能的，因为在极小的数据分组中往往得不到足够的数据量，反而无法得出预测结果。因此我们必须进行权衡，应该如何对数据进行合理的细分，既能使预测结果准确，又保证有足够的数据量。

（四）数据的筛选

由于受某些人为的、外部的、季节的以及事件的影响，邮轮收益管理系统数据库中记录的数据可能存在异常现象或者一些不满足预测要求的数据。这些错误或异常的数据对于预测未来情况的趋势并没有指导意义，如果它们参与预测，会影响正常的预测，导致预测发生偏离，因此在预测时应该对这类数据予以排除。筛选数据也是准确预测的保证。比如，邮轮预订存在一些团体预订（三人以上的预订），如果要预测邮轮的个人预订，就必须删除某些团体预订较多的航次。

（五）数据的整理

数据整理是从邮轮预订的大量记录中按照一定的标准或水平将数据进行统计和整理，以便得到与需求预测最吻合的数据集合。这些标准或水平往往包括按照一定舱位、一定的票价等级、一定的预订时间等对数据进行整理和归类。例如，将某一航次每个观测时间点的需求进行整理，或者将不同舱位不同观测点的需求进行整理等。数据是预测的血液，预测要以庞大的数据存储量为基础。在预测开始之前，需要进行细致的数据收集、数据筛选、数据细分以及数据整理，才能满足特定问题和特定预测方法的需要。

三、数据说明

（一）数据来源

在收益管理，尤其是在基于数量的收益管理（Quantity-based RM）中，应用最广泛的数据处理资源是预订数据库（Reservation database）。预订数据库基本上以两种格式储存客户数据：或者某一等级的整体数据或整体预订（Total bookings），或者是记录每一条个人预订信息，称为客户预订记录（Customer booking record）。预测即是基于整体预订或单个客户预订记录做出的。整体预订数据包含的信息只是针对某个舱位等级或者票价等级预订的总人数，而个人预订记录却包含了每个客户更多特定的人口统计信息，如姓名、性别、年龄、婚姻、电话、地址、预订时间、预订数量、支付金额等。

本章的数据来自于北美某邮轮公司的预订数据库，其中的预订信息是详细的客户预订记录，数据包括不同目标市场、不同航行期限、不同航线等组合下消费者的预订记录（顾客的预订信息如表 8-5 所示）。客户预订记录总数仅 2005 年就有 130 万条以上。此外，数据是关于双床铺舱位（Double-berth）的预订，不包含三人以上的团体预订记录。

表 8-5　预订数据库个人预订记录实例
Tab. 8-5　Information of Individual Bookings

Cruise Id	航次代号
Sail Date	启航时间
Week	启航时间(周)
Port Id	出发港
Ship Id	邮轮船只
Duration	巡航期限

(续表)

Itinery	巡航航线
Market Description Id	目标市场
Booking Number	预订号
Cabin Type Id	舱位类型
Price	价格
Guest Age	顾客年龄
Reservation Date	预订时间
Nationality	顾客国籍
Sex	顾客性别
City Code	顾客城市
State Code	顾客州代号
Zip	顾客邮编
RateCode Id	促销代码

由于数据太多,将背景数据限制在特定航线、特定邮轮船只、特定目标市场以及特定的巡游期限上。最终选择了西加勒比海航线(Western Caribbean)、出发港为美国佛罗里达(Florida)州迈阿密(Miami)、船只双床铺存量(Capacity)为 2062、目标市场为 7/8 DAYMIAMI/FORT LAUDERDALE、巡游期限为 7 天(7-duration)、团体预订比例小于 40%、从 2003 年 7 月 19 日到 2005 年 12 月 31 日的 52 次航行 8 万 5 千余条预订记录。每次航行以 Cruise ID 从 1 到 52 标号。预订时间用 Weeks Left to sail 或者 Weeks before departure 或者 Weeks prior 表示。例如数据表中的第 52 周,说明启航前的第 52 周,数据表中的第 0 周,是邮轮启航时的那一周,等等。

(二) 数据整理

在邮轮上有 6 种舱位等级,分别是阳台舱、内部舱、海景舱、舷窗舱、套房舱以及其他上部或底部的舱位。以 2005 年全年的数据为例，总预订数据是指 2005 年 26 次航行的总观测需求以及不同的舱位等级的总需求，如表 8-6 所示。

表 8-6　邮轮预订总量的数据矩阵

Tab. 8-6　Number of Bookings for Cruise IDs

航次	起航时间（周）	预定量						
		总计	舱位 1	舱位 2	舱位 3	舱位 4	舱位 5	舱位 6
1	1	1633	542	654	329	12	62	34
2	3	1498	558	524	304	12	63	37
3	5	1687	567	697	325	10	50	38
4	7	1577	538	643	310	12	46	28
5	9	1829	638	712	352	12	66	49
6	11	1816	582	788	317	6	50	73
7	13	1686	564	667	364	2	30	59
8	15	1924	672	715	372	6	76	83
9	17	1728	636	669	304	12	52	55
10	19	1934	752	746	339	12	44	41
11	21	1608	578	618	314	6	36	56
12	23	1545	521	645	282	8	34	55
13	25	1394	478	548	252	8	22	86
14	27	1519	574	586	242	8	40	69
15	29	1513	543	545	231	8	50	136
16	31	1648	582	732	258	8	34	34
17	33	1531	504	667	280	10	22	48
18	35	1597	596	714	214	6	18	49
19	37	1755	650	789	237	6	32	41
20	39	2009	755	864	262	6	26	96
21	41	1882	648	752	368	8	42	64
22	43	1647	516	611	394	4	42	80
23	45	1624	528	681	341	3	54	17
24	47	1663	759	570	250	4	44	36
25	49	1715	550	735	336	2	30	62
26	51	1658	747	583	266	4	34	24

在预测之前，一个很重要的工作是对数据进行不同层面或水平的细分和归类，尤其是如何从时间划分上整理数据。在酒店业中，对某一周某

一天需求的预测是根据以前各周中同一天的数据展开的。例如,对某一周星期一的需求预测是以前期各周星期一的观测数据为基础的。在邮轮业中,由于预订的周期很长,一般为1年,时间序列不是以实际时间定义的,而是来自于航行顺序。也就是说,航行的先后构成了预测的时间序列。对当前的预测是根据前期航行的预订数据做出的。

因此,对邮轮某一航次预订周期内特定时间点(Weeks prior)的预测,是由以前的航次在同样预订时间点上的数据预测得到的。例如,对第7次航行启航前第20周的需求是根据第1到第6次航行在启航前第20周的观测数据预测得到的。因此,在对一年内26个航次总预订数据整理时,是以舱位类型和预订时间总结数据的。

(三)数据类型

数据的类型决定预测方法和预测过程的选择。从数据完整性来看,邮轮收益管理预测的数据表有完全信息(Completed)数据表和部分信息(Partial)数据表两种类型。完全信息数据表记录的是纯历史数据,包含每一次航行从预订开始到启航时的所有数据。由于特定航线有多个航次,且不同的航次起航时间不同,因此包含部分信息的数据表更贴近现实的预订过程。此时,数据表中既包含完全信息数据又包括非完全信息数据。完全信息数据是已经启航航次的预订数据。非完全数据是指正在接受预订还未启航航次的数据,即在整个预订周期某个观测点之前的数据是已知的,而观测点之后的信息是未来的未知数据。下文将以舱位类型1(Balcony)的非完全信息数据为例介绍邮轮预订的数据表,其中包括增量(Incremental)数据表和累积(Cumulative)数据表。

增量数据表记录的是特定舱位类型在不同预订周内的预订数量,是每一周的“Pick up”。例如,第5次航行在启航前第10周的需求为30。增量数据表可以用来预测每周的增量需求以及不同时间段内的增量需求。

累积数据表记录的是特定舱位类型在预订周期内不同观测点(周)时的总需求,是从预订开始到当前周的累加预订量。例如,第 5 次航行启航前第 10 周内的总预订量为 467。累积数据表和增量数据表可以很方便地转换,只要将增量数据表的每行依次相加就可以得到累积数据表或将累积数据表的每行依次相减就可得到增量数据表。

(四) 数据曲线

通过数据整理作者发现,在预订的最初阶段邮轮预订量很少,随着预订时间的接近预订量越来越多,当接近启航时间时又变得越来越少。从整个预订周期来看,大多数预订发生在启航前的第 1 个月到第 4 个月,如图 8-2 和图 8-3 所示(纵坐标为预定量)。图 8-2 显示的是某次航行所有舱位双床铺的增量预订特征。邮轮的存量为 2 062,预订周期为 53 周,在每周内预订数量从 0 到 95,均值和方差分别为 31 和 28。图 8-3 显示的是该

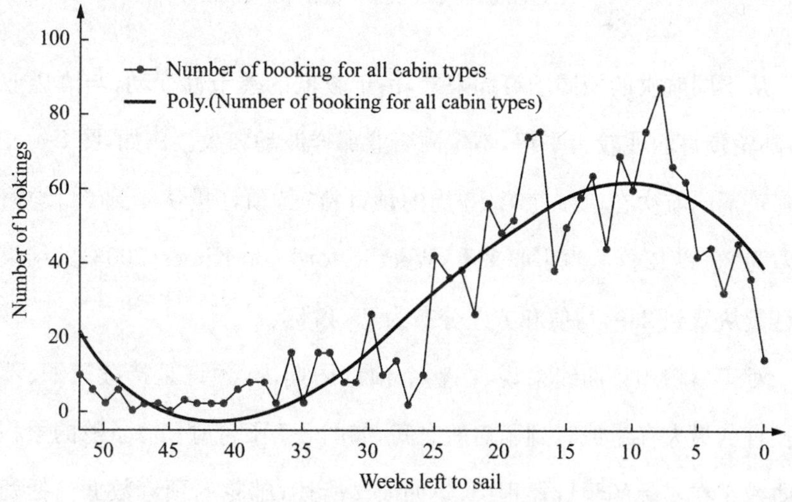

图 8-2　所有舱位的增量预订曲线

Fig. 8-2　Incremental Booking Curve for All Cabin Types

次航行舱位 1 的增量预订特征，数量从 0 到 44，均值和方差分别为 11 和 10.67。从图可以看出，在 53 周的预订周期中，预订主要发生在启航前 18 到 5 周之间。

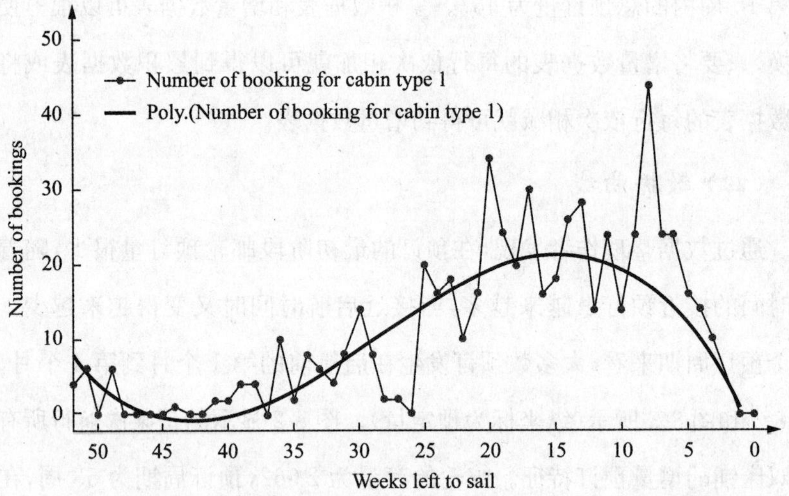

图 8-3　舱位 1 的增量预订曲线

Fig. 8-3　Incremental Booking Curve for Cabin Type 1

从不同航次的相同预订周来看，由于较低的季节性变动，与酒店业相比，邮轮预订曲线较为平坦，不像酒店业那样波动较大。例如，图 8-4 显示了邮轮不同航次在启航前第 10 周的预订特征，预订量从 4 到 64，均值和方差为 23 和 12。从酒店业来看，Weatherford and Kimes(2003)的结果是预订量从 0 到 239，均值和方差分布为 75 和 54。

对于累积预订曲线来说，在整个预订周期内，预订是持续累积、不断增长直到最大存量或者到了启航时间，如图 8-5 阳台舱和海景舱的累积预定曲线。在实际的预订过程中，正如前文所述，邮轮的预订数据包括两部分，一部分是关于已启航航次的完全数据，一类是关于未启航航次的非完全数据。在特定时间点上，有的航次已经起航，而有的正在接受预定，预

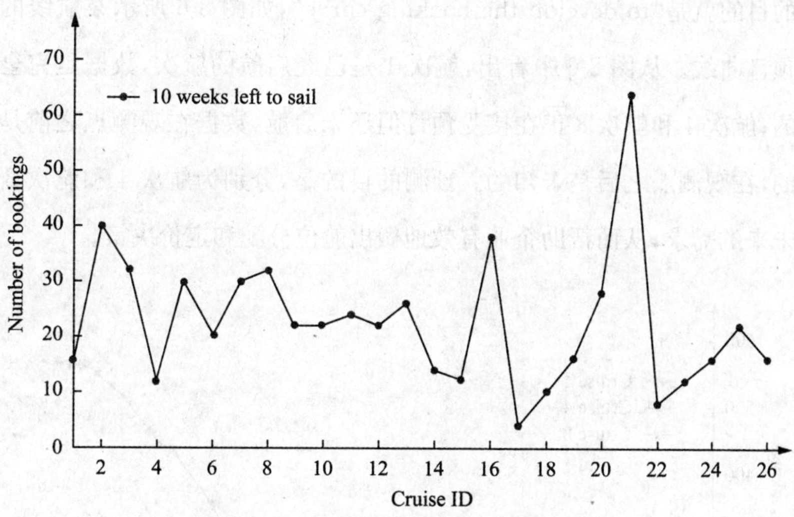

图 8-4　启航前 10 周舱位 1 的预订曲线

Fig. 8-4　Booking Curve of Cabin Type 1,10 Week before Departure

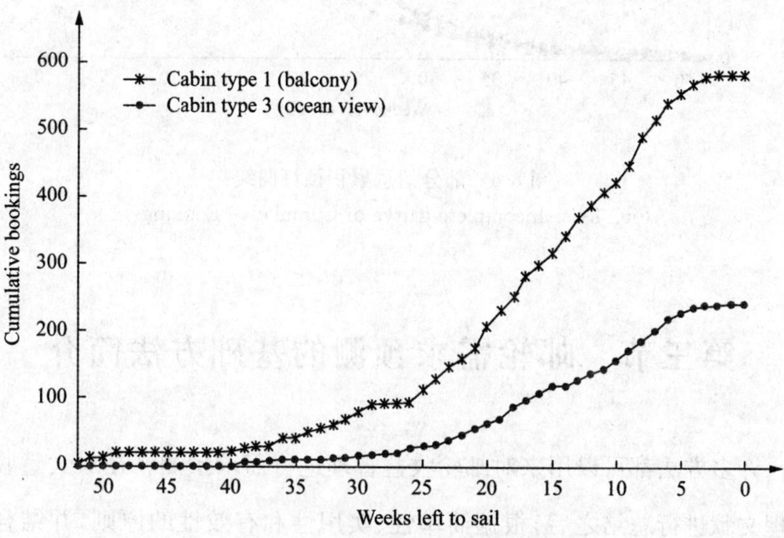

图 8-5　完全信息累积预订曲线

Fig. 8-5　Complete Curve of Cumulative Bookings

测的目的就是“to develop the booking curve”，如图 8-6 所示某航线的累积预订曲线。从图 8-6 中看出，航次 1 是已经启航的航次，数据是完全已知的；航次 4 和航次 8 正在接受预订但还未启航，数据在观测点之前是已知的，在观测点之后是未知的。预测的目的是，分别为航次 4 和舱次 8 预测未来的需求，从而帮助企业有效地做出舱位分配和定价决策。

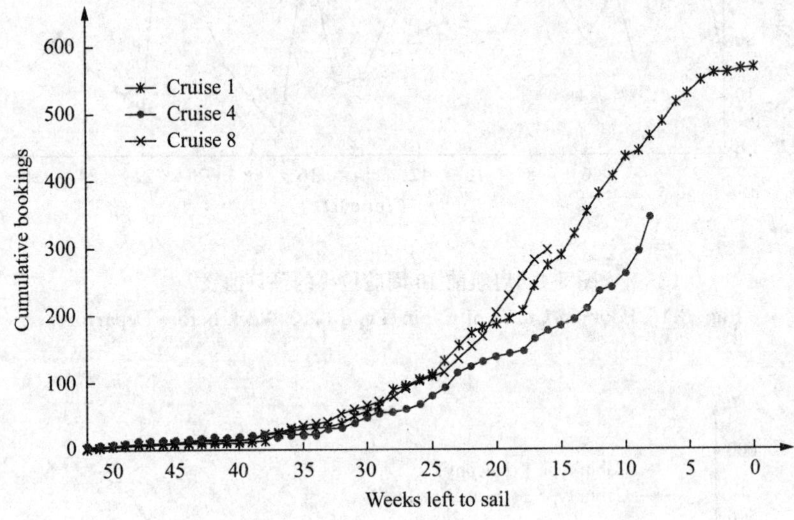

图 8-6　部分信息累积预订曲线

Fig. 8-6　Incomplete Curve of Cumulative Bookings

第三节　邮轮需求预测的基础方法简介

许多方法都可以用来对邮轮收益管理进行需求预测。在对大量收益管理文献进行总结之后，根据简单性、实用性和有效性的原则，并结合实际操作中收益管理的预测现状，选择了以下几种基本的预测方法加以讨论。本章仅对这些基本方法的模型表达和预测机理进行介绍。此外，后面的章节还将补充一些较为复杂的预测模型，包括自回归移动平均模型

(ARIMA)、Holt 双指数平滑模型、Holt-Winter 三指数平滑以及基于增量法、移动平均法和指数平滑法的组合预测法。

为了更好地区分过去与未来，在下文中用 i 表示已启航航次，用 j 表示未启航航次。下面按照本章的预测任务，对预测方法简单介绍。

一、移动平均法(MA)

移动平均法(Moving Average,MA)思路是：根据时间序列资料、逐项推移，依次计算包含一定项数的序时平均值，以反映长期变动趋势的方法。因此，当时间序列的数值由于受周期变动和随机波动的影响，起伏较大，不易显示出事件的发展趋势时，使用移动平均法可以消除这些因素的影响，显示出事物的发展方向与趋势(即趋势线)，然后依趋势线分析预测序列的长期趋势。

移动平均预测是一种简单而且快速的预测方法。如果想预测未来某次航行的需求，一种最简单的方法是用前期航次在该时间点需求的简单平均值来代替。公式如下：

$$\begin{aligned} F_0^k(j) &= \frac{X_0^k(i) + X_0^k(i-1) + \cdots + X_0^k(i-N+1)}{N} \\ &= \frac{1}{N}\sum_{h=i-N+1}^{i} X_0^k(h) \end{aligned} \tag{8.1}$$

可以看出，这里的所谓“移动”，是因为总是对近期的历史资料数据取平均，随着时间推移，不断去除旧的数据，引进新的数据。值得注意的是，MA 不是对所有的历史数据进行平均作为未来的预测值，而是对最近 N 次观测值进行平均。原因就是，越是最近的观测值对现在的影响越大。当 N 较小时，预测值对噪声的反应就会变得较敏感，得到的预测值就会较发散(Volatile)。

在实际的收益管理过程中，N 的值一般取 3 到 15，但具体还很大程度上取决于数据和问题的特点。基于实际数据样本，本研究将移动平均预测的跨度（Span）N 取值从 2 到 13。例如，当 $N=3$ 时，要预测航次 5 的需求，就要用到航次 2、3、4 的数据。

二、指数平滑法（ES）

指数平滑法（Exponential Smoothing，ES）是收益管理最为流行的预测方法之一，它简单而且稳定，而且通常能获得较高的预测精度。该方法是从移动平均法发展而来的。可以说是移动平均法的一种变形。其特点是预测时所需的资料少，计算方便。利用指数平滑法进行预测，就是对不规则的时间序列数据加以平滑，从而获得其变化规律和趋势，以此对未来的数据进行推断和预测。公式为：

$$F_0^k(j) = \alpha X_0^k(i) + (1-\alpha)F_0^k(i) \tag{8.2}$$

α 的取值对预测曲线的光滑程度有一定的影响。α 的值越小，预测曲线的光滑程度越大，稳定性就越好；然而，α 的值越大，预测值对噪声和最近的变化就越敏感。事实上，新预测值是根据预测误差对原预测值进行修正得到的。α 的大小表明了修正的幅度。α 值愈大，修正的幅度愈大，α 值愈小，修正的幅度愈小。因此，α 值既代表了预测模型对时间序列数据变化的反应速度，又体现了预测模型修匀误差的能力。在收益管理实践中，α 的取值范围一般为[0.05，0.30]。

三、线性回归（Linear Regression，LR）

在邮轮收益管理预测中，当处在预订周期的某一时间点上基于目前的预订数而预测未来的需求或者邮轮启航时的总需求时，可以假设邮轮特定航次的总需求与该航次特定观测点的累积需求服从一定的线性关系：

$$X_0^k(i)=a+bX_t^k(i)+\varepsilon \tag{8.3}$$

则航次 j 的需求为：

$$F_0^k(j)=a+bX_t^k(j) \tag{8.4}$$

其中，a 和 a 分别是线性规划的截距(Intercept)和斜率(Slope)，可以通过最小二乘(Least Squares)的方法加以确定。

四、对数线性回归(Logarithmic Linear Regression，LLR)

与一元线性回归类似，对数线性回归法假设邮轮特定航次总需量的对数与该航次特定观测点累积需量的对数服从一定的线性关系：

$$\log(X_0^k(i))=a+b\log(X_t^k(i))+\varepsilon \tag{8.5}$$

则航次 j 总需求的对数为：

$$\log(F_0^k(j))=a+b\log(X_t^k(j)) \tag{8.6}$$

五、加法增量法(CP)

加法增量(Pickup)法预测的是未来增加的需求(Incremental bookings)，思路是预测未来某个很短的时间段内的增量需求(Pick up)，然后把这些增量加起来就可以预测未来的总需求或者邮轮的总需求。加法增量法又叫经典增量法(Classical Pickup，CP)是基于累积数据矩阵，通过将当前观测点上的在手(In hand)总需求与未来的平均需求相加来预测整个邮轮启航时的总需求。加法增量法仅考虑已经启航航次的历史数据，即航次 1 到航次 i 的数据。此时，航次 j 的总需求预测为：

$$F_0^k(j)=X_t^k(j)+\frac{I_t^k(i)+I_t^k(i-1)+\cdots+I_t^k(1)}{i} \tag{8.7}$$

其中，$I_t^k(i)=X_0^k(i)-X_t^k(i)$ 是邮轮在当前时间点 t 到启航这一时间段的需求增量(Increments)。

为了进一步说明增量法的预测过程,以表 8-7 的数据为例,来预测航次 5 和航次 6 启航时的总需求。此时,观测点为航次 4 启航的时间(第 0 周),也就是航次 5 在启航前第 1 周的时间,即 $t=1$。航次 1 到航次 4 的需求增量分别为 $I_1(1)=20$,$I_1(2)=22$,$I_1(3)=12$ 和 $I_1(4)=14$(为了分析方便,去掉了舱位上标 k)。航次 5 的增量需求为$(20+22+12+14)/4=17$,所以 $F_0(5)=X_1(5)+17=569+17=586$。类似地,预测航次 6 的总需求时 $t=2$,启航航次的增量需求为 $I_2(1)=52$,$I_2(2)=38$,$I_2(3)=42$ 和 $I_2(4)=28$,所以 $F_0(6)=X_2(6)+(52+38+42+28)/4=370+40=410$。

表 8-7　邮轮收益管理的部分信息数据表示例

Tab. 8-7　Example of Partial Data Matrix of Total Demands

启航前预订周	邮轮航次 ID												
	1	2	3	4	5	6	7	8	9	10	11	12	13
9	248	268	319	360	361	192	246	202	292	364	244	271	270
8	270	288	353	382	375	208	260	252	316	394	276	303	
7	290	334	379	414	401	234	268	308	344	436	292		
6	312	364	403	428	437	240	290	346	368	482			
5	328	404	435	440	467	260	320	378	390				
4	338	434	443	456	479	294	336	414					
3	358	460	465	472	499	344	364						
2	398	482	487	484	531	370							
1	430	498	517	498	569								
0	450	520	529	512									

六、先进增量法(AP)

与加法增量法不同,先进增量法(Advanced Pickup,AP)不仅考虑已经启航航次的数据,而且考虑了未启航航次的数据。也就是说,对未来需求的预测是基于数据矩阵中所有的可用数据得到。所以,航次 j 的总需求预测为：

$$F_0^k(j) = X_t^k(j) + P_{t-1}^k(j) + P_{t-2}^k(j) + \cdots + P_0^k(j) \qquad (8.8)$$

其中，

$$P_{t-1}^k(j) = \frac{P_{t-1}^k(j-1) + P_{t-1}^k(j-2) + \cdots + P_{t-1}^k(1)}{j-1}$$

$$P_{t-2}^k(j) = \frac{P_{t-1}^k(j-2) + P_{t-1}^k(j-2) + \cdots + P_{t-1}^k(1)}{j-2}$$

$$\vdots$$

$$P_0^k(j) = \frac{P_{t-1}^k(i) + P_{t-1}^k(i-1) + \cdots + P_{t-1}^k(1)}{i}$$

其中，$P_{t-1}^k(i) = X_{t-1}^k(i) - X_t^k(i)$为 $t-1$ 的需求增量。

现在预测航次 6 的总需求。由于 $P_1(6)=(32+16+30+14+38)/5=26$，且通过加法增量法知道 $P_0(6)=(20+22+12+14)/4=17$。所以当 $t=2$，$F_0(6)=X_2(6)+P_1(6)+P_2(6)=370+17+26=413$。

七、乘法增量法(MP)

与先进增量法一样，乘法增量法(Multiplicative Pickup，MP)也是利用数据矩阵中所有的可用数据进行预测的。乘法增量法基于增量百分比来预测未来的总需求。增量百分比是指在一定时间段内新增加的需求占以前累积总预订量的百分数，即

$$R_t^k(i) = \frac{X_{t-1}^k(i) - X_t^k(i)}{X_t^k(i)} \times 100\% \qquad (8.9)$$

此时，航次 j 的总需求预测可以通过以下的方法得到：

$$R_t^k(j) = \frac{R_t^k(j-1) + R_t^k(j-2) + \cdots + R_t^k(1)}{j-1} \qquad (8.10)$$

$$F_0^k(j) = X_t^k(j) \prod_{h=1}^{t} (1 + R_h^k(j)) \qquad (8.11)$$

例如,某航次在启航前的第 t 周的累积需求为 100,而在启航前第 $t-1$ 周的增量需求为 10 则增量百分比为 10%。假设我们仍然预测航次 6 的总需求,此时 $t=2$。航次 1 到航次 4 在第 0 周的增量需求为[20,22,12,14];航次 1 到航次 5 在第 1 周的增量需求为[32,16,30,14,38]。相应的累积需求分别为[430,498,517,498]和[398,482,487,484,531],所以增量百分比为[20/430,22/498,12/517,14/498]和[32/398,16/482,30/487,14/484,38/531]。在 $t=1$,$R_1(6)=3.55\%$;在 $t=2$,$R_2(6)=5.51\%$。因此,可以利用增量百分比 3.55%和 5.51%来预测航次 6 的总需求,即 $F_0(6)=X_2(6)(1+R_1(6))(1+R_2(6))=404.3$。值得注意的是,乘法增量法利用所有可用的数据,而不仅仅是已启航航次的数据。

通过各种方法的介绍可以发现,移动平均法和不同版本的增量法都是以数据的平均值为基础的。两者的最大差别是移动平均法仅仅考虑邮轮不同航次最终的预订量,而增量法则考虑了需求的递增效用,反映的是一种"to develop the booking curve over time"的预订行为,这点可以从增量法的抽象数学描述上看出。根据以上对增量法不同版本的讨论,可以将其分为两类:加法或经典增量法基于完全数据(Completed)做出预测,而乘法增量法和先进增量法是根据所有观测到的可用(Available)数据做出预测的。

八、自回归移动平均模型(ARIMA)

自回归移动平均模型(Autoregressive Integrated Moving Average, ARIMA),是由 Box 和 Jenkins 于 70 年代初提出的一种时间序列预测方法,又称为 box-jenkins 模型。其基本模型形式 $ARIMA(p;d;q)$称为差分自回归移动平均模型,其中 AR 是自回归过程,p 为自回归项;MA 为移动平均过程,q 为移动平均项数,d 为时间序列成为平稳时所做的差分次数。

在现实世界，绝大多数的时间序列都是不平稳的，数据的模型形式都是未知的。一个序列如果其均值没有系统的变化（均值无趋势），方差也没有系统的变化，而且所有严格的周期变化都已经被去掉，那么就可以认为这个序列是平稳时间序列。如果一个序列是平稳的时间序列，那么该序列就可以用特定随机变量的无穷加权求和来表示：

$$F_0^k(j) = \mu + \xi_j + \varphi_1 \xi_{j-1} - \varphi_2 \xi_{j-2} - \cdots \tag{8.12}$$

其中，μ 是常数参数，且 $\varphi=(\varphi_1,\varphi_2,\cdots)$ 是有限或无限且收敛的数列，ξ_j 为随机变量，且服从均值为 0，方差为 δ_ξ 的正态分布。

此外，一个平稳时间序列也可以用自回归的形式加以描述：

$$F_0^k(j) = \delta + \xi_j + \theta_1 F_0^k(j-1) + \theta_2 F_0^k(j-2) + \cdots \tag{8.13}$$

其中，δ 和 θ 是基于 φ_1 和 φ_2 的新参数，且 $\theta=(\theta_1,\theta_2,\cdots)$ 是有限或无限且收敛的序列。

一般的 $ARIMA(p;d;q)$ 模型包含两个基本的过程：自回归过程 $AR(p)$ 和移动平均过程 $MA(q)$。$MA(q)$ 过程要求前面随机变量加权求和中不是包含无穷项，而仅包含 q 项；同样，$AR(p)$ 过程要求仅包含 p 个自回归项：

$$F_0^k(j) = \mu + \xi_j + \varphi_1 \xi_{j-1} - \varphi_2 \xi_{j-2} - \cdots - \varphi_q \xi_{j-q} \tag{8.14}$$

$$\begin{aligned} F_0^k(j) =& \delta + \xi_j + \theta_1 F_0^k(j-1) + \\ & \theta_2 F_0^k(j-2) + \cdots + \theta_p F_0^k(j-p) \end{aligned} \tag{8.15}$$

此外，$ARIMA(p;d;q)$ 模型还包含过程 $MA(q)$ 和过程 $AR(p)$ 的组合过程 $ARMA(p;q)$：

$$F_0^k(j) = \delta + \xi_j + \sum_{m=1}^{p} \theta_m F_0^k(j-m) - \sum_{n=1}^{q} \varphi_n \xi_{j-n} \tag{8.16}$$

注意，上文的过程都是针对平稳序列的。如果序列不平稳，$MA(q)$、$AR(p)$ 和 $ARMA(p;q)$ 将不再适用。正如提到的，实际中遇到的大多数时间序列数据都是非平稳的。在这种情况下，平稳时间序列模型不能与数据很好地拟合，预测结果往往不够理想。处理非平稳数据的技术试图通过一种合适的转换把数据平稳化，以便可以应用平稳时间序列模型处理转换后的数据。然后最后的平稳预测又被转换回原始的非平稳形式。

$ARIMA(p;d;q)$中的差分过程就是一种使序列平稳化的技术。其中，d为使时间序列变平稳所做的差分次数。在实际的$ARIMA(p;d;q)$模型中，三个参数取值通常都较小（小于等于2）。经过逐次差分变成平稳的时间序列称为齐次非平稳序列。这意味着差分后序列可以用ARIMA模型充分表示。此外，除了差分，如果序列是按照百分比而不是差分变平稳的，将序列对数化就可以将序列平稳化。

在邮轮总需求预测中，ARIMA模型的基本思想是，将历史航次随时间推移而形成的总需求数据序列视为一个随机序列，然后用一定的ARIMA模型来近似描述这个序列。这个模型一旦被识别后就可以用来预测未来航次的需求。Box和Jenkins建议在使用ARIMA预测之前，要遵循以下几步。

(1) 模型识别：对数据进行检查，看*ARIMA*的哪个过程最为适合。

(2) 参数估计：对模型的参数采用最小二乘法进行估计。

(3) 诊断检查：检查模型取得的残差，看是否在接受的范围。

(4) 循环操作：如果拟合的模型不满足要求，就要重新选择其他ARIMA的模型，回到(1)到(3)的过程。

在本章，我们采用较为普遍的$MA(1)$、$MA(2)$、$AR(1)$、$AR(2)$、$ARMA(1,1)$、$ARIMA(0,1,1)$、$ARIMA(0,2,2)$和$ARIMA(1,1,1)$对邮轮旅客的总预订需求进行预测。

九、Holt 双指数平滑模型(HDES)

Holt 双指数平滑法与简单指数平滑法有着紧密的联系。双指数平滑值必须在一次平滑值基础上计算。更主要的是，双指数平滑法解决了简单指数平滑法不能解决的两个问题：一是解决了简单指数平滑不能用于有明显趋势变动的预测；二是解决了简单指数平滑只能向未来预测一期的不足，或者用一期的预测代替后面的预测。Holt 双指数平滑法利用两个平滑系数分别对原时间序列的数据水平和趋势增量进行平滑，以此为基础建立线性趋势预测模型进行预测。利用 Holt 双指数平滑法预测未来航次总需求的公式为：

$$F_0^k(j) = L_i + T_i \tag{8.17}$$

$$F_0^k(j+h-1) = L_i + hT_i, \quad h = 1,2,\cdots,H \tag{8.18}$$

$$L_i = \alpha X_0^k(i) + (1-\alpha)[F_0^k(i) + T_i] \tag{8.19}$$

$$T_i = \beta[F_0^k(i) - F_0^k(i-1)] + (1-\beta)T_{i-1} \tag{8.20}$$

其中，L_i 和 T_i 分别为需求水平和趋势的估计值；$0<\alpha<1$ 和 $0<\beta<1$ 分别是水平和趋势的平滑系数。在实际预测中，平滑系数选用不同的值进行多次试算，最终选择使误差较小的那组值进行预测。

十、Holt-Winter 三指数模型(HWES)

Holt 模型假设需求具有水平和趋势两种特征。而 Holt-Winter 三指数平滑法不仅考虑了时间序列数据的水平和趋势特征，还考虑了季节性(Seasonality)特征。这一方法适用于表现出季节变化的数据序列(例如，每月，每季，或半年变化)。令 $0<\alpha<1$、$0<\beta<1$ 和 $0<\gamma<1$ 为三个平滑参数分别对水平、趋势和季节性进行平滑。令 P 代表季节性的周期性(Periodicity)，即季节重复所遵循的时期数。比如，如果进行每季预测，那

么季节性就是 $P=4$；或者按照每月预测，则季节性就是 $P=12$。在 Holt-Winter 模型中，季节因子 S_i 在每一期中被更新，并通过平滑系数 γ 来平滑。

利用 Holt-Winter 三指数平滑法预测未来航次总需求的更新公式为：

$$F_0^k(j)=(L_i+T_i)S_i \tag{8.21}$$

$$F_0^k(j+h-1)=(L_i+hT_i)S_{i+h-1-P},\quad h=1,2,\cdots,H \tag{8.22}$$

$$L_i=\alpha\frac{X_0^k(i)}{S_{i-P}}+(1-\alpha)[F_0^k(i)+T_i] \tag{8.23}$$

$$T_i=\beta[F_0^k(i)-F_0^k(i-1)]+(1-\beta)T_{i-1} \tag{8.24}$$

$$S_i=\gamma\frac{X_0^k(i)}{S_i}+(1-\gamma)T_{i-P} \tag{8.25}$$

通过以上分析可以发现，Holt 双指数平滑法和 Holt-Winter 的三指数平滑法都是基于简单指数平滑法考虑趋势和季节性的，且趋势性和季节性通过简单指数平滑法来平滑序列。关于这些平滑法，面临一个很重要的问题是 ES 的平滑系数 α、Holt 模型中平滑系数 α 和 β 以及 Holt-Winter 模型中平滑系数 α、β 和 γ 的最优组合是未知的。在现实的预测问题中，可以通过试算的方法获得可接受的平滑参数。比如，参数可以取以 0.05 为增量从 0.05 到 0.95 的任何数值。此时，需要为 ES、HDES 和 HWES 试算的次数分别为 19、361 和 6 859。此外，实践证明平滑参数取 0.05 到 0.3 能取得较好的效果，这样就可以大大减少试算次数。

除了试算，另一种有效的方法是利用 *ARIMA* 来获得最优的参数组合。研究表明，可以分析特定的 ARIMA 模型来代替指数平滑法。简单指数平滑法相当于 *ARIMA*(0，1，1)；Holt 的双指数平滑法相当于 *ARIMA*(0，2，2)；Holt-Winter 三指数平滑法相当于 *ARIMA*(0，3，3)(Cryer and Miller，1991)。因此，指数平滑法的可接受权重系数可以通过估计 ARIMA 模型的移动平均参数获得。

在统计分析中,有多种软件包可以自动地估计这些方法的平滑系数,应用比较普遍的是 Minitab 和 Eviews。在 Minitab 中,ES 和 HDES 的平滑参数分别是通过模型 $ARIMA(0,1,1)$ 和 $ARIMA(0,2,2)$ 得到的。由于等价的 ARIMA 模型仅与有限的 Holt-Winter 模型对应,Minitab 无法通过估计 ARIMA 模型来得到最优的参数,因此,可以用 Eviews 来估计 Holt-Winter 模型。在 Eviews 中,平滑系数是通过最小化 RMSE 来获得参数估计的。

实际上,面对实际的预测问题,即使所谓的最优参数也很难获得最佳的预测,这些参数仅仅反映了基于历史数据的最优估计值。为此,我们不仅仅考虑参数的最优估计值,而且进行了试算。在试算时,对参数的取值设定为 0.1 到 0.3,且以 0.1 为增量值。最终,分别对 HDES 和 HWES 进行了 9 和 27 次试算,从而获得可以接受的参数组合。

第四节　邮轮收益管理基础预测方法的比较

本节将基于北美某著名邮轮公司的实际数据,利用多种基础的预测方法对邮轮特定航线、特定观测点上未来的总需求进行预测,并基于预测精度、参数稳定性和数据稳定性对这些方法的预测效果进行比较,从而为邮轮收益管理选择最为精确和可靠的方法。下一节将基于这些预测方法构造较复杂的组合预测方法进一步讨论邮轮收益管理预测方法的选择问题。

根据 Kimes(1989)的研究,与酒店与航空公司一样,邮轮公司也面临传统的收益管理问题。邮轮公司具有传统的收益管理的行业特征。在邮轮上有不同的舱位类型,不同的舱位有不同的票价等级,消费者可以提前预订,企业的目的是在有限的销售周期内,将不同的舱位销售给不同类型的消费者,从而使自己的收益最大化。在过去几十年中,收益管理的理论、方法与技术在酒店业和航空业中得到了最大限度的发展和使用。大多数研究文献都集中在寻找最优的舱位分配和定价策略,从而使企业的收益最大化。要想使这些决策变得有效,最重要的前提条件是拥有精确或者相对精确的预测。存量控制和定价决策的质量,在很大程度上依赖于预测的精度和可靠性。正如 Lee(1990)所说,提高 10%的预测精度可以增加 0.5%~3.0%的收益。虽然预测对收益管理至关重要,却少有文献涉及预测问题,更不用说邮轮收益管理预测。目前,还没有发现邮轮收益管理预测的文献。

因为邮轮业具有所有收益管理传统的行业特征,Talluri and van Ryzin(2004)做出了"邮轮实际上是漂浮的酒店"的定论。所以,在酒店收益管理中有效的预测方法,也应该在邮轮收益管理中取得好的效果。相反,Biehn(2006)使用了很大篇幅对邮轮和酒店的不同进行了详细讨论,并得出结论:邮轮不是漂浮的酒店。因此,本章的动机是研究酒店收益管理预测的方法是否能够有效地应用到邮轮收益管理预测中来。

为了回答这方面的问题,我们提出一种两阶段框架来预测邮轮在特定观测点时未来航次在启航时的总需求。这等同于为未来的航次预测未来的需求,因为未来的需求可以由启航时的总需求与当前累积需求的差得到。在第一个阶段,我们以西加勒比海航线巡游周期为 7 天的 26 次航行作为训练数据,使用多种方法预测邮轮未来航次的总需求,并基于多种预测精度,为不同的方法确定最优参数,最终选择最精确的预测方法。

在第二阶段,我们以另外 26 航次的历史数据为检查样本,使用两种途径验证第一阶段的结论。首先,固定第一阶段不同预测方法的最优参数对未来航次的总需求进行预测,并基于预测精度确定最优的方法。其次,基于检查样本,完全按照第一阶段的过程重做所有的预测工作,为不同的预测方法选择最优参数,并最终确定最精确的方法。如果某一预测方法在第一阶段表现良好,并在第二阶段也取得较好的预测效果,那么可以认为该方法在不同样本上预测稳定。可以说第二阶段有两个目的,一是为邮轮收益管理选择最精确并最稳定的方法,二是为预测方法选择最佳的参数。此外,为了验证酒店收益管理的有效预测方法是否在邮轮收益管理中表现良好,我们将预测的结论与 Weatherford and Kimes(2003)和 Chen and Kachani(2007)的结果进行比较。

一、训练样本

在第一阶段,我们用 26 航次的历史数据作为训练样本来预测航次 14 到航次 26 的总需求。给定的观测点为航次 13 启航的时间。对于未来的航次,相邻两航次还剩下的销售时间相差 2 个周。例如航次 14 还剩 2 周的销售时间,航次 15 还剩 4 周的销售时间,等等。预测的目的,是基于航次 1 到航次 13 的完整预订数据以及航次 14 到航次 26 的可用数据,对未启航航次的总需求进行预测。

我们首先讨论最基本的 7 个预测方法的预测效果和参数选择。其次讨论较复杂的 ARIMA 模型、双指数和三指数平滑法的预测效果和参数选择。然后基于 MAD,对不同预测方法的预测效果进行比较,从而确定最佳的方法。

对于移动平均法来说,要确定的参数是移动跨度 N 的最优值和最佳区间。我们利用 N 从 2 到 13,对未来航次的总需求做了 12 预测。

移动平均法的预测结果显示,对于 MAD 和 MAPE 来说,最佳的移动跨度为 5,对于 RMSE 来说,最佳的移动跨度为 10,但跨度为 5 到 13 之间预测精度差别不大,直观的表示见图 8-7。从图 8-7 中也可以看出,移动平

均在 $N<5$ 时的预测效果比 $N>5$ 时差很多。所以，最佳预测跨度的区间应该为[5,13]。

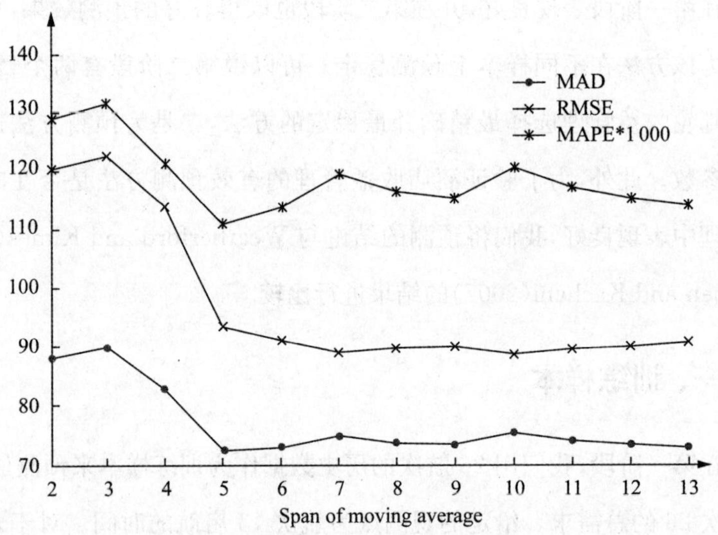

图 8-7　不同移动跨度下移动平均法的预测效果

Fig. 8-7　Performance of Moving Average with Different Moving Spans

结果表明，指数平滑法在平滑系数在 0.15 时预测精度最好。随着平滑系数 α 的取值从 0.05 到 0.95，指数平滑法的预测效果遵循一种"变好—变坏—变好"的模式。以 MAD、RMSE 和 MAPE 为标准，可以发现平滑系数在区间[0.10,0.30]和[0.85,0.95]上指数平滑法可以获得较好的预测效果，如图 8-8 所示。在实际的收益管理实践中，α 的取值一般在[0.10,0.30]。我们的预测结果进一步显示这一区间是合理的。

与移动平均和指数平滑指定预测参数不同，线性回归和对数线性回归的最优参数 a_t 和 b_t 是通过预测误差的最小二乘法得到的。因为不同的航次在观测点时的最新可用累积需求数据处在销售周期的不同时间点上（即 t 的值不同），且需要基于已启航航次的历史数据和未来航次的最新

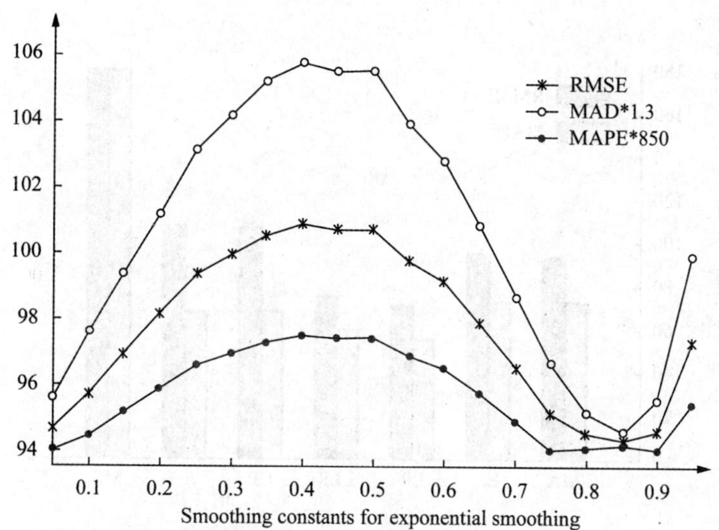

图 8-8　不同平滑系数下指数平滑法的预测效果
Fig. 8-8　Performance of Exponential Smoothing with Different Smoothing Constants

累积需求数据来预测不同航次的总需求,因此对于不同航次的最优回归系数会不同。

由于增量法不需要进行参数确定,因此仅讨论它们的预测效果。基于 MAD 和 RMSE 我们比较了移动平均(MA)、指数平滑(ES)、线性回归(LR)、对数线性回归(LLR)、加法增量法(CP)、先进增量法(AP)以及乘法增量法(MP)等 7 种最基本方法的预测效果,其中移动平均法和指数平滑法的预测效果为参数取最优值时的预测结果。图 8-9 显示了本章这些基础预测方法的预测效果。

结果表明,与 Weatherford and Kimes(2003)和 Chen and Kachani(2007)的结论不同,线性回归是目前为止最精确的方法。此外,对数线性回归也取得了很好的预测效果。预测结果表明,加法增量法和先进增量法的预测精度仅比移动平均法和指数平滑法差一点。移动平均法和指数

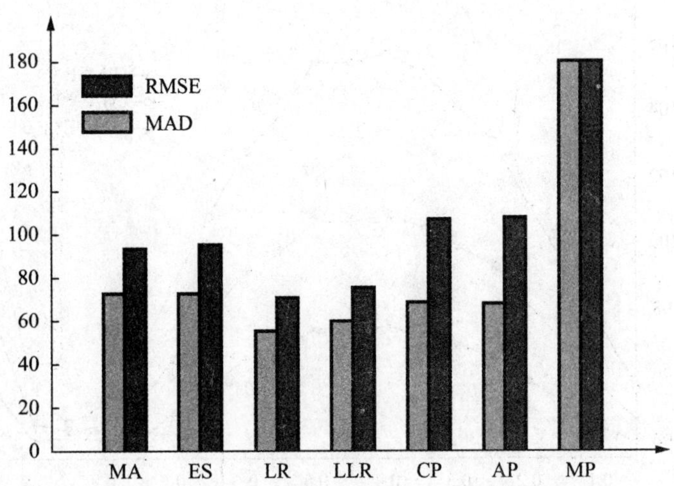

图 8-9　7 种最基本方法在训练样本上的预测效果比较
Fig. 8-9　Performance of 7 Methods on Training Sample

平滑法的预测效果相当接近。在所有的预测方法中，乘法增量法的预测效果最差。

在第一阶段，与其他方法相比，乘法增量法的预测效果相当差，MAD 和 RMSE 分别达到了 287.67 和 456.77。为了找出原因，我们重新检查了一下原始数据和预测结果。预测结果显示，乘法增量法过高地预测了航次 22 到航次 26 的需求。例如，航次 22 到 26 的原始数据分别为 516、528、759、550 和 747，但乘法增量法给出的预测值为 1 068、858、1 667、1 506 和 1 487。因此，为了进一步验证该方法的预测效果，我们以航次 14 到航次 21 的预测结果为基础，比较了三种增量法(CP、AP、MP)的预测效果，结果表明乘法增量法仍然取得了不尽如人意的预测精度，如图 8-10 所示。因此，可以说乘法增量法的预测效果确实较差。

事实上，乘法增量法之所以容易取得糟糕的预测结果，很大程度上取决于其预测机理。通过乘法增量法的数学表达式可以看出，该增量法不

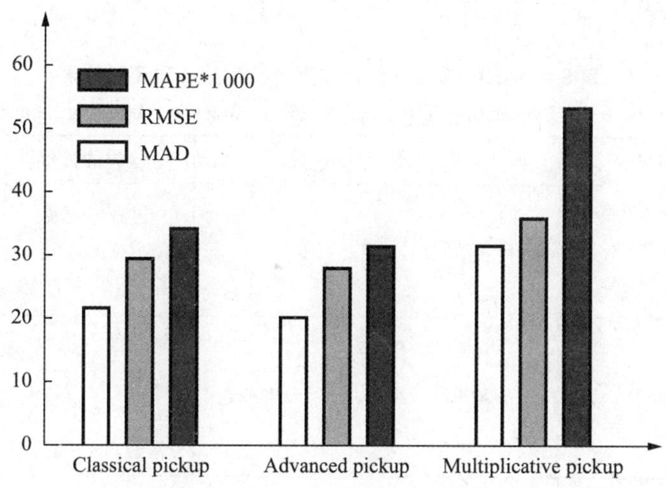

图 8-10　三种增量法预测效果的比较
Fig. 8-10　Performance of Pick-up Methods on Training Sample

仅对数据变化反映敏感，而且很大程度上受启航之前还剩下的时间长短的影响。因为，邮轮特定航次的总需求是由该航次在当前周（比如第 t 周）的总需求乘以多个（比如从第 0 周到第 $t-1$ 周 t 个）关于增长率的程子而得到的。启航前剩下的时间越长，程子就越多。无论是数据的变化还是较长的剩余时间，都以乘积的形式显著影响最终的预测结果。因此，乘法增量法得到的预测很容易偏离实际的需求。

对于时间序列 ARIMA 模型，仅拟合和讨论较普遍的 *MA*(1)、*MA*(2)、*AR*(1)、*AR*(2)、*ARMA*(1,1)、*ARIMA*(0,1,1)、*ARIMA*(0,2,2)和 *ARIMA*(1,1,1)模型的最优参数和预测效果。对于 Holt 双指数和 Holt-Winter 三指数平滑方法，首先以 Minitab 和 Eviews 为计算工具，利用 ARIMA 模型进行拟合获得最优的水平和趋势平滑因子，并确定其预测效果。其次，通过试算的方式确定参数在区间[0.1,0.3]的最优参数组合和预测效果。ARIMA 模型的拟合结果和预测效果如表 8-8 所示；Holt 模型、Holt-Winter 模型的预测结果见表 8-8。

表 8-8 ARIMA 在训练样本上的参数估计和预测效果

Tab. 8-8 Forecasting Results of ARIMA Models on Training Sample

ARIMA	过程表达式	参数估计值	MAD
$AR(1)$	$\delta+\theta_1 X_0^k(j-1)+\xi_j$	过程 参数 AR 1:0.2087 常数项:467.40	72.78
$AR(2)$	$\delta+\theta_1 X_0^k(j-1)+\theta_2 X_0^k(j-2)+\xi_j$	过程 参数 AR 1:0.2171 AR 2:−0.0533 常数项:494.74	73.45
$MA(1)$	$\mu-\varphi_1\xi_{j-1}+\xi_j$	过程 参数 MA 1:−0.1866 常数项:591.29	73.15
$MA(2)$	$\mu-\varphi_1\xi_{j-1}-\varphi_2\xi_{j-2}+\xi_j$	过程 参数 MA 1:−0.4695 MA 2:−0.8084 常数项:590.65	76.40
$ARMA(1,1)$	$\delta+\theta_1 X_0^k(j-1)-\varphi_1\xi_{j-1}+\xi_j$	过程 参数 AR 1:0.1628 MA 1:−0.0483 常数项:494.64	72.90
$ARIMA(0,1,1)$	差分一次后的 $MA(1)$	过程 参数 MA 1:0.8628 常数项:−1.209	74.05
$ARIMA(0,2,2)$	差分两次后的 $MA(2)$	模型不满足要求	—
$ARIMA(1,1,1)$	差分一次后的 $ARMA(1,1)$	过程 参数 AR 1:0.1861 MA 1:0.8670 常数项:−0.629	73.52

计算结果表明,除了 $ARIMA(0,2,2)$模型不满足拟合要求,ARIMA 其他形式基本满足模型的选择,预测效果接近移动平均法和简单指数平

滑法。MAD的平均值为73.786，其中 $AR(1)$ 最优。此外，并非按照ARIMA或者以方差最小估计得到的最优参数才使得指数平滑法获得最好的预测结果。在很多情况下，参数试算反而获得更好的结果。最优参数仅仅反映了对历史数据的最优拟合，不一定能获得好的预测。与上文的试算不同，简单指数平滑法的最优参数值 α 是0.1398而不是试算时的0.15；Holt的最优拟合参数 α 和 β 分别为0.3699和0.2023，试算最优参数分别为0.1和0.1；Holt-Winter的预测效果明显好于其他方法，且最优预测来自于试算最优参数：$\alpha=0.3$，$\beta=0.1$ 和 $\gamma=0.3$。

表 8-9　各指数平滑法在训练样本上的预测结果

Tab. 8-9　Performance of Smoothing Methods on Training Sample

预测方法	估计最优	MAD	试算最优	MAD
ES	$\alpha=0.1398$	72.374	$\alpha=0.15$	72.547
HDES	$\alpha=0.3699$ $\beta=0.2023$	124.03	$\alpha=0.10$ $\beta=0.10$	73.506
HWES	$\alpha=0.8300$ $\beta=0.0000$ $\gamma=0.0000$	57.409	$\alpha=0.30$ $\beta=0.10$ $\gamma=0.30$	48.474

前面7种最基本的预测方法加上 *ARIMA* 的不同形式和指数平滑法的几种形式，本章邮轮收益管理的基础预测方法总共有16种。基于MAD，下面对所有16种预测方法的预测效果进行比较，如图8-11所示。在所有的预测方法中，Holt-Winter三指数平滑法获得最佳的预测效果，这是因为该方法不仅捕捉了数据的趋势特性而且反映了数据的季节特征；线性回归、指数线性回归、加法增量法、先进增量法也获得了较好的预测结果；其次，移动平均法、指数平滑法、Holt双指数平滑法以及ARIMA几种模型的预测效果相当；乘法增量法的预测效果最差。

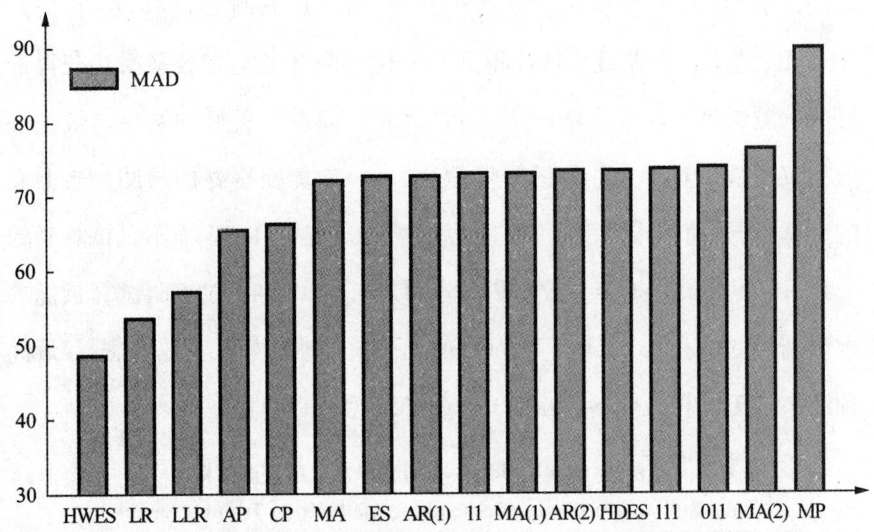

图 8-11 所有预测方法在训练样本上的预测效果

Fig. 8-11 Performance of All Methods on Training Sample

说明:11、011 和 111 分别表示 *ARMA*(1,1)、*ARIMA*(0,1,1)和 *ARIMA*(1,1,1)

二、检查样本

在第二阶段,我们基于另外的 26 航次历史数据重新对邮轮未来航次总需求进行了预测。与第一阶段一样,观测点仍然是第 13 航次的启航时间。这一阶段的目的是重新验证第一阶段的结论,从而可以确定最精确且最稳定的预测方法。如果一种方法在第一阶段取得了令人满意的预测效果,并且在第二阶段也表现突出,那么就可以认为这种方法在预测邮轮总需求时既精确又稳定。

事实上,本项研究与 Weatherford and Kimes(2003)很类似。在这一文献中,作者固定各预测方法在训练样本上的最优参数,并应用到检查样本上对酒店的总需求进行预测来检验方法的精确性和稳定性。类似地,为了更全面地考察各种含参数方法的有效性,我们不仅在训练样本上采用第一阶段各方法的最优参数展开预测，而且完全拷贝了第一阶段的预测过程，重新在训练样本上对邮轮未来航次的需求进行预测，重新确定预测方法的最优参数，并再次比较了各方法的预测效果。

首先，固定第一阶段确定的最优参数（移动跨度、平滑系数、最优ARIMA 模型以及最优回归系数），将各种基本预测模型直接应用到检查样本。可以看出，加法增量法和先进增量法预测效果相当好，线性回归和对数线性回归即使固定最优参数后作用在不同的样本上，依然取得很高的预测精度。此外，HWES 和 ARIMA 也取得了较出色的预测效果。移动平均法和指数平滑法的预测效果还是很接近。与预想的一样，乘法增量法的预测精度依然很低。为了找出不同阶段确定的预测方法最优参数的不同，我们重新以移动跨度从 2 到 13、平滑系数从 0.05 到 0.95 为参数值，利用移动平均法和指数平滑法进行预测。结果显示，MA 的最佳跨度为 10，最佳跨度区间为[6,13]，基本与第一阶段结论相同。

对于 ES 来说，最优的平滑系数为 0.20 和 0.95。随着取值从 0.05 到 0.95，ES 预测效果仍然遵循一种“变好—变坏—变好”的模式，同样存在两个可以接受的区间：[0.15，0.30]和[0.80，0.95]。根据收益管理的实践经验，α 的取值可以设置在区间[0.15，0.30]上。结果表明，Holt 的最优拟合参数 α 和 β 分别为 0.1 和 0.2；Holt-Winter 的预测效果明显好于其他方法，且最优预测来自于试算最优参数：$\alpha=0.2$，$\beta=0.2$ 和 $\gamma=0.3$；ARIMA 的最优模型为 *ARMA*(1,1)。

与第一阶段一样，基于 MAD 我们再次比较了所有方法的预测效果，同样移动平均法和指数平滑法的预测效果为参数取最优值时的预测结果。16 种基础方法的效果如图 8-12 所示。结果表明，最精确的预测方法是 HWES、CP、AP、MA、LLR、LR 以及 ARIMA 的 *MA*(1)、*MA*(2)、*AR*(1)、*AR*(2)和 *ARMA*(1,1)模型；HDES 的预测精度很不理想；MP 的预测效果最差。

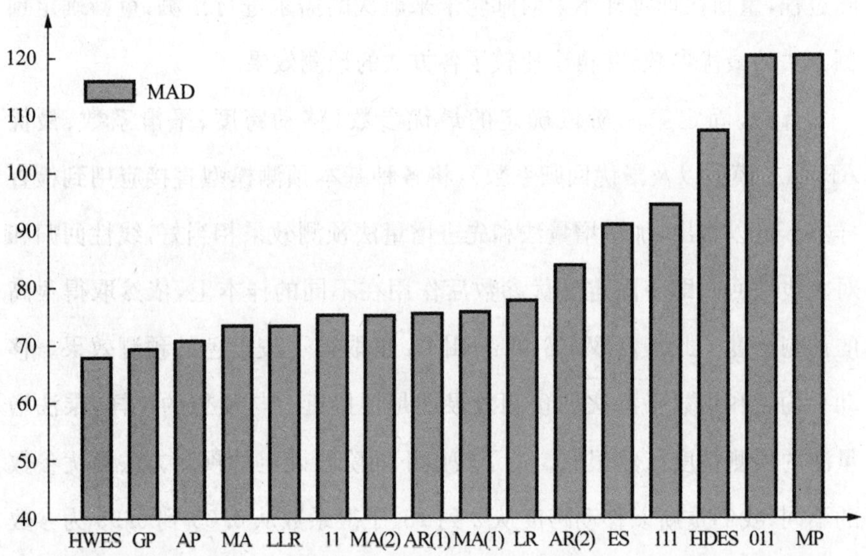

图 8-12　各方法在检查样本上的预测效果比较

Fig. 8-12　Performance of All Methods on Holdout Sample

说明：11、011 和 111 分别表示 *ARMA*(1,1)、*ARIMA*(0,1,1)和 *ARIMA*(1,1,1)

正如我们前面提到的，如果一种方法在训练样本上表现突出，在检查样本上同样表现良好，那么就可以说这种方法是精确和稳定的。通过以上三种预测过程取得接结果，我们可以看出，HWES、CP、AP、LR、LLR、MA 以及 ARIMA 的特殊形式是最有效的预测方法。HDES 的预测效果较差。在大多数情况下，不推荐乘法增量法，因为所有的预测结果显示这种方法难以取得理想的预测精度。

邮轮到底是不是漂浮的酒店？如果邮轮仅仅是漂浮的酒店，那么酒店收益管理中成功的理论和实践，在邮轮收益管理中应该也能取得较好的效果。为了回答这个问题，我们以文献 Weatherford and Kimes(2003)为主要参照，选择了 10 种基础的预测方法来预测邮轮未来航次的总需求。预测结果显示，酒店与邮轮收益管理预测的方法存在较明显的不同，如表 8-10 所示。

表 8-10　酒店收益管理的预测比较

Tab. 8-10　Selection of Forecasting Methods for Hotel Revenue Management

预测方法	本章结论	Weatherford (2003)	预测效果	Chen (2007)	预测效果
加法增量法(CP)	推荐	X	推荐	X	
先进增量法(AP)	推荐				
乘法增量法(MP)		X			
线性回归法(LR)	推荐	X		X	
对数线性回归法(LLR)	推荐	X			
移动平均法(MA)	弱推荐	X	推荐		
指数平滑法(ES)	弱推荐	X	推荐	X	推荐
自回归移动平均法(ARIMA)	弱推荐				
双指数平滑法(HDES)		X	推荐		
三指数平滑法(HWES)	推荐				

通过比较,我们强烈推荐线性回归、对数线性回归、加法增量法、先进增量法和 Holt-Winter 三指数模型五种方法。与酒店预测相比,线性回归(对数线性回归)在邮轮需求预测中的结论与酒店业有很大的不同:在邮轮需求预测中表现突出,但在酒店需求预测中却表现平平。指数平滑法在酒店预测中被强烈推荐,在邮轮需求预测中则不是非常优秀。移动平均法在酒店和邮轮需求预测中的精度可以接受。加法增量法和乘法增量法在酒店业和邮轮业需求预测中的预测结论基本相同:加法增量法表现突出,而乘法增量法表现很差。这些比较显示,虽然我们的研究还不能为"邮轮与酒店"的争辩做出一个完全的定论,但至少从预测的角度证明,在进行邮轮收益管理预测的过程中,不能直接将酒店收益管理的预测方法应用到邮轮业中。

第五节　邮轮收益管理组合预测方法的比较

在上一节，移动平均法、指数平滑法、ARIMA 模型、Holt 预测方法以及 Holt-Winter 预测方法利用邮轮的历史总需求进行预测，可以称为历史预测法或者非增量（Non-pickup）预测方法。而线性回归法、对数线性回归法以及增量预测法基于总需求数据和累积需求数据进行预测。事实上，移动平均法、指数平滑法、ARIMA 模型、Holt 预测方法以及 Holt-Winter 预测方法不仅可以利用邮轮的历史总需求来预测邮轮未来的总需求，而且可以利用邮轮每周的增量预订数据预测的增量需求或者增长率（增量百分比），然后通过邮轮特定观测点上的累积需求与所有未来的增量需求或增量百分比来得到总需求的预测。这些增量组合预测法同时考虑了当前的累积需求信息和顾客每周内的预订行为，更加客观合理；不仅可以指导企业做出全局运营优化决策，而且为局部定价和存量分配决策提供有效的预测支持。本节基于以上非增量预测法构建多种组合增量预测方法对邮轮的总需求进行预测，包括经典增量法和先进增量法，其中每种增量法又包含加法版本和乘法版本。

一、增量组合预测模型

增量组合预测方法的加法版本和乘法版本分别由下式所示：

$$F_0^k(j) = X_t^k(j) + \sum_{h=0}^{t-1} I_h^k(j) \tag{8.26}$$

$$F_0^k(j) = X_t^k(j) \prod_{h=0}^{t-1} [1 + R_h^k(j)] \tag{8.27}$$

其中，$I_h^k(j)$和 $R_h^k(j)$分别为第 t 周的增量需求和增量百分比，它们可以通过以上任意一种历史预测方法得到。

综上所述，本章的增量预测方法包括经典增量预测方法和先进增量预测方法。其中，经典增量法仅考虑历史航次的需求信息；而先进增量法同时利用历史航次和未来航次历史数据进行预测。此外，在每种预测方法中，同时构建加法增量法和乘法增量法。虽然 HWES 的预测效果出色，但由于其季节特性不具有稳定性，即不同的样本经常反映不同的季节性。因此，在本章不用该方法构造增量法。基于上文的移动平均法、指数平滑法、ARIMA 模型和 Holt 模型等非增量预测方法，我们将进一步构造以下 20 种增量预测方法来预测邮轮的总需求，并对每种组合预测方法的预测思路进行简单介绍。由于经典增量组合预测与先进增量组合预测的基本预测思路相同，下面主要对经典组合预测法（10 种）进行介绍，以及先进增量组合预测法（10 种）作简要介绍。

（一）经典增量组合预测法

1. 经典增量＋线性回归法：CP-LR

CP-LR 实际上就是上一节的 LR。

2. 经典增量＋对数线性回归法：CP-LLR

CP-LLR 实际上就是上一节的 LLR。

3. 经典增量＋移动平均法（加法）：CP-MA(add)

增量法是基于累积数据矩阵，通过将当前观测点上的累积总需求与未来的平均需求相加来预测整个邮轮启航时的总需求。经典增量法通过所有的历史增量数据来获得当前增量的预测。对于移动平均来说，在增量预测中 $N=1$。因此，如果 N 取不同的值时，可认为增量预测是一种考虑移动平均法的组合预测，即 CP-MA(add)。根据数据样本的特点，N 的取值为 2 到 13。

4. 经典增量＋移动平均法(乘法):CP-MA(mult)

基于已起航航次的数据,以移动平均法为预测方法来预测每周的增量百分比,然后考虑观测点时累积需求获得总需求预测,N 的取值为 2 到 13。

5. 经典增量＋指数平滑法(加法):CP-ES(add)

基于已起航航次的数据,CP-ES(add)利用指数平滑法来预测邮轮每周的增量需求,平滑系数的取值从 0.05 到 0.95,共 19 个。

6. 经典增量＋指数平滑法(乘法):CP-ES(mult)

基于已起航航次的数据,利用指数平滑法预测每周的增量百分比,平滑系数的取值为 0.05 到 0.95。

7. 经典增量＋ARIMA(加法):CP-ARIMA(add))

对于邮轮每周的增量需求,CP-ARIMA(add)基于已起航航次的数据,利用 ARIMA 模型来预测,首先对前面介绍的 $MA(1)$、$MA(2)$、$AR(1)$、$AR(2)$、$ARMA(1,1)$、$ARIMA(0,1,1)$、$ARIMA(0,2,2)$和 $ARIMA(1,1,1)$ 8 个模型进行测试,从而选择最佳的模型。

8. 经典增量＋ARIMA(乘法):CP-ARIMA(mult)

基于已起航航次的数据,利用 ARIMA 模型来预测每周的增量百分比。

9. 经典增量＋Holt 法(加法):CP-HDES(add)

基于已起航航次的数据,利用 Holt 双指数平滑法预测每周的增量需求。需要说明的是,上一章 HDES 的研究结果表明,平滑系数的可接受区间应该为[0.05,0.30]。而且许多经验也表明这一区间的合理性。因此,在后面利用包含 HDES 的增量法预测每周的增量需求时,所有平滑系数取值从 0.05 到 0.30,以 0.05 递增,最终试算次数为 36 次。

10. 经典增量＋Holt 法(乘法):CP-HDES(mult)

基于已起航航次的数据,利用 Holt 模型预测每周的增量百分比,平滑系数取值从 0.05 到 0.30,其组合的试算次数为 36。

除了 AP-LR 和 AP-LLR,先进增量组合预测法和经典增量组合预测法仅在数据使用上有所不同。先进增量法利用最新的数据进行预测,这些数据可能来自历史航次,也可能来自未来的航次,或者来自两者。下面仅对 AP-LR 和 AP-LLR 进行介绍。

（二）先进增量组合预测法

1. 先进增量＋线性回归法:AP-LR

利用 LR 模型预测邮轮每周的增量需求。与 CP-LR 不同,该方法假设邮轮每一周的增量需求与特定观测点的累积需求服从一定的线性关系:

$$I_{t-1}^{k}(i) = a_t + b_t X_t^k(i) + \xi \tag{8.28}$$

$$I_{t-1}^{k}(j) = a_t + b_t X_t^k(j) \tag{8.29}$$

$$F_0^k(j) = X_t^k(j) + I_{t-1}^k(j) + I_{t-2}^k(j) + \cdots + I_0^k(j) \tag{8.30}$$

2. 先进增量＋对数线性回归法:AP-LLR

与 CP-LR 不同,AP-LLR 假设邮轮每一周增量需求的对数与累积需求数据的对数服从一定的线性关系,从而预测邮轮每周的增量需求,并最终获得总需求的预测。预测公式如下所示:

$$\log[I_{t-1}^{k}(i)] = a_t + b_t \log[X_t^k(i)] + \xi \tag{8.31}$$

$$\log[I_{t-1}^{k}(j)] = a_t + b_t \log[X_t^k(j)] \tag{8.32}$$

$$F_0^k(j) = X_t^k(j) + I_{t-1}^k(j) + I_{t-2}^k(j) + \cdots + I_0^k(j) \tag{8.33}$$

3. 先进增量＋移动平均法(加法):AP-MA(add)

与经典增量组合预测法不同,AP-MA(add)基于数据矩阵中的所有可用数据而不仅仅是已起航航次的数据，来预测未来每周的增量需求，即不仅考虑已经启航航次的数据，而且考虑了未启航航次的数据。

4. 先进增量＋移动平均法（乘法）：AP-MA（mult）

基于所有可用数据，以 MA 为预测方法来预测每周的增量百分比，然后考虑观测点时累积需求获得总需求预测。

5. 先进增量＋指数平滑法（加法）：AP-ES（add）

基于所有可用数据，以 ES 为预测方法来预测每周的增量需求，然后考虑观测点时累积需求获得总需求预测。

6. 先进增量＋指数平滑法（乘法）：AP-ES（mult）

基于所有可用数据，以 ES 为预测方法来预测每周的增量百分比，然后获得总的需求预测。

7. 先进增量＋ARIMA（加法）：AP-ARIMA（add）

基于所有的可用数据，利用 ARIMA 模型来预测每周的增量需求，然后将观测点的累积需求和预测所得的所有增量需求相加来获得总需求的预测。

8. 先进增量＋ARIMA（乘法）：AP-ARIMA（mult）

基于所有的可用数据，利用 ARIMA 模型来预测每周的增量百分比，然后获得总的需求预测。

9. 先进增量＋Holt 法（加法）：AP-HDES（add）

基于所有的可用数据，利用 HDES 方法来预测每周的增量需求，然后考虑观测点上的累积需求，从而获得总需求的预测。

10. 先进增量＋Holt 法（乘法）：AP-HDES（mult）

基于所有的可用数据，利用 HDES 方法来预测每周的增量百分比，然后考虑观测点上的累积需求，从而获得总需求的预测。

本节增量组合预测方法的基础模型为上面介绍的 9 种预测方法：

MA、ES、LR、LLR、CP、AP、MP、ARIMA 和 HDES。由于上文已经对以上基础模型进行了描述，下面仅对这些增量组合预测法进行简单介绍，包括预测机理和参数设定，具体总结性描述参见表 8-11。

表 8-11　邮轮收益管理增量组合预测方法

Tab. 8-11　Summary of Forecasting Methods for CLRM

模型分类	模型名称	模型描述
非增量法	MA	• 利用历史数据平均值进行预测
	ES	• 利用观测值和预测值的加权进行预测
	EST	• 利用带有线性趋势的 ES 进行预测
	ARIMA	• 利用时间序列过程进行拟合和预测
经典增量法	CP-LR	• 利用累积需求和增量需求的线性关系预测
	CP-LLR	• 利用 LLR 进行拟合和预测
	CP-MA(add)	• 利用 MA 预测每周的增量需求
	CP-MA(mult)	• 利用 MA 预测每周的增量百分比
	CP-ES(add)	• 利用 ES 预测每周的增量需求
	CP-ES(mult)	• 利用 ES 预测每周的增量百分比
	CP-ARIMA(add)	• 利用 ARIMA 过程预测每周的增量需求
	CP-ARIMA(mult)	• 利用 ARIMA 过程预测每周的增量百分比
	CP-HDES(add)	• 利用 HDES 预测每周的增量需求
	CP-HDES(mult)	• 利用 HDES 预测每周的增量百分比
先进增量法	AP-LR	• 利用 LR 预测每周的增量需求
	AP-LLR	• 利用 LLR 预测每周的增量需求
	AP-MA(add)	• 利用 MA 预测每周的增量需求
	AP-MA(mult)	• 利用 MA 预测每周的增量百分比
	AP-ES(add)	• 利用 ES 预测每周的增量需求
	AP-ES(mult)	• 利用 ES 预测每周的增量百分比
	AP-ARIMA(add)	• 利用 ARIMA 过程预测每周的增量需求
	AP-ARIMA(mult)	• 利用 ARIMA 过程预测每周的增量百分比
	AP-HDES(add)	• 利用 HDES 预测每周的增量需求
	AP-HDES(mult)	• 利用 HDES 预测每周的增量百分比

与上一章的预测过程类似，本章的预测也具有两个阶段。在第一阶段，用 26 航次的历史数据作为训练样本来预测航次 14 到航次 26 的总需

求。在第二阶段,以另外 26 航次的数据为检查样本来来预测航次 14 到航次 26 的总需求。每个阶段都假定观测点为航次 13 启航的时间。预测的目的,是基于航次 1 到航次 13 的完整预订数据以及航次 14 到航次 26 的可用历史数据,对未启航航次的总需求进行预测。

二、训练样本

在第一阶段,我们以 26 航次数据为训练样本,其中航次 1 到航次 13 为已启航航次,航次 14 到航次 26 为未启航航次。下面基于历史数据,对航次 14 到航次 26 的总需求进行预测。以 MAD 为预测精度度量标准,对以上 24 种方法预测效果进行比较。

对于包含移动平均和指数平滑的增量组合预测方法,首先确定最优的移动跨度 N 和指数平滑系数,并为这些方法确定可接受的参数区间。对包含 ARIMA 的预测方法,首先测试 8 个常用模型,识别、拟合和估计最优的 ARIMA 过程。然后以 MAD 为标准,确定最佳的预测方法,也就是进行第一次比较(First comparison)。

需要说明的是,本章的预测工作总共包括三个比较过程(Comparisons)。在第二阶段,以另外 26 航次的历史数据为检查样本,样本的结构与训练样本完全相同。与上一章一样,首先固定各种预测模型在训练样本上确定的最优参数对邮轮未来航次的总需求进行预测,并比较各种方法对预测效果,从而确定最佳的方法(Second comparison);其次,重复第一阶段的所有预测工作,为各种方法确定最优参数和可接受区间,然后比较各模型的预测精度来确定最优的预测方法(Third comparison)。如果一种方法在训练样本上预测精确,在检查样本上同样表现出色,就可以认为该方法是精确和稳健的。因此,考虑训练样本上的预测结果,第二阶段的目的是确定最精确和最稳健的预测方法。

关于预测结果，首先比较增量组合预测方法加法版本和乘法版本的预测效果。在训练样本和检查样本上，三种比较结果同时表明，所有乘法版本增量预测方法的预测精度都很大程度上低于加法版本和非增量预测法。与上一章对 MP 的解释一样，造成这种情况的原因是，乘法版本的增量法不仅对数据变化反映敏感，而且很大程度上受启航之前还剩下的时间长短的影响。因为，邮轮特定航次的总需求是由该航次在当前周（比如第 t 周）的总需求乘以多个（比如从第 0 周到第 $t-1$ 周 t 个）关于增长百分比的乘子得到的。启航前剩下的时间越长，乘子就越多。

无论是数据的变化还是较长的剩余时间，都以乘积的形式显著影响最终的预测结果。这充分说明，乘法增量法的预测很容易偏离实际的需求。对于乘法增量法，第一次比较结果显示，AP-MA、AP-ES 和 AP-HDES 的预测效果优于其他的方法；第二次比较结果显示，CP-HDES、CP-ARIMA、AP-MA 和 CP-ES 能够取得较好的预测结果；第三次比较表明 CP-ES、CP-HDES、AP-ES 和 CP-ARIMA 的预测结果优于其他的方法，如图 8-13 所示。为了得到一致的结论，首先在每次比较中对每种乘法预测方法进行排序，然后考虑三次比较结果，以方法在三次排序中序号的平均值作为新的排序结果。结果显示，在所有的乘法版本中，CP-HDES、AP-MA、AP-ES、AP-HDES 和 CP-ARIMA 的预测精度相对较高。既然乘法版本增量组合预测无法获得可接受的预测结果，不推荐这些方法在邮轮收益管理预测中的使用。因此，在下面的讨论中，仅对加法版本的预测方法进行详细讨论。

在第一阶段，首先确定各种方法的最优参数和参数区间。研究结果显示，对于 CP-MA 和 AP-MA，最优的移动跨度 N 分别为 12 和 9，合理的移动跨度区间分别为[8,13]和[7,13]。对于 CP-ES 和 AP-ES，平滑系数的取值为 0.05 到 0.95。预测结果显示，两者的最优平滑系数分别为 0.05

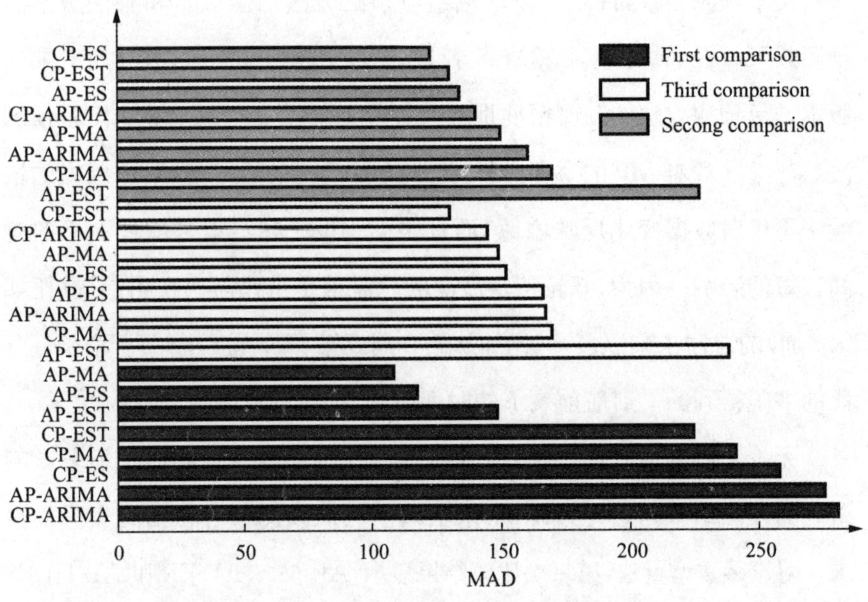

图 8-13　乘法增量组合预测方法的预测效果比较

Fig. 8-13　Performance of Multiplicative Pickup Combination Methods

和 0.10，合理的参数区间都为[0.05，0.20]。对于 HDES，结果证明两个平滑系数在区间[0.05，0.30]上确实能取得合理的预测效果，最优的参数组合为(α＝0.10，β＝0.05)；此外，CPHDES 和 AP-HDES 的最优组合参数分别为(α＝0.15，β＝0.30)和(α＝0.05，β＝0.30)。

对于包含 ARIMA 的增量组合预测方法，结果表明，*AR*(1)过程可以取得最优的预测精度；除了 *ARIMA*(0，2，2)无法满足模型的拟合要求，其他过程的预测效果没有明显的差别。对于 CP-ARIMA 和 AP-ARIMA，最优的 ARIMA 过程分别为 *ARMA*(1，1)和 *AR*(2)。

下面以各种预测方法在最优参数下的预测结果为标准，基于 MAD 对所有 16 种加法预测方法(非增量预测法、经典加法增量法和先进加法增量法)的预测效果进行比较，如图 8-14 所示。

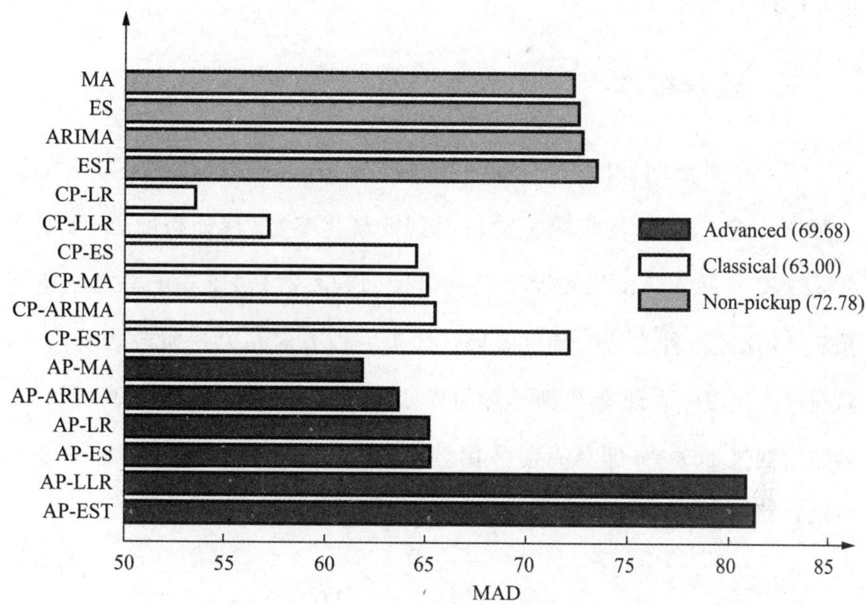

图 8-14　加法预测方法在训练样本上的预测效果
Fig. 8-14　Performance of Additive Pickup Combination Methods on Training Sample

预测结果表明，与 Weatherford and Kimes(2003)和 Chen and Kachani(2007)不同，在众多加法预测模型中，线性回归(CP-LR)是目前最精确的方法。此外，CP-LLR、AP-MA、APARIMA、CP-ES、CP-MA、AP-LR、AP-ES 和 CP-ARIMA 同样取得出色的预测效果。非增量预测法(MA、ES、ARIMA 和 HDES))和 CP-HDES 的预测效果很接近。结果显示，AP-LLR 和 AP-HDES 无法获得合理的预测精度。在第一阶段，对于非增量预测法，MA、ES 和 ARIMA 的预测效果优于 HDES；对于经典增量法，除了 CP-LR 和 CP-LLR，CP-ES 和 CP-MA 的预测能力同样表现突出；关于先进增量法，AP-MA 和 AP-ARIMA 能获得最好的预测结果。此外，结果表明，对于经典增量法和先进增量法，没有明显的证据表明哪类预测方法的预测能力更优秀。

三、检查样本

与上一章类似，对于含有参数的预测方法，首先以另外 26 航次的历史数据为检查样本，固定第一阶段得到的最优参数（移动跨度 N、平滑系数 α、β 和 γ、最优 ARIMA 模型以及最优回归系数）对邮轮的总需求进行预测，并比较各种方法的预测效果。如果一种方法在第一阶段表现出色，且在这次比较中表现突出，那么就可以认为该方法不仅预测精度高，而且对参数的变化不敏感，即具有参数稳健性。各种方法的预测效果如图 8-15 所示。

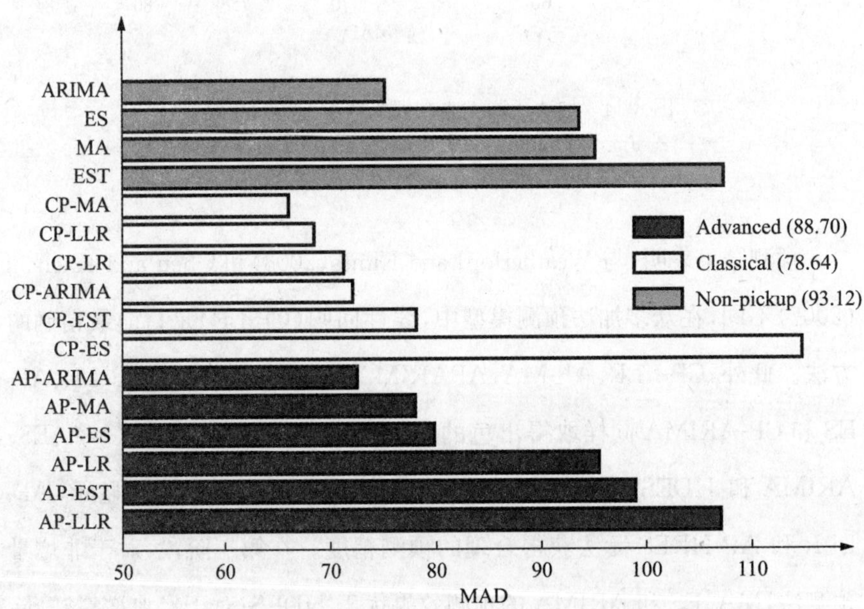

图 8-15　加法预测方法固定参数后在检查样本上的预测效果

Fig. 8-15　Performance of Additive Pickup Combination Methods on Holdout Sample when Parameters are Held Constants

从图 8-15 可以发现，CP-MA 是其中最优的预测方法；线性回归（CP-LR）和对数线性回归（CP-LLR）的预测效果也相当出色；CP-ARIMA、AP-ARIMA 和 ARIMA 取得了较好的预测结果；CP-HDES、AP-MA 和 AP-ES 的预测精度可以接受；ES、AP-LR 和 MA 的预测效果很接近，但比以上几种方法差；AP-HDES、AP-LLR、HDES 和 CP-ES 是预测效果最差的方法；第二次比较显示，非增量预测方法、经典增量预测法和先进增量预测法中最优的方法分别是 ARIMA 和 ES，CP-MA、CP-LLR、CP-LR 和 CP-ARIMA，AP-ARIMA、AP-MA 和 AP-ES。

此外，对各种预测方法在以上两次比较中的预测效果进行排序，并以平均排序号为新的衡量标准。新的排序表明，CP-LR、CP-LLR、CP-MA、AP-ARIMA、AP-MA、CP-ARIMA 和 AP-ES 是最精确和最具有参数稳健性的预测方法。

在第三次比较中，重复第一阶段的所有预测工作，包括重新优化和确定各种最优参数和可接受的区间，以及比较所有预测方法的预测精度，从而为邮轮收益管理确定最优的预测方法。结果表明，CP-MA 和 AP-MA 的最优移动跨度分别为 12 和 13，最佳的移动跨度区间分别为[10，13]和[9，13]；ES 的最优平滑系数为 0.20，最优的平滑系数区间为[0.15，0.30]；对于 CP-ES 和 AP-ES 来说，最优的平滑系数值分别为 0.25 和 0.15，最优的平滑系数区间为[0.15，0.30]；HDES 的最优参数组合为（$\alpha=0.05$，$\beta=0.30$）；CP-HDES 和 AP-HDES 的最优组合参数分别为（$\alpha=0.05$，$\beta=0.25$）和（$\alpha=0.30$，$\beta=0.05$）。

对于包含 ARIMA 的增量组合预测法，分别测试了 8 种过程的预测效果。结果表明，对于非增量 ARIMA 方法，*ARMA*(1，1)取得最优的预测精度；对于 CP-ARIMA 和 AP-ARIMA，最优的 ARIMA 过程都是 *AR*(1)。

第三次比较结果显示，最优的预测方法是 CP-MA、CP-ARIMA、CP-LR 以及 APARIMA，其次是 AP-LR、MA、CP-LLR、AP-MA、AP-ES、ARIMA 和 CP-ES；与以上方法相比，CP-HDES、AP-LLR、ES、AP-HDES 和 HDES 的预测效果很差。在所有非增量预测方法中，MA 和 ARIMA 是最有效的方法；CP-MA、CP-ARIMA 和 CP-LR 在经典增量法中的预测效果最佳；关于先进增量法，最优的方法是 AP-ARIMA 和 AP-LR。具体的预测效果可参见图 8-16。

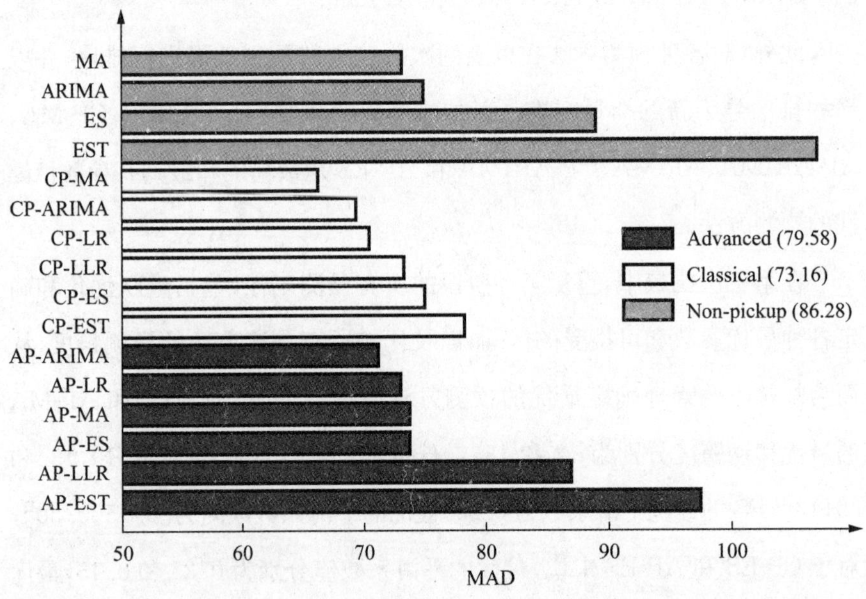

图 8-16　加法预测方法在检查样本上的预测效果
Fig. 8-16　Performance of Additive Pickup Combination Methods on Holdout Sample

类似地，以各种方法在第一次比较和第三次比较中的平均排序作为新的排序。最终的结果表明，CP-LR、CP-MA、AP-ARIMA、CP-LLR、AP-MA、CP-ARIMA、AP-LR 和 CP-ES 是最精确和对数据最不敏感的预测方法，即最具有数据稳健性。

正如前面提到的，如果一种方法同时在两个样本上表现出色，可以认为这种方法是精确和稳定的。综合三次比较的结果就可以为邮轮收益管理选择最优的预测方法。同样，以三次比较的排序为基础，最终的总结果表明，CP-LR、CP-LLR、CP-MA(add)、AP-ARIMA(add)、CP-ARIMA(add)、AP-MA(add)、AP-LR 和 AP-ES(add)是 8 种最精确和最稳定的方法；其次是，CP-HDES(add)、ARIMA、MA、CP-ES(add)、ES、AP-LLR、AP-HDES(add)和 HDES 等 8 种方法；研究表明，8 种乘法版本的增量预测方法无法获得合理的预测效果。在三种不同类型的预测方法中，ARIMA 和 MA，CP-LR、CP-MA 和 CP-LLR，APARIMA、AP-MA 和 AP-LR 分别是非增量预测法、经典增量法和先进增量法中最优的方法。与 Weatherford and Kimes(2003)和 Chen and Kachani(2007)不同，研究表明线性回归法在邮轮收益管理预测中表现突出；研究表明，ES 并不值得推荐。

需要说明的是，线性回归、对数线性回归、加法增量法、先进增量法和乘法增量法都利用最新的累积需求和未来的增量需求获得总需求的预测。可以期望，在越接近启航时间的观测点上应该越能获得越高的预测精度。也就是启航前的时间对预测精度有重要影响。为验证这一猜想，仅以加法版本的基础模型 CP-LR、CP-LLR、CP、AP 和 MP 为研究对象，利用预订周期开始到启航时每一周的累积需求对未来航次总需求进行预测。研究结果显示，从整个预订周期来看，各种方法的预测精度在趋势上并不是严格随时间递增。对于训练样本，从启航前的大概 4 个月开始，前四种方法的预测精度是随时间严格递增的。对于乘法增量法，严格递增的时间周期较长。在其他时间段上，预测精度有反复，如图 8-17 所示。对于检查样本，严格递增的时间周期从启航前的大概 3～5 个月开始。因此，只有距离启航时间足够近时预测精度才随时间严格递增。

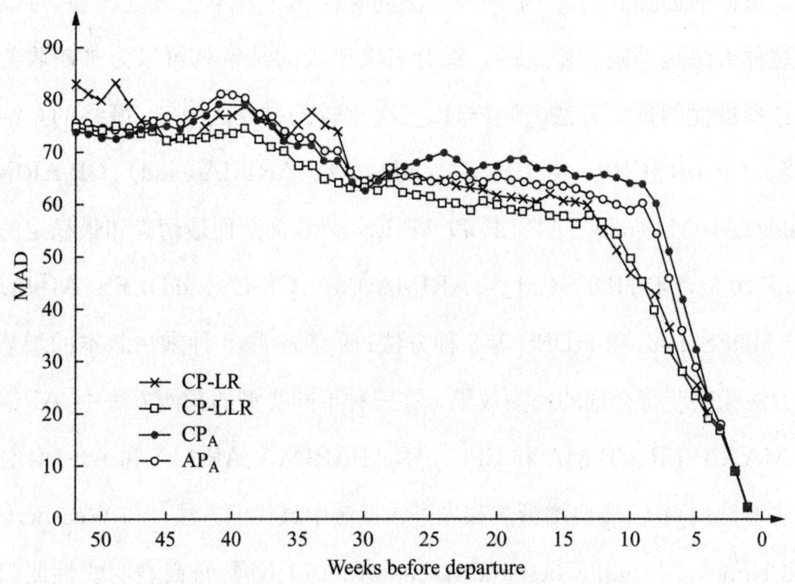

图 8-17　观测点对基础预测方法预测精度的影响

Fig. 8-17　Performance of Some Key Additive Methods over Time

说明：MAPE＝20 以便把不同的预测方法放在同一张图内

第六节　邮轮舱位水平上需求分布规律的识别

需求预测是收益管理中的基础部分，是其他收益管理模块的基石。超订、存量控制和定价等决策都是在需求预测的基础上开展的。高质量的定价和存量控制策略依赖于精确的需求预测和估计。预测这一术语往往使人联想到某一数字，如未来某天对某一航班或酒店房间的需求，是预知性的，即预见将要观测的数据。预测的研究方法可以分成两种：统计方法和随机过程方法。统计方法对市场需求分布建立模型，通过对顾客需求分布的研究来建立顾客预订、取消、No-show 等消费行为的统计模型。

例如 Beckmann 和 Bobkowski(1958)将泊松分布、负二项分布和伽玛分布与航空公司实际数据进行了比较,结论是伽玛分布与实际数据比较吻合。Lyle(1970)研究结果表明航空公司的总需求服从负二项分布。从这个意义上说,预测就变成了估计。虽然估计和预测的差别很多时候并不很明显,但与预测的直观含义不同,估计不容易让人联想到数字,而是容易让人联想到一种描述,即刻画已经观测到的数据。因此,估计的目的就是找到能最好地描述现有数据分布特征的概率模型。

与前文不同,本节关注的是邮轮需求的分布特征,挖掘邮轮需求的概率分布规律。我们以邮轮各舱位的总需求数据为基础,将实际数据与正态分布(Nomal)、对数正态分布(Lognormal)、指数分布(Exponential)、泊松分布(Poisson)、伽玛分布(Gamma)、威布尔分布(Weibull)、瑞利(Rayleigh)分布以及负二项式分布(Negative Binomial)进行比较,从而确定邮轮舱位水平上需求的概率分布特征。具体分析过程为:首先基于小样本数据对邮轮总需求的分布进行探索性挖掘,其次以更大样本的数据为基础,对前面的检验结果进行验证;最后,以正态分布为例,利用多种检验方法,验证了邮轮舱位水平上总需求的正态分布性,其中包括直方图直观检验、正态概率纸检验、Z 假设检验、T 假设检验、Jarque-Bera 检验和 Lilliefors 检验。研究表明,在需求分布特征方面,正态分布和伽玛分布能较好地拟合邮轮舱位水平上的总需求。

一、数据描述

预测和估计可以在不同的集合水平(Aggregation level)上进行,例如,邮轮公司舱位水平上的预测和估计或者特定舱位不同票价等级上的需求预测和估计等。基本上,邮轮收益管理需要做出的是最优化模型所要求的预测。这就意味着如果应用资源水平—舱位类型基础上的控制,就可以在舱位水平上进行预测。另一方面，最优化模型的要求通常是可操控的。与航空客运的飞机不同，邮轮的存量限制具有多层次性和强独立性，比如整个邮轮有存量限制，不同的舱位类型因为物理上的差别也有很强的存量限制，而且特定的舱位类型可能接受不同的票价。最优化模型在舱位水平上具有更强的可操控性，此时可以假定在这一舱位类型上所有的需求都是相同票价(一般是平均值)。本节讨论单个需求到达过程的基础上建立随机到达过程模型，从而拟合总需求分布，而是基于实际数据研究邮轮舱位水平上总需求的分布规律。

本研究的数据来源同样是该邮轮公司西加勒比海航线、出发港为佛罗里达的迈阿密、船只存量为2 062、巡游期限为7天的52次航行，共8万5千余条个人预订数据。我们关注邮轮舱位水平上的总需求，目的是检验现有数据是否与已知的概率分布相吻合。以舱位层面或水平的数据细分和归类为基础，对阳台(Balcony)舱、内部(Interior)舱、海景(Ocean view)舱、舷窗(Portholes)舱、套房(Suite)舱、上部或底部(Upper/Lower)舱的总需求进行了总结。图8-18直观地展示了6种舱位27航次的总需求数据。由于受某些人为的、外部的、季节的以及事件的影响，数据可能存在异常现象或者一些不满足估计要求的数据。如果这些错误或异常的数据参与估计，会影响现有数据对分布规律的客观描述。因此在估计时应该对这类数据予以排除。

二、探索性挖掘

以Matbal7.0为工具，利用其功能强大的模块集或工具箱以及方便的数据可视化功能来分析邮轮舱位水平上总需求的分布规律。主要是通过Matlab提供的功能函数和统计工具箱中的基本统计量命令，将现有数据与已知概率分布进行比较，从而确定邮轮总需求服从怎样的分布。在探索性挖掘中，用27次航行的小样本数据来检验邮轮舱位总需求服从哪种分布。

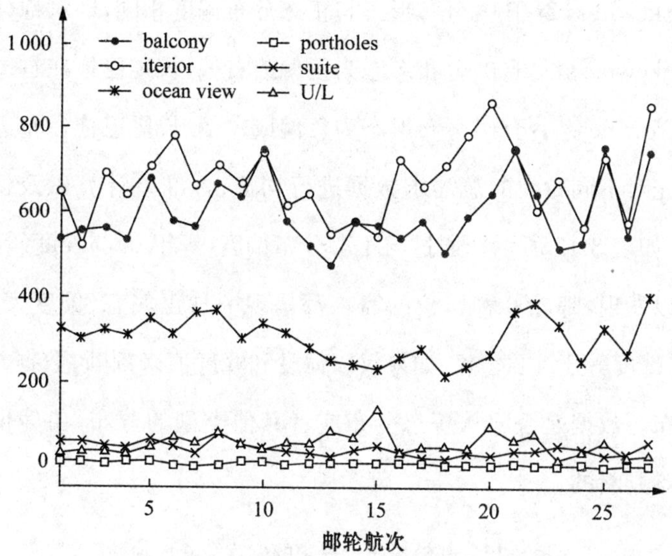

图 8-18 邮轮各舱位 27 次航行总需求数据
Fig. 8-18 Total Bookings of Each Cabin Type for 27 Cruises

具体分析步骤为：

(1) 偏度和峰度初步分析。

(2) 假定数据以置信区间服从以上 8 种分布。

(3) 参数估计，获得分布的参数。

(4) 以置信区间产生该分布的累积概率值。

(5) 统计量检验：接受或者拒绝原假设。

峰度(Kurtosis)是用来反映频数分布曲线顶端尖峭或扁平程度的指标，是描述变量所有取值分布形态陡缓程度的统计量。偏度(Skewness)是描述变量取值分布对称性的统计量。两者都是和正态分布相比较的：

- Kurtosis 等于 0：与正态分布的陡缓程度相同；
- Kurtosis 大于 0：比正态分布的高峰更加陡峭—尖顶峰；
- Kurtosis 小于 0：比正态分布的高峰来得平台—平顶峰。

• Skewness 等于 0:分布形态与正态分布偏度相同,即对称分布;

• Skewness 大于 0:分布形态为正偏或右偏,长尾巴拖在右边;

• Skewness 小于 0:分布形态为负偏或左偏,长尾巴拖在左边。

首先对不同舱位的总需求数据进行均值、标准差计算以及偏度和峰度检验,如表 8-12 所示。通过与正态分布偏度(等于 0)与峰度(等于 3)的比较可以发现,邮轮 6 种舱位的需求都呈现一种正偏态(偏度大于零)和平峰态(峰度等于 2 到 3)。如果仅以偏度和峰度值来判断,数据并不服从正态分布。数据是否服从正态分布或者其他类型的分布,单凭偏度和峰度是很难判断的。

表 8-12　邮轮各舱位需求的偏度和峰度检验

Tab. 8-12　Skewness and Kurtosis of Bookings at Cabin Level

舱 位 类 型	舱位 ID	样本容量	均值	标准差	偏度	峰度
阳台舱(Balcony)	1	23	577.86	50.89	0.4822	2.5415
内部舱(Interior)	2	27	678.33	90.16	0.2378	2.5071
海景舱(Ocean view)	3	27	305.77	53.08	0.127	2.104
舷窗舱(Portholes)	4	27	7.37	3.27	0.0799	1.889
套房舱(Suite)	5	27	43	14.75	0.3125	2.4222
上部或底部舱(Upper/Lower)	6	24	48.45	324.26	0.3179	2.3571

为此,下面基于 Matlab7.0 提供的功能函数来检验数据是否服从正态分布、对数正态分布、指数分布、泊松分布、伽玛分布、威布尔分布、瑞利分布以及负二项式分布。用到的命令为:

[H,P,KSSTAT,CV]=kstest(X,cdf,alpha)

默认情况下,Kstest 是正态性检验,将样本与标准正态分布进行对比,不符合正态分布返回 1,否则返回 0;该函数也可以用于以上 8 种分布类型的检验；Kstest 利用单样本 Kolmogorov-Smirnov 统计量来检验数据样本是否服从某一特定分布，该检验为拟合优度检验。零假设为数据样本服从特定分布。其中 H、P、KSSTAT、CV 是返回值，如果拒绝零假设，则 $H=1$，否则 $H=0$；P 返回的是双尾检验 P 值；KSSTAT 返回的是 Kolmogorov-Smirnov 统计量的值，CV 是判断 KSSTAT 是否显著的临界值；X 为数据样本值，alpha 为显著性水平。以 alpha=0.05 为显著性水平来检验邮轮各舱位总需求是否服从以上 8 种分布。返回的结果显示，只有正态分布和伽玛分布能较好地拟合总需求的分布规律，具体结果参见表 8-13 到表 8-18，其中“√”代表通过检验，“×”表示未通过检验。

表 8-13　阳台舱的探索性挖掘结果

Tab. 8-13　Exploratory Testing for Balcony Cabin Type

阳台舱	检验结果	样本容量	检验返回	显著水平	统计量值	统计临界
正态分布	√	27	0	0.1354	0.2174	0.3050
伽玛分布	√	27	0	0.1813	0.2052	0.3050
对数正态	×	27	1	0.0003	0.3930	0.3050
指数分布	×	27	1	0.0000	0.5491	0.3050
泊松分布	×	27	1	0.0000	0.4638	0.3050
威布尔分布	×	27	1	0.0000	1.0000	0.3050
瑞利分布	×	27	1	0.0000	1.0000	0.3050
负二项分布	×	27	1	0.0000	1.0000	0.3050

表 8-14　内部舱的探索性挖掘结果

Tab. 8-14　Exploratory Testing for Interior Cabin Type

内部舱	检验结果	样本容量	检验返回	显著水平	统计量值	统计临界
正态分布	√	27	0	0.9992	0.0693	0.3050
伽玛分布	√	27	0	0.9966	0.0760	0.3050
对数正态	×	27	1	0.0078	0.3119	0.3050
指数分布	×	27	1	0.0000	0.5381	0.3050

（续表）

内部舱	检验结果	样本容量	检验返回	显著水平	统计量值	统计临界
泊松分布	×	27	1	0.0000	0.4439	0.3050
威布尔分布	×	27	1	0.0000	1.0000	0.3050
瑞利分布	×	27	1	0.0000	1.0000	0.3050
负二项分布	×	27	1	0.0000	1.0000	0.3050

表 8-15　海景舱的探索性挖掘结果

Tab. 8-15　Exploratory Testing for Ocean View Cabin Type

海景舱	检验结果	样本容量	检验返回	显著水平	统计量值	统计临界
正态分布	√	27	0	0.9032	0.1065	0.3050
伽玛分布	√	27	0	0.9237	0.1029	0.3050
对数正态	×	27	1	0.0054	0.3222	0.3050
指数分布	×	27	1	0.0000	0.5033	0.3050
泊松分布	×	27	1	0.0004	0.3887	0.3050
威布尔分布	×	27	1	0.0000	1.0000	0.3050
瑞利分布	×	27	1	0.0000	1.0000	0.3050
负二项分布	×	27	1	0.0000	1.0000	0.3050

表 8-16　舷窗舱的探索性挖掘结果

Tab. 8-16　Exploratory Testing for Portholes Cabin Type

舷窗舱	检验结果	样本容量	检验返回	显著水平	统计量值	统计临界
正态分布	√	27	0	0.5976	0.1438	0.3050
伽玛分布	√	27	0	0.5523	0.1489	0.3050
对数正态	×	27	1	0.2130	0.1982	0.3050
指数分布	×	27	1	0.0091	0.3077	0.3050
泊松分布	×	27	1	0.3986	0.1678	0.3050
威布尔分布	×	27	1	0.0000	1.0000	0.3050
瑞利分布	×	27	1	0.0000	1.0000	0.3050
负二项分布	×	27	1	0.0000	0.9323	0.3050

表 8-17　套房舱的探索性挖掘结果

Tab. 8-17　Exploratory Testing for Suite Cabin Type

套房舱	检验结果	样本容量	检验返回	显著水平	统计量值	统计临界
正态分布	√	27	0	0.9407	0.0995	0.3050
伽玛分布	√	27	0	0.9887	0.0835	0.3050
对数正态	×	27	1	0.0258	0.2764	0.3050
指数分布	×	27	1	0.0011	0.3634	0.3050
泊松分布	×	27	1	0.1781	0.206	0.3050
威布尔分布	×	27	1	0.0140	0.295	0.3050
瑞利分布	×	27	1	0.0000	1.0000	0.3050
负二项分布	×	27	1	0.0000	0.9956	0.3050

表 8-18　上/下舱的探索性挖掘结果

Tab. 18　Exploratory Testing for Upper/Lower Cabin Type

上/下舱	检验结果	样本容量	检验返回	显著水平	统计量值	统计临界
正态分布	√	27	0	0.8790	0.1103	0.3050
伽玛分布	√	27	0	0.9823	0.0870	0.3050
对数正态	×	27	1	0.0007	0.3750	0.3050
指数分布	×	27	1	0.0046	0.3263	0.3050
泊松分布	×	27	1	0.7766	0.1236	0.3050
威布尔分布	×	27	1	0.0354	0.2661	0.3050
瑞利分布	×	27	1	0.0000	1.0000	0.3050
负二项分布	×	27	1	0.0000	0.9726	0.3050

三、大样本检验

前文的探索性挖掘显示，只有正态分布和伽玛分布能较好地拟合邮轮所有舱位总需求的分布规律。由于阳台舱、内部舱以及海景舱三种舱位的需求(42 775)就占了总需求量(45 613)的大约 93.78%，且阳台舱在三种舱位中具有较好的代表性。不失一般性，在这一步中，基于另外 52 次航行的大样本数据，仅以阳台舱为例进行重新检查检验，从而对第一步中的结果进行验证。去掉样本数据的几个异常观测值，最终的样本容量为 48。最终的检验返回结果如表 8-19 所示。结果显示，大样本数据样本再次验证了只有正态分布和伽玛分布能较好地满足拟合需要。

表 8-19　邮轮舱位水平总需求分布特征检验表

Tab. 8-19　Results of Test of Probability Distributions for Balcony Cabin Type

概率分布	检验结果	样本容量	检验返回	显著水平	统计量值	统计临界
正态分布	√	48	0	0.9825	0.0657	0.1922
伽玛分布	√	48	0	0.9718	0.0689	0.1922
对数正态	×	48	1	0.0035	0.2523	0.1922
指数分布	×	48	1	0.0000	0.5165	0.1922
泊松分布	×	48	1	0.0000	0.4398	0.1922
威布尔分布	×	48	1	0.0000	1.0000	0.1922
瑞利分布	×	48	1	0.0000	1.0000	0.1922
负二项分布	×	48	1	0.0000	1.0000	0.1922

四、验证性检验

大样本数据样本再次验证了只有正态分布和伽玛分布能较好地满足拟合需要。在这一步中，我们去掉不满足拟合条件的分布，且仅以正态分布为例对阳台舱的需求分布进行拟合和统计检验。下面以多种统计方法和统计量来检验邮轮需求的正态分布规律。由于本章关注的是邮轮收益管理中舱位水平上总需求的概率分布特征，在后面的讨论中只注重拟合和检验的结果，不对详细的统计过程和统计量的构造做过多的介绍。感兴趣的读者可以参考概率论和数量统计文献以及 Matlab 统计工具箱帮助文档。

（一）直方图检验

判断数据是否服从正态分布，一种直观而简便的方法是直方图。基于 48 次航行阳台舱总需求的数据画出直方图，如图 8-19 所示。通过直方图可以看出，数据样本近似服从正态分布，但有一点左偏态。

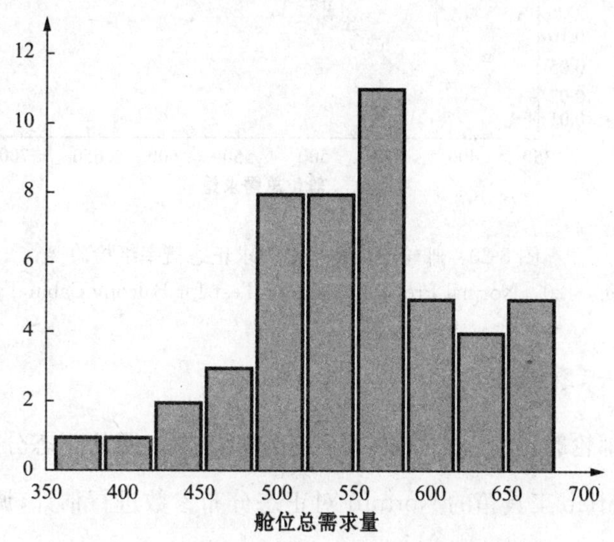

图 8-19 邮轮舱位水平总需求直方图检验
Fig. 8-19 Histogram Test of Total Demands for Balcony Cabin Type

（二）正态概率纸检验

对于正态检验，尤其在生产质量检验方面，有时用正态概率纸来检验。如果数据样本值是分布在一条直线附近，可以认为该数据来自的总体为正态分布，若明显不在一条直线附近，则认为数据来自非正态总体。通过图 8-20 可以看出，48 个数据值基本分布在一条直线附近，因此可以初步断定其正态分布性。

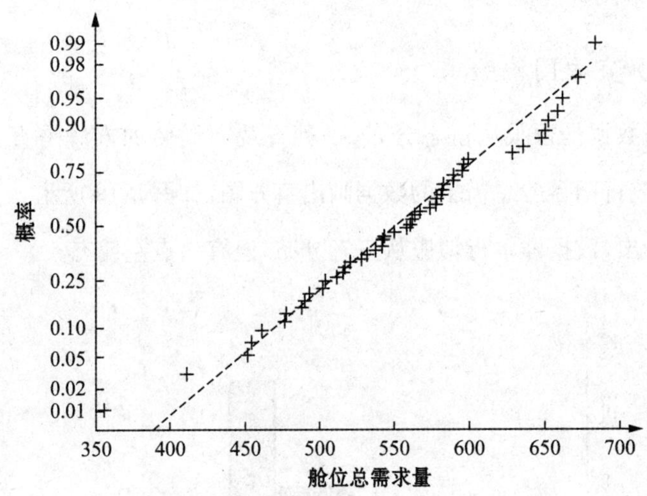

图 8-20　邮轮舱位水平总需求正态概率纸检验

Fig. 8-20　Normal Probability Paper Test for Balcony Cabin Type

（三）参数估计

已知邮轮舱位总需求数据，而且基本判定样本服从正态分布，因此可以利用 Matlab 工具箱的 Normfit 对正态分布参数进行估计，调用的命令格式为：

[mu, sigma, muci, sigmaci]＝normfit(X, alpha)

其中返回值 mu 为样本均值；sigma 为样本标准差；muci 为均值的置信区间；sigmaci 为标准差的置信区间。

估计结果：Mu＝553.4375，sigma＝70.0629，muci＝[533.0934，573.7816]，sigmaci＝[58.3251，87.7594]。

（四）Z 假设检验

数据样本符合正态分布规律，且已知其标准差为 sigma＝70.0629，均值为 mu＝553.4375，则可以采用 Matlab 统计学工具箱的 Ztest 函数对该假设进行 Z 假设检验，函数调用格式为：

[H,S,muci]=ztest(X,mu,sigma,alpha)

其中返回值 $H=0$，接受原假设即该样本服从正态分布，否则不服从正态分布；S 为检验的显著水平；muci 为均值的置信区间；sigci 为标准差的置信区间。

返回结果：$H=0$，$S=1$，muci=[533.6170,573.2580]，因此可以断定邮轮舱位总需求服从正态分布。

（五）T 假设检验

Matlab 中可以采用 T 检验法对其进行均值假设检验，T 假设检验仅需要知道样本的均值即可，调用格式为：

[H,S,muci]=ttest(X,mu,alpha)

其中返回值的意义跟 ztest 一样。

返回结果：$H=0$，$S=1$，muci=[533.0934,573.7816]，因此可以断定邮轮舱位总需求服从正态分布。

（六）Jarque-Bera 检验

前面已经提到，仅仅通过计算样本的偏度和峰度是无法判断数据是否服从或者可以认为服从正态分布的。因此，不知道当偏度接近于 0，峰度接近于 3 时，接近的程度为多少是可以接受原假设。Jarque-Bera 就是基于偏度和峰度对已知均值和标准差的数据样本做出正态分布检验的。Jarque-Bera 检验一般要用于大于 30 观测值的大样本数据。在 Matlab 中，可以利用统计学工具箱的 Jbtest 函数对该假设进行假设检验，函数调用格式为：

[H,P,JBSTAT,CV]=jbtest(X,alpha)

其中，返回值 $H=0$，接受原假设即该样本服从正态分布，否则不服从正态分布；P 为检验的显著水平 P-value；JBSTAT 为 Jarque-Bera 的统计量值；

CV 为是否拒绝原假设的临界值。

返回结果：$H=0$，$P=0.6900$，JBSTAT＝0.7423，CV＝5.9915，因此可以断定邮轮舱位总需求服从正态分布。

（七）Lilliefors 检验

Matab 中可以用于小样本正态分布检验的功能函数 lillietest 基于 Lilliefors 检验，目标不是标准正态，而是具有与样本相同均值和方差的正态分布。Lilliefors 检验与 Kolmogorov-Smirnov 检验类似，差别是它是对样本进行估计获得参数，而不是事先给定的。函数调用格式为：

[H,P,LSTAT,CV]=lillietest(X,alpha)

其中，返回值 $H=0$，该样本服从正态分布，否则不服从正态分布；LSTAT 为 Lilliefors 的统计量值；如果 LSTAT 的值超出了 Lilliefors 表，P 返回 NaN，但仍然完全可以按照 H 的值做出判断；CV 为是否拒绝原假设 LSTAT 的临界值。

返回结果：$H=0$，$P=$ NaN，LSTAT＝0.0657，CV＝0.1279，因此可以断定邮轮舱位总需求服从正态分布。

上文的分析已基本判定邮轮舱位总需求数服从正态分布，通过对正态分布参数进行估计，可以发现邮轮阳台舱总需求服从均值为 553.4375，标准差为 70.0629 的正态分布，其中均值和标准差 95％的置信区间为[533.0934，573.7816]和[58.3251，87.7594]。我们使用多种检验方法对邮轮总需求的正态分布性进行检验，最后 Z 检验、T 检验、Jarque-Bera 检验以及 Lilliefors 检验的返回结果都显示数据样本服从正态分布。

此外，通过对伽玛分布的参数估计得到了伽玛分布的参数值为[60.5620，9.1384]，其 95％的置信区间分别为[40.6374，90.2558]和[6.1218，13.6414]。有了正态分布和伽玛分布的参数，就可以得到数据样本的概率密度分布，如图 8-21 所示。上文的分析显示，邮轮各舱位预订总需求的分布服从正态分布和伽玛分布。通过图 8-21 可以看出，邮轮总需求的正态分布和伽玛分布特征非常接近。从概率直方图和偏度检验来看来看，数据确实具有左偏态。由此看来，应该说伽玛分布更能反映数据的特征，只是偏态非常小，接近于正态分布。

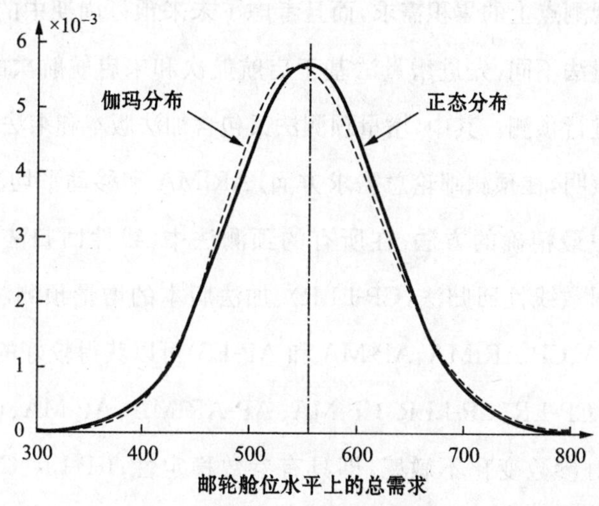

图 8-21　邮轮舱位水平总需求的概率密度图

Fig. 8-21　Probability Intensity of Total Demands for Balcony Cabin Type

小　结

在需求预测和估计方面，以北美某大型邮轮公司的实际数据为背景，提出了一种邮轮收益管理需求预测与需求分布规律估计的实证分析框架，从而可以为邮轮收益管理选择最佳的预测方法和挖掘最接近的概率分布。首先利用多种预测方法，在预订周期特定观测点上对邮轮未来航次的总需求进行预测和比较，为邮轮收益管理选择最佳的预测方法和相应的最优预测参数。其次，将多种概率分布与邮轮舱位水平上的总需求数据进行比较和检验，为邮轮收益管理挖掘潜在的需求分布规律。

本章的预测方法有三类：非增量预测法、经典增量组合预测法和先进增量组合预测法，总共有 24 种。非增量预测法仅仅利用邮轮需求的历史数据预测未来航次相应的需求；经典增量法基于已启航航次的历史数据，不仅考虑观测点上的累积需求，而且考虑了未来预订周期中的增量需求；与经典增量法不同，先进增量法基于启航航次和未启航航次的所有可用预订数据进行预测。其中，增量预测法又包含加法版本和乘法版本。

研究表明，在预测邮轮总需求方面，ARIMA 和移动平均法是非增量预测方法中最精确的方法；在所有的预测法中，线性回归法（CP-LR 和 AP-LR）、对数线性回归法（CP-LLR）、加法版本的增量预测法（CP-MA、AP-ARIMA、CP-ARIMA、AP-MA 和 AP-ES）可以获得较好的预测效果。研究发现，CP-LR、CP-LLR、CP-MA、AP-ARIMA、AP-MA、CP-ARIMA 和 APES 对参数变化不敏感，即具有参数稳定性；CP-LR、CP-MA、AP-ARIMA、CP-LLR、APMA、CP-ARIMA、AP-LR 和 CP-ES 对数据样本不敏感，即具有数据稳定性。在邮轮收益管理预测方法选择方面，本章推荐以下 8 种精确和稳定的方法：CP-LR、CP-LLR、CP-MA（add）、AP-ARIMA（add）、CP-ARIMA（add）、AP-MA（Add）、AP-LR 和 AP-ES（add）。乘法版本的增量预测法无法获得满意的预测结果。

本章的样本来自特定邮轮、特定航线和特定舱位，未来的可以扩展到其他邮轮、航线和舱位以及更长的预测周期。此外，研究表明，只要能有效地把握季节性特征，HWES 的预测精度非常高。因此，另一个有意义的方向可以关注邮轮数据季节性的挖掘，研究季节性对邮轮收益管理预测的影响。

需求预测和估计是收益管理存量控制和定价决策的基础。本章首先基于邮轮不同舱位的总需求数据，将数据样本正态分布（Nomal）、对数正态分布（Lognormal）、指数分布（Exponential）、泊松分布（Poisson）、伽玛分布（Gamma）、威布尔分布（Weibull）、瑞利（Rayleigh）分布以及负二项式分布（Negative Binomial）进行了比较，来挖掘邮轮舱位水平上总需求的概率分布特征。研究表明，正态分布和伽玛分布能较好地拟合邮轮各舱位总需求的分布。研究过程包括三个步骤，首先基于小样本数据对邮轮总需求的分布进行探索性挖掘，其次以更大样本的数据为基础，对前面的检验结果进行验证。结果都表明，数据样本接近正态分布和伽玛分布。最后，以正态分布为例，利用多种检验方法，验证了邮轮舱位水平上总需求的正态分布性，包括直方图直观检验、正态概率纸检验、Z 假设检验、T 假设检验、Jarque-Bera 检验和 Lilliefors 检验。所有的检验方法都验证了前面结论的合理性。

第九章　邮轮收益管理的舱位分配策略

第八章以邮轮公司特定航线的需求数据为基础，将邮轮舱位水平上总需求的实际数据与多种分布进行了比较，从统计意义上刻画邮轮舱位水平上总需求的分布规律。研究表明，正态分布和伽玛分布能较好地拟合邮轮各舱位总需求的分布特征。本章基于北美邮轮市场的实际数据，以邮轮舱位水平上总需求的正态分布特征为基础，对邮轮收益管理的存量分配和控制问题进行研究。期望边际座位收益(EMSR)是收益管理中存量分配的基础模型。大多数航空收益管理的研究表明，很难对 EMSR-a 和 EMSR-b 两个版本的存量分配效果进行评判。以正态分布为例，本章利用 EMSR-a 和 EMSR-b 来确定不同舱位的保护水平，并以某次航行的实际数据为基准需求，对高总需求和低总需求下分别考虑低价格舱位高需求和高价格舱位高需求的四种顾客到达情形进行了模拟，比较了不同需求状况下两种方法的分配效果。研究结果表明，两种版本的存量分配效果不分伯仲，孰好孰坏取决于实际的需求状况。

第一节　相关文献综述

从邮轮运营和管理来看，邮轮公司主要关心三方面的内容：需求预测和估计、舱位分配和舱位定价。与航空和酒店类似，邮轮向旅客提供不同类型的舱位(Cabin Types)、制定不同等级的票价(Fare classes),消费者可以在一定的购买限制下提前预订船票(Booking in advance),且有一定的购票限制。邮轮公司面临的典型问题是如何在有限的销售周期内将有限存量的易逝性产品销售给不同类型的消费者,从而最大化自身的利润。从这一特征来看,邮轮业具有典型的收益管理行业特征:存量有限、提前预订、需求不确定但可预测、固定成本高且边际成本低、具有不同的票价等级、基于时间的需求和价格等。严格来说,邮轮业属于传统而典型的收益管理行业。正如《The Theory and Practice of Revenue Management》的作者所说的,邮轮与酒店没有什么太大的差别;本质上,邮轮是一种漂浮的酒店,完全可以用收益管理的理论和方法进行研究。

从整个收益管理的研究内容来看,以往的研究大多将需求估计与舱位分配割裂开来讨论,通常基于假定的需求函数或者需求分布特征来进行收益优化方面的研究。第八章和本章以北美某大型邮轮公司的实际数据为背景,将需求估计和存量分配问题结合起来,对邮轮收益优化问题进行研究。首先,利用 MATLAB 提供的功能函数,将实际数据与多个概论分布进行比较,挖掘邮轮舱位水平上总需求的分布规律;其次,基于需求的正态分布特征,利用期望边际座位收益(Expected Marginal Seat Revenue, EMSR)算法的两个版本 EMSR-a 和 EMSR-b,以某次航行的实际需求为基准数据,对高总需求和低总需求情况下分别考虑高价格舱位高需求和低价格舱位高需求的四种需求状况进行了存量分配和控制模拟,并对不同需求状况下两种算法的分配效果进行了比较。

由于较高的边际成本和较少的商务旅客,邮轮业在进行收益管理实践中就面临着更多的困难。邮轮业中的价格与收益优化问题成为了学术界相对忽视的研究领域。与酒店业和航空业相比,邮轮收益管理受到研究者更少的关注。到目前为止,只有少量文献从运营和收益管理的角度对邮轮业进行了研究。目前,邮轮业运营与定量化研究主要分为两类:①需求预测、定价、存量分配;②基于捆绑销售的收益优化。

为了有效地实施收益管理,企业必须根据顾客保留价格细分消费者群体,从而实现将正确的产品以正确的价格卖给正确的消费者最终最大化自身收益的目标。关于最优市场细分和定价策略,Ladany and Arbel (1991)基于线性需求假设,研究了邮轮最优细分市场个数及相关定价问题,分析了四种情形下的定价策略:①单一价格的最优定价;②单一价格市场上未分配(Unused)舱位的最优细分市场个数;③所有舱位的最优细分市场个数;④考虑需求渗透(由高价到临近低价市场)的最优细分市场个数。然而,线性需求和每个细分市场容量相等的假设限制了论文的普遍性。

在需求预测方面,Sun et al. (2011)基于北美某邮轮公司的实际数据讨论了邮轮收益管理的需求预测问题,从而为邮轮确定最精确和最稳定的预测方法。作者提出了一种两阶段的研究框架,利用 24 种预测方法为邮轮未来航次的总需求进行预测,并比较了不同方法的预测效果。

关于舱位分配(也就是指邮轮公司在每个票价等级舱位上确定最优的分配数量,从而最大化票价总收益问题),Ji and Mazzarella(2007)分析了邮轮业的行业特征,基于传统的 EMSR 版本提出了邮轮舱位分配的静态方法——Nested Class Allocation(NCA)和基于 Poisson 到达的动态方法——Dynamic Class Allocation(DCA),并利用实际数据测试了两种方法的效果和使用情况,研究表明 DCA 比 NCA 更安全,指出邮轮舱位分配应充分考虑两种方法的有效结合。在存量分配中,邮轮比酒店和航空业具有更多的约束条件,其中最显著的不同是邮轮除了舱位数量限制外还要考虑救生艇(Life boat)的存量约束(Biehn,2006;Maddah et al.,2010)。为此,Maddah et al. (2010)同时考虑舱位和救生艇的存量约束,提出了一个离散时间动态存量控制模型，对邮轮收益管理的随机需求和多维度约束问题进行了研究。

此外，邮轮公司向消费者提供航空机票和邮轮船票的绑定产品成为收益管理的重要组成部分。在向航空计划延伸方面，Lieberman and Dieck (2002)提出了一种邮轮公司的最优航空计划，邮轮公司一方面为乘客规划行程，另一方面在机票价格上与航空公司讨价还价。研究表明，邮轮公司能够从机票绑定中获得20%的额外收益，航空计划的改进可能为邮轮公司提供宝贵的机会。

第二节　预定限制与保护水平

在收益管理实践中，并不是越复杂的存量分配方法越有效。方法的有效性不仅体现在获得最优解的能力上，很大程度上体现在运行速度和时效性上。因此一些启发式的近似算法得到了广泛的应用，其中最著名的是期望边际座位收益(EMSR)。启发式方法流行的另一个原因是编码简单，运行速度更快，在多数情况下能得到接近最优策略。启发式算法的支持者认为，从得到的更好的收益数字和预测中的潜在改善来看，启发式算法的吸引力超过了最优控制方法。因为，“近似正确”总比“完全错误”好。

在邮轮预订系统中最初记录的往往是个人预订，每天有大量的数据更新和计算，预测和优化模块每周甚至每天都在做大量的工作，并及时地将运算结果提交给全世界的销售终端，计算时效性显得尤为重要。笔者在美国学习期间，曾对邮轮公司的管理者进行过深度访谈，也获得了类似的结果。与单纯的学术研究不同，出于时效性和可操作性的考虑，邮轮收益管理系统通常并不采用复杂的需求预测、舱位分配和定价方法，而是一些有效的启发式算法。为此本章采用著名的EMSR算法来研究邮轮收益管理舱位水平上的存量分配问题，比较了EMSR两种版本的舱位分配效果，并将研究结论与现有航空收益管理的文献进行了比较。

一、需求信息

通过数据整理可以看出，在实际的双床铺舱位存量中，阳台舱(类型1)、内部舱(类型2)以及海景舱(类型3)通常占了总存量90%以上。不失一般性，下面以三种舱位类型为例，研究邮轮舱位水平上的总存量分配问题。虽然三种舱位的物理特征有所不同，但在存量分配的过程中具有较大的替代性，可以假定三种舱位为相同舱位(双床铺舱位)下的三种票价等级，即全价舱(阳台舱)、折扣舱1(海景舱)和折扣舱2(内部舱)。

由于三种舱位的需求都服从正态分布，以特定航线的需求数据为基础，进行了正态分布拟合检验，得到了该航线的需求和价格信息，如表9-1所示，其中价格为顾客支付的平均值。基于三种舱位的价格信息和需求的正态分布性，分别利用EMSR-a和EMSR-b便可以确定三种舱位的保护水平。

表9-1 需求信息和保护水平

Tab. 9-1 Information of Demand, Price and Protection Levels for Each Cabin Type

舱位类型	价格	需求均值	置信区间	需求方差	置信区间	EMSR-a	EMSR-b
全价舱	$p_1=1000$	$\mu_1=600$	[567.78 632.52]	$\delta_1=81$	[64.44,112.13]	531	531
折扣舱1	$p_2=800$	$\mu_2=305$	[287.17 325.29]	$\delta_2=53$	[41.81,72.75]	888	896
折扣舱2	$p_3=500$	$\mu_3=678$	[642.67 714.00]	$\delta_3=90$	[71.00,123.56]	1200	1200

二、EMSR-a

期望边际座位收益(EMSR)算法提出了两种等级价格的存量控制问

题的简单决策准则，后来称为 Littlewood 规则。模型假设有两个票价等级，每个等级的价格为 p_1 和 p_2，且 $p_1>p_2$。产品存量为 C，并假定没有超售（Overbooking）和取消订购（Cancellation）。D_j 表示等级 j 的需求，其分布用 $F(\cdot)$ 表示。假定高价值需求先到达低价值需求后到达。因此等级 2 的需求首先到达，如果接受此次需求将得到 p_2 的收益；而拒绝该需求的条件是，等级 1 的需求 D_1 大于剩余存量 x，因为未来可以价格 p_1 销售产品 x。由于 D_1 为随机变量，此时来自等级 1 需求的期望收益为 $p_1P(D_1>x)$，所以当且仅当等级 2 的收益高于等级 1 的期望边际收益时，才真正接受等级 2 的需求。用公式表示为：

$$p_2 > p_1P(D_1 > x) \tag{9.1}$$

由于右边以 x 递减，因此存在一个保护水平 y_1^*，如果剩余存量大于 y_1^* 时就接受等级 2 的需求，否则就拒绝。此时，y_1^* 满足：$p_2<p_1P(D_1\geqslant y_1^*)$ 并且 $p_2>p_1P(D_1\geqslant y_1^*+1)$。

本章的舱位需求服从连续的正态分布。如果用连续分布 $F_1(\cdot)$ 刻画需求，那么保护水平 y_1^* 可以更简单地描述为：

$$p_2 = p_1P(D_1 > y_1^*)\Rightarrow y_1^* = F_1^{-1}\left(1-\frac{p_2}{p_1}\right) \tag{9.2}$$

在两等级问题中，按照 Littlewood 算法设置的保护水平 y_1^* 是最优策略。特别地，当产品的需求为正态分布 $N(\mu,\delta)$ 时，高等级的保护水平可以通过下面的推导得到：

$$\begin{aligned} F_1(y_1^*) &= 1-p_2/p_1 = F_1\left(\frac{y_1^*-\mu}{\delta}\right) \\ &= w\Rightarrow \frac{y_1^*-\mu}{\delta} = Z_w \Rightarrow y_1^* = \mu + Z_w\delta \end{aligned} \tag{9.3}$$

虽然 Littlewood 方法能取得两等级情形下的最优策略，但在实际中收益管理处理的是多等级舱位和多等级票价问题。为此，基于 Littlewood

规则学者 Belobaba 后来提出了 EMSR 算法。该算法包括两个版本：EMSR-a 和 EMSR-b。在多等级问题中，假设产品有 n 个等级，每个等级需求按照由低到高的顺序到来，每个等级的价格满足 $p_1>p_2>\cdots p_n$，即等级 n（最低价格）的需求先到来，其次为等级 $n-1,n-2,\cdots,1$。$F_j(x)$表示需求等级 j 的概率函数。为了讨论方便，假定存量和需求是连续的，因此 $F_j(x),j=1,\cdots,n$ 也是连续的。

EMSR-a 应用 Littlewood 规则依次累加保护水平，是一种保护水平累加算法。考虑舱位类型为折扣类型 2，价格为 p_3，要解决的问题是为折扣舱 1 和全价舱设定保护水平 y_2。考虑全价舱和折扣舱 1 的任意一个舱位类型，用舱位 k 表示，并单独比较折扣舱 2 和舱位 k 两个等级。利用 Littlewood 两等级模型，可以为该舱位设定最优保护水平 y_k，其中

$$P(D_k > y_k^3) = \frac{p_3}{p_k} \tag{9.4}$$

当舱位 k 为折扣舱 1 时，

$$P(D_2 > y_2^3) = \frac{p_3}{p_2} = 0.625$$

根据标准正态分布表可知，$Z=-0.32$，因此

$$y_2^3 = Z\delta_2 + \mu_2 = -0.32 \times 53 + 305 = 288.04$$

当舱位 k 为全价舱时，

$$P(D_1 > y_1^3) = \frac{p_3}{p_1} = 0.50$$

根据标准正态分布表可知，$Z=0$，因此

$$y_1^3 = Z\delta_1 + \mu_1 = 600$$

EMSR-a 的思路是用两等级关系得到的最优保护水平之和来近似表示保护水平 $y_{1,2}$，从而可以得到：

$$y_{1,2} \approx \sum_{k=1}^{2} y_k^3 = 600 + 288.04 = 888.04$$

也就是说全价舱和折扣舱 1 的保护水平为 888，而折扣舱 2 的预订限制为 1 200－888＝312。如果考虑舱位类型为折扣类型 1，价格为 p_2，要解决的问题是为折扣舱 1 和全价舱设定保护水平 y_1，那么此时就只有两种类型舱位，因此可用 Littlewood 规则来确定，即：

$$P(D_1 > y_1) = \frac{p_2}{p_1} = 0.80$$

根据标准正态分布表可知，$Z=-0.84$，因此全价舱的保护水平为：

$$y_1 = Z\delta_1 + \mu_1 = -0.84 \times 81 + 600 = 531.96$$

因此，最终的存量分配策略是为全价舱保留 531 个舱位，为全价舱和折扣舱 1 保留 888 个舱位，为全价舱和两种折扣舱分配最多 1 200 个舱位。也就是全价舱的分配限制为总存量 1 200，折扣舱 1 和折扣舱 2 的销售限制为 1 200－531＝669，折扣舱 2 的销售限制为 1 200－888＝312。

三、EMSR-b

与 EMSR-a 不同，EMSR-b 基于需求累加而非保护水平累加，思路是将未来等级的需求综合成一个具有加权平均收益的单个等级。假设在阶段 $j+1$ 要设定保护水平 y_j，等级 $j, j-1, j-2, \cdots, 1$ 的总需求为 $S_j = \sum_{k=1}^{j} D_k$，即全价舱和折扣舱 1 的总需求为 $S_2 = \sum_{k=1}^{2} D_k$。则来自全价舱和折扣舱 1 的加权平均收益为：

$$\bar{p}_2 = \frac{\sum_{k=1}^{2} p_k E(D_k)}{\sum_{k=1}^{2} E(D_k)} = \frac{1\,000 \times 600 + 800 \times 305}{600 + 305} = 932.60 \quad (9.5)$$

以上的加权平均收益可以看作是由全价舱和折扣舱 1 构成的一个虚拟等级。那么，基于 Littlewood 规则，等级 2 及以上等级的保护水平，可以由折扣舱 2 和虚拟等级近似确定，且满足：

$$P(S_2 > \bar{y}_2) = \frac{p_3}{\bar{p}_2} = 0.5361 \tag{9.6}$$

由于各舱位服从正态分布且相互独立，因此该虚拟舱位的需求同样服从正态分布，其均值和标准差分别为：

$$\bar{\mu}_2 = \mu_1 + \mu_2 = 600 + 305 = 905$$

$$\bar{\delta}_2 = \sqrt{\delta_1^2 + \delta_1^2} = \sqrt{9\,370} = 96.80$$

根据标准正态分布表可知，$Z=-0.09$，因此

$$\bar{y}_2 = Z\bar{\delta}_2 + \bar{\mu}_2 = -0.09 \times 96.80 + 905 = 896.29$$

此时，考虑这一虚拟等级和等级 $j+1$，问题就变为两等级。利用 Littlewood 规则可以确定未来等级的保护水平：

$$P(S_j > y_j) = \frac{p_{j+1}}{\bar{p}_j} \tag{9.7}$$

也就是说全价舱和折扣舱总的保护水平为 896，而折扣舱 1 和折扣舱 2 的预订限制为 1 200－896＝304。因此，最终的存量分配策略为：为全价舱保留 531 个舱位，为全价舱和折扣舱 1 保留 896 个舱位，为折扣舱 1 和折扣舱 2 最多分配 1 200－531＝669 个舱位为，折扣舱 2 分配最多 304 个舱位。两种存量分配方法确定的保护水平和预订限制如表 9-2 所示。

表 9-2　各舱位类型的保护水平和预订限制

Tab. 9-2　Protection Levels and Booking Limits for Each Cabin Type

预订限制	EMSR-a	EMSR-b	保护水平	EMSR-a	EMSR-b
全价舱	1 200	1 200	全价舱	531	531
折扣舱 1	669	669	折扣舱 1	888	896
折扣舱 2	312	304	折扣舱 2	1 200	1 200

EMSR-b 显然考虑了 EMSR-a 中缺少的需求累加或统计平均效应，这是 EMSR-b 相对于 EMSR-a 的优点。然而，应用加权平均收益是一种

粗略的近似，可能会扭曲最终的保护水平。虽然对两者效果的研究有不同的结果，在实践中 EMSR-b 更为流行，而且似乎比 EMSR-a 的效果更好。Belobaba(1992)的研究表明，EMSR-b 可以达到 99.5%接近最优收益，而 EMSR-a 接近最优值的程度也达到了 98.5%。Polt(1999)的研究也表明两者的效果不分伯仲。由此看来，EMSR-a 和 EMSR-b 的表现都相当出色。

第三节　EMSR-a与EMSR-b的模拟比较

第八章我们从统计意义上刻画了邮轮舱位水平上的总体需求特征。研究表明，正态分布和伽玛分布能较好地拟合邮轮各舱位总需求的分布。本章将基于舱位水平上需求的正态分布特征，利用 EMSR-a、EMSR-b 方法为双床位不同类型舱位确定保护水平(或预订限制)，以某次航行的实际需求为基准数据，模拟了邮轮在整个预订周期上不同特征的顾客到达，并按照以上两种方法确定的保护水平为邮轮做出舱位需求的接受或者拒绝决策，最后比较了不同方法的效果。

第九章第二节的计算表明，EMSR-a 算法最终的存量分配策略是为全价舱保留 531 个舱位，为全价舱和折扣舱 1 保留 888 个舱位，为全价舱和两种折扣舱分配最多 1 200 个舱位；也就是全价舱的分配限制为总存量 1 200，折扣舱 1 和折扣舱 2 的销售限制为 1 200－531＝669，折扣舱 2 的销售限制为 1 200－888＝312。而 EMSR-b 为全价舱和折扣舱 1 确定的保护水平为 896，而折扣舱 2 的预订限制为 304(1 200－896)，即最终的存量分配策略为：为全价舱保留 531 个舱位，为全价舱和折扣舱 1 保留 896 个舱位，为折扣舱 1 和折扣舱 2 最多分配 669(1 200－531)个舱位，为折扣舱

2分配最多304个舱位。

与Ji and Mazzarella(2007)不同,本节以特定航线的实际数据为背景,基于EMSR确定的存量限制和保护水平,对邮轮特定航次的存量控制过程进行模拟,来研究在面对特定需求时如何做出接受或者拒绝决策。由实际数据可知,在整个销售周期内,虽然各类型需求是随机到达的,但总的来看高价格需求往往落后于低价格需求。因此为了分析方便,与收益管理经典假设一致,我们假定需求到达的顺序为高价格需求先到达,低价格需求后到达,且采用先到先服务的处理原则。

在本研究中,我们分析了高总需求和低总需求情形下的存量控制。首先选择邮轮该航线上特定航次的实际需求作为高总需求和低总需求的基准数据;其次在每种情形下,又对高价格舱位高需求和低价格舱位高需求两种情况进行讨论。为了对比方便,假定在对高价格舱位(全价舱)高需求和低价格舱位(折扣舱2)高需求讨论时,总需求和折扣舱1的需求不变。也就是说高价格舱位高需求就意味着低价格舱位低需求,反之亦然。

一、高总需求情况

我们假定全价舱、折扣舱1和折扣舱2的总存量为1200。以某高总需求航次的数据为基准数据,对舱位分配问题进行讨论。在此,邮轮的销售周期为52周,总需求为2020,三种舱位的总需求分别为747、413和860。现在基于EMSR两种版本的存量分配策略,对邮轮不同舱位的顾客需求做出接受或者拒绝决策。预订开始后,在每个阶段(周)内,只要累积需求没有达到折扣舱1和折扣舱2以及折扣舱2的预订限制,所有的需求都将以先到先服务的原则被满足。当接受的需求达到舱位相应的分配限制后,未来该舱位所有的需求都将被拒绝。以EMSR-a为例,折扣舱2在销售周期的第30周首先达到销售限制312,并被永久关闭,如图9-1所示。

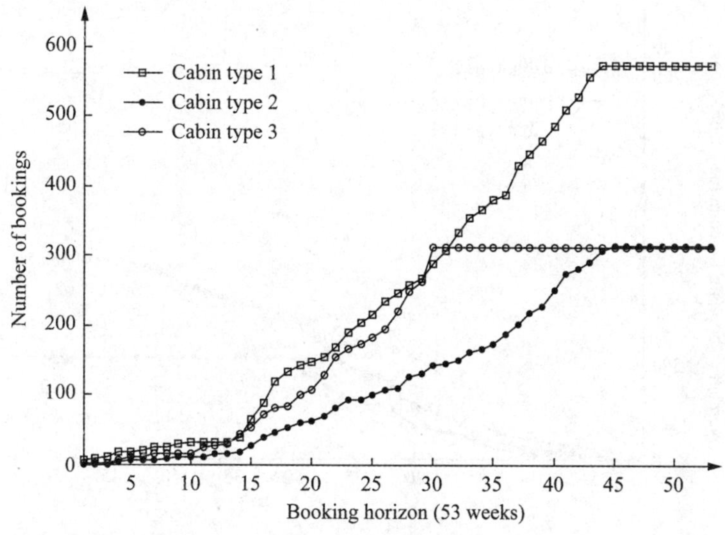

图 9-1　三种舱位的存量控制过程

Fig. 9-1　Capacity Control for Each Cabin Type under Booking Limits

此后全价舱和折扣舱 1 保持开放，并继续接受需求，直到达到两种舱位的预订限制或者总需求超过总存量。最后，三种舱位总需求达到总存量限制 1200，所有舱位关闭。此时，全价舱和折扣舱 1 仍然没有达到销售限制 669，如图 9-2 所示，这说明有相当多(573)的全价需求被接受。此外，结果显示，EMSR-b 能够得到更高的收益。这是因为 EMSR-b 为价格较高的全价舱和折扣舱 1 设定了较高的保护水平，当需求较高时全价舱和折扣舱 1 能够显著地提高收益。

假定邮轮的总需求仍然是 2020，同时调整全价票和折扣票 2 在 53 个销售阶段的增量需求以达到高价格舱位高需求或者低价格舱位低需求和低价格舱位高需求或者高价格舱位低需求的分析要求，具体的需求信息如表 9-3 所示。分别以 EMSR-a 和 EMSR-b 确定的折扣舱 2、折扣舱 1 和折扣舱 2 的预订限制为标准对舱位进行控制，在每个阶段做出接受或者拒绝决策。结果显示，在高价格舱位高需求的情况下，两种分配策略都接

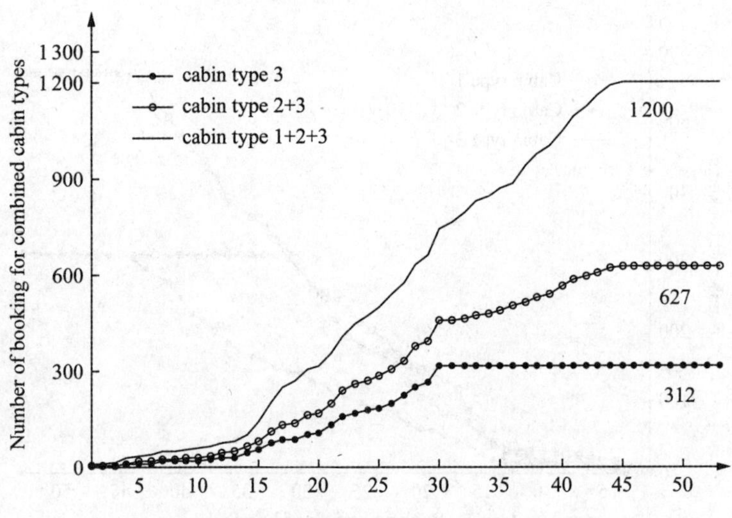

图 9-2 预订限制下邮轮舱位累积预订曲线

Fig. 9-2 Number of Cumulative Bookings under Booking Limits

受了比基准需求更多的全价舱(688),因此使得邮轮能获得更高的收益;由于全价位的需求非常高而折扣舱 2 的需求非常低,使得在整个预订周期中折扣舱 2 的需求(284)还没有达到 EMSR-a 和 EMSR-2 设定的预订限制(312 和 304)时就被永久关闭了;此外全价舱需求的快速增长也使得折扣舱 1 和折扣舱 2 总需求还没有达到共同的预订限制(669)时,总的需求就达到了邮轮的总存量(1 200)。因此,在这种情形下,EMSR-a 和 EMSR-b 取得了相同的分配结果,如表 9-3 所示。

表 9-3 高总需求情况下邮轮存量分配结果

Tab. 9-3 Capacity Allocation under High Demands

高总需求 2 020	舱位需求	存量分配-a	存量分配-b	总分配(a,b)
基准需求	(747 413 860)	(573 315 312)	(576 320 304)	(1 200 1 200)
高价格高需求	(1 177 413 430)	(688 228 284)	(688 228 284)	(1 200 1 200)
低价格高需求	(370 413 1 237)	(370 357 312)	(370 365 304)	(1 039 1 039)

（续表）

高总需求 2020	总收益-a	总收益-b	收益变化-a	收益变化-b
基准需求	981 000	984 000	0	0
高价格高需求	1 012 400	1 012 400	3.201%	2.886%
低价格高需求	811 600	814 000	−17.268%	−17.276%

二、低总需求情况

在低价格舱位高需求情形下，仍然假定总需求为 2020，并调整低价舱和全价舱的需求以满足分析要求。在这种情况下，由于全价舱需求过低，而低价的折扣舱 2 需求过高，使得折扣舱 2 很容易达到两种分配策略的预订限制（312 和 304），并被永久关闭。同时，全价舱和折扣舱 1 的需求继续被接受。由于接受了较多的折扣舱 2 且全价舱的需求增长缓慢，在达到折扣舱 1 和折扣舱 2 共同的预订限制（669）后，全价舱的需求仍然继续被接受。虽然邮轮的总需求很高，但由于全价舱需求过低使得在邮轮销售周期结束时，邮轮还有大量舱位（161/1 200＝13.42%）没有被售出。结果，一方面是大量的舱位空闲没有实现销售，另一方面很低的全价舱又无法满足需求，使得邮轮的收益显著减少，如表 9-3。

在低总需求情况下，以某次低需求航次的需求数据为基准数据，其中邮轮的总需求为 1 278，全价舱、折扣舱 1 以及折扣舱 2 的总需求分别为 478、252 和 548。按照高总需求情形下的分析思路，基于 EMSR 两种版本的存量分配策略，对邮轮不同舱位的顾客需求做出接受或者拒绝决策。最终的分配结果如表 9-4 所示。在总需求较低的情况下，由于低价的折扣舱 2 需求较大，而其预订限制的水平又较低，所以很容易达到预定限制而被关闭；由于全价舱和折扣舱 2 的需求较低，所以很难达到折扣舱 1 和折扣舱 2 共同的预订限制以及总的存量限制。结果全价舱和折扣舱的所有需求都被满足，但由于较早地拒绝了折扣舱 2 的需求，在邮轮启航时仍然有较多空闲的舱位，造成收益的流失。这也充分解释了为什么与高总需求不同，在低需求情况下，EMSR-b 得到了比 EMSR-a 较低的收益。因为，虽然 EMSR-b 较早地关闭了低价折扣舱 2，但由于较高舱位的需求严重不足，未能达到为高价格需求分配较多存量的目的。

表 9-4　低总需求情况下邮轮存量分配结果

Tab. 9-4　Capacity Allocation under Low Demands

高总需求 2020	舱位需求	存量分配-a	存量分配-b	总分配(a,b)
基准需求	(478　252　548)	(478　252　312)	(478　252　304)	(1042　1034)
高价格高需求	(760　252　266)	(748　242　210)	(748　242　210)	(1200　1200)
低价格高需求	(340　252　686)	(340　252　312)	(370　365　304)	(904　896)
高总需求 2020	总收益-a	总收益-b	收益变化-a	收益变化-b
基准需求	835600	831600	0	0
高价格高需求	1046600	1046600	25.25%	25.85%
低价格高需求	697600	693600	−16.52%	−16.60%

当邮轮的总需求较低时，如果高价舱位的需求很高，而低价舱位的需求不足，虽然低价折扣舱 2 的所有需求都被满足了，但高价舱位自身需求的快速增长，使得总需求很快达到了总存量，从而不仅获得了很高的客座率，而且获得了很高的收益增长率，如表 9-4 所示。通过表 9-4 可以发现，在高价舱位需求严重不足而低价舱位需求很高时，折扣舱 2 较低的预订限制使得邮轮拒绝了大量的潜在需求，加上全价舱位需求的严重不足，导致了总需求的严重不足，最终的客座率和收益都很低。

通过以上分析可以看出，与航空业得出的结论类似，在邮轮收益管理中同样很难断定 EMSR-a 和 EMSR-b 的优劣。本章的研究结果表明，虽然 EMSR-b 能够为较高价格的舱位保留较高的保护水平，但当总需求或者高价舱位的需求较低时，由于较多地拒绝了潜在的需求，可能导致较低的客座率和总收益。当高价格舱位高需求足以使得总需求达到总存量限制，而低价舱的需求较低而很难达到其预订限制时，EMSR-a 和 EMSR-b 可能得到相同的存量分配结果和总收益，如表 9-3 和表 9-4 所示的高价格舱位高需求情况。在低价格舱位的需求较高，而高价格舱位的需求较低时，只要任意较高价格的需求能够达到其预订限制，虽然 EMSR-a 和 EMSR-b 可能获得相同的客座率，但 EMSR-b 就能因为为较高价格的舱位保留了较多的存量，而最终获得较高的收益，如表 9-3 中低价格舱位高需求的情形；相反，如果所有高价格舱位的需求都无法达到相应的预订限制时，EMSR-b 就会因拒绝了较多的潜在需求而获得较低的收益，如表 9-4 中低价格舱位高需求的情形。

小　　结

本章于邮轮舱位水平上总需求的正态分布性，分别利用 EMSR-a 和 EMSR-b 为特定航线确定各舱位的保护水平，并以特定航次的实际需求为基准数据，模拟了四种情况下的顾客到达和存量控制过程：①高总需求，高价格舱位高需求；②高总需求，低价格舱位高需求；③低总需求，高价格舱位高需求；④低总需求，低价格舱位高需求；并比较了两种版本 EMSR 算法的分配效果。研究表明，与航空业结论一样，很难判断 EMSR-a 和 EMSR-b 的优劣。孰优孰劣取决于航次总需求、各舱位需求的高低以及预订限制。

第十章　邮轮收益管理的舱位定价策略

与航空和酒店等其他基于提前预订和存量限制的行业类似，邮轮业同样面临在有限的销售周期将有限存量的易逝性产品销售给不同类型的消费者从而实现利润最大化的问题。邮轮上有不同类型的舱位，每种舱位有固定的存量和不同的票价等级，在一定的销售周期内提前预订。邮轮收益管理同样涉及三个方面的主要内容：①需求预测；②存量分配；③舱位定价。在已发表的文献中，Ji and Mazzarella(2007)和 Ladany and Arbel(1991)分别研究了邮轮收益管理存量分配和定价的内容。Lu and Mazzarella(2007)利用模拟方法讨论了邮轮存量分配的两种策略：套嵌等级分配(NCA)和动态等级分配(DCA)。并模拟了不同情形下两种分配策略的效果。Ladany and Arbel(1991)基于线性需求函数，研究了邮轮舱位最优市场细分和静态定价问题，为邮轮舱位确定最优的细分市场个数以及相应的价格。Sun et al(2010)基于北美某邮轮公司的实际数据讨论了邮轮收益管理的需求预测问题，从而为邮轮确定最精确和最稳定的预测方法。作者提出了一种两阶段的研究框架，利用 24 种预测方法为邮轮未来航次的总需求进行预测，比较了不同方法的预测效果。并与酒店和航空收益管理的类似研究进行了比较，结果表明，航空和酒店收益管理的预测方法不应该直接移植到邮轮收益管理上来。到目前为止，还没有文献对邮轮收益管理的动态定价问题进行研究。

第一节　问题的提出与相关文献综述

本章提出了一种基于需求学习的邮轮收益管理动态定价方法。该方法通过两阶段框架为邮轮未来航次的不同周期的舱位进行动态定价，从而在有限的销售时间内最大化未来的总收益。第一阶段，基于历史数据和当前数据，随时更新需求函数的参数；第二阶段，基于获得的需求函数确定邮轮未来各航次舱位的价格。在每个期初，虽然所有周期的需求和价格都进行了更新，但只有当前周期的价格被采用到实际的接受和拒绝决策中。当实际的需求预订发生后，新一周期的数据便被观测到，进而需求再次学习，定价过程重复发生直到最后的航次启航。

一、问题的提出

固定存量、有限的销售周期以及较低的边际成本，使得动态定价更加适应于易逝性产品(Lin,2006)。因此，动态定价特别适用于高生产成本、存量固定且易逝性产品、有限的销售周期期限、价格敏感和需求相对不确定的行业(Bitran and Caldentey,2003)。动态定价的目的是在整个销售周期上有利可图地通过定价动态调整需求，从而最大程度地从有限的存量中获得利润。为此，存量固定的企业通常在不同的周期向不同类型的消费者提供不同的价格从而最大化自身的收益。

正如前文提到的，邮轮业反映了传统收益管理的行业特征。因此，动态定价可以有效地应用于邮轮收益管理中。例如，邮轮每个航次的销售周期一般为 53 个周，可以根据顾客的保留价格和现有存量在不同的周期为不同的舱位设定不同的价格。既然未售出的舱位在邮轮启航后的价值为零，当启航时间临近且存量水平较高时，邮轮公司往往通过降低价格提高需求；相反，当启航之前的时间充裕且存量水平较低时，邮轮公司又会通过提高价格来影响需求。这恰恰反映了动态定价“通过价格来有利可图地动态影响需求，最大限度地从有限的存量中获取利润”的思路。

在动态定价中，消费者偏好、消费者保留价格、竞争者行为、产品信息、历史价格、需求不确定等市场因素很大程度上影响动态定价的效果。特别是需求函数的确定至关重要。在实际中，一个很重要的问题是需求函数的形式和参数通常是未知的。因此，需求学习可以一定程度上挖掘实际的需求信息（Araman and Caldentey，2008）。一般情形下，企业可以基于历史销售和预测信息来确定产品的起始价格。当实际的数据被观测到后，重新为后来的周期估计需求和确定价格。需求估计越准确，从动态定价中获得的利润就越高（Kwon et al，2009）。因此，当考虑需求学习时，动态定价策略就是通过挖掘历史数据和实时数据信息来更新需求，动态地调整每个周期的价格，从而最大化总收益。

在邮轮市场中，对于一个7天的航线，往往每两周就有一次航行。销售周期通常比较长，一般为53周。对于某一航线，在特定的时间点上，顾客往往向不同启航时间的不同航次预订舱位。在这个时间点上，有的航次已经结束，有的则还未启航。在需求到达之前，邮轮公司往往关心如何为未启航航次的不同周期确定最优的价格从而最大化未来的总收益。因此，本章的目的是在特定时间点上为邮轮公司特定航线未来航次的不同周期确定最优价格，从而最大化该条航线上未来的总收益。也就是说，为众多航次确定价格，而不是仅仅关注某一航次。

以北美某大型邮轮公司的实际数据为背景，本章提出了一种两阶段框架来研究邮轮收益管理的动态定价问题。在第一阶段，首先假定邮轮旅客的保留价格服从一定区间上的均匀分布，从而获得不同周期需求函数的形式；然后根据需求和价格的历史数据和当前数据，利用约束回归对需求函数的参数进行估计；随着新数据的引入，需求函数的参数值被动态地调整和更新。在第二阶段，根据第一阶段估计出的需求函数利用约束规划为不同航次确定不同周期的价格，从而最大化航线上的未来总收益。在每个期初，前一周期的需求函数和价格信息被观测到，需求学习和定价过程再次发生，直到全部的航次启航。

二、相关文献综述

关于邮轮业的现有文献主要涉及三个方面：一般市场研究、航线优化和设计以及收益管理。严格意义上来说，航线优化和设计可以看作收益管理的范畴(Leong and Ladany，2001)。关于一般市场研究，现有文献主要讨论了企业竞争和消费者特征问题，包括顾客特征和满意(Teye and Leclerc，1998；Qu and Ping，1999；Petrick，2005)、顾客忠诚(Petrick，2004)、顾客评价和顾客价值(Ahmed et al.，2002；Duman and Mattila，2005)等。与一般市场研究相比，邮轮收益管理的研究成果相对较少。只有有限的文献涉及了邮轮收益管理的需求预测(Sun et al，2009)、存量分配(Ji and Mazzarella，2007)、定价(Ladany and Arbel，1991)以及航空计划(Lieberman and Dieck，2002)等问题。

目前，动态定价理论已经成为服务企业在有限的销售周期提高利润的有效方法。毫无疑问，动态定价已经广泛地应用于存量固定、产品价值易逝、销售周期有限的收益管理行业。近几年，动态定价理论在航空和酒店收益管理领域得到了足够的重视和充足的发展。大量文献研究了酒店和机票的动态定价问题。最近，McGill 和 van Ryzin(1999)，Bitran 和 Caldentey(2003)以及 Elmaghraby 和 Keskinocak(2003)分别从不同的方面对动态定价理论进行了回顾和综述。除了定价问题，McGill and van Ryzin(1999)还回顾了收益管理预测、超售和存量分配方面的问题。感兴趣的读者可以参考以上三篇文献从整体上理解动态定价的理论和方法。

在动态定价中,需求函数是影响定价效果的最重要因素(Elmaghraby and Keskinocak,2003)。在收益管理中,需求假设通常是顾客到达为随机过程或者消费者保留价格服从一定的分布。一方面,需求被假定为泊松过程,顾客到达率是价格的函数,因此顾客到达可以通过价格加以动态影响(Gallego and van Ryzin,1994;Feng and Gallego,1995)。另一方面,需要可以同时通过顾客到达率和顾客购买概率加以刻画(Zhao and Zheng,2000)。此外,每个周期的需求函数有时被假定为已知的,根据各周期的需求函数,进行产品动态定价。本章利用消费者保留价格刻画每个周期的需求,假定保留价格服从区间上的均匀分布,从而获得每个周期的需求函数形式,然后基于实际的数据估计需求函数的参数。

在收益管理中,大部分研究假设定价之前的需求信息是完整的和固定的。其缺陷是当新数据被观测到后,没有考虑任何学习机制来挖掘和更新需求信息(Kwon et al,2009)。本章考虑需求学习的过程,假定需求函数未知,但随着数据的引入可以对需求函数的参数进行动态调整。近几年,需求学习已经在库存管理、营销科学和收益管理中得到了广泛的应用。研究者提出了不同类型的学习机制试图掌控需求的不确定性。在众多的学习机制中,贝叶斯(Bayesian)学习是应用最广泛的方法。该方法假定需求是随机的,且服从一定的分布,参数是未知的,当新数据引入时以贝叶斯规则进行更新。最近,Bisi 和 Dada(2007)、Araman 和 Caldentey(2009)以及 Sen 和 Zhang(2009)等利用贝叶斯学习方法研究了动态定价中的需求学习。除了贝叶斯学习,另一种有效的方法是 Kalman 过滤,该方法是一种最优化自回归数据处理算法,具体讨论参见(Talluri and van Ryzin,2004)和 Kwon et al(2009)。在动态定价领域,近几年又出现了几种新的需求学习方法。Lin(2006)提出了一种实时需求学习策略,作者假定在销售初期顾客到达率只能粗略估计，然后利用实时销售数据来更新顾客到达率。本章的需求学习方法类似于 Bertsimas 和 Perakis(2006)提出的回归学习策略，其中每个周期的需求是线性的，且参数是未知的，可以通过最小二乘方法加以估计。本章假定顾客保留价格服从均匀分布，从而得到每个周期的需求函数形式是线性的。基于实际需求和价格数据，通过约束回归来确定需求函数的参数。该学习方法认为需求函数的参数很大程度由实际的销售数据驱动。在每个周期，需求参数是基于历史的和实时销售数据加以确定和更新。

第二节　邮轮公司的一般定价过程

一、企业背景

本章的数据来自于北美某大型邮轮公司。该公司是北美邮轮市场的领导者之一，向全球消费者提供 2 到 16 天的巡航。航线途径加勒比海、阿拉斯加、巴哈马、百慕大、巴拿马运河、地中海等著名的旅游目的地。邮轮双床铺存量为 1 000 到 2 000，可以在一到两年的销售周期内预订，价格从几十元到几千元不等。其中大部分预订都是由旅游代理完成的。该公司不提供价格保护，即如果船票价格在短时间降低时，保证先前已购票顾客获得价格偿还。此外，顾客在购票时被收取通常 250 美元的押金，顾客购票之后，如果在邮轮前 60 天内退票，将收取一定的罚款，越接近启航时间，罚金就越高。

二、定价过程

邮轮舱位的销售周期往往在一年以上，顾客需求在整个销售周期内可能波动较大。该公司将定价策略作为平滑需求、提高利润的重要工具，以期获得最大收益。在实际中，定价功能被分为两部分，一部分由运作(OM)部门执行，另一部分由营销部门执行。具体的定价策略可以由图 10-1 表示。运作部门在每个周期根据历史销售数据，并参考不同航次的价格信息，首先制定初始价格作为营销部门的参考线。营销部门在同时考虑运作部门的价格策略和诸如天气预报、需求预测、经济状况、特殊事件、领导者直觉和判断以及竞争者行为等因素后，为邮轮公司本身及其旅游代理确定最终的价格。该价格便应用到公司和旅游代理的预订系统，并提供给末端顾客。因此，大多数情况下，最终的价格与推荐的价格并不相同。

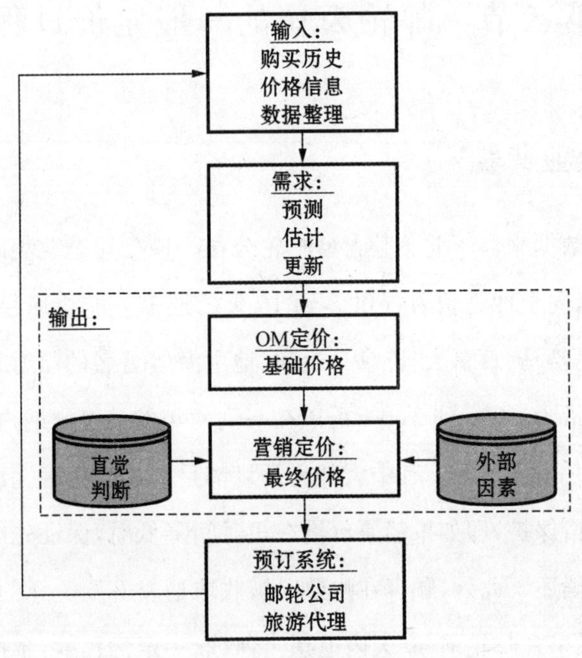

图 10-1 邮轮舱位的定价过程

Fig. 10-1 Typical Pricing Process at One Cruise Company

虽然参考价格和最终价格并不相同，但在实际的销售过程中，除了最先和最后几个周期，大部分周期内两种价格的差异并不大。运营部门和营销部门都试图避免不同周期特别是临近周期间太大的价格差异。这是因为，在邮轮市场大部分公司都不想被最终顾客认为其价格策略是不公平的。正如公司的管理者所说的，虽然基于预订信息和存量水平，公司可以在较大程度上为特定航次调整价格，但除非历史需求曲线波动较大，否则公司将试图避免太大的价格差异。虽然公司并没有承诺向消费者提供价格保护策略(即如果消费者购票后，一定期限内票价降低了，消费者可以获得差价补偿，但避免太大的价格差异，不仅可以避免顾客购买意愿的不一致，而且可以避免过多的取消预订和再次预订的发生，给收益管理过程带来困难)。

第三节　基于需求学习的邮轮舱位定价策略

本节将介绍一种基于需求学习的两阶段定价方法，为邮轮公司特定航线上的不同航次确定最优的周期价格。第一阶段，基于历史数据和当前数据，动态学习需求函数的参数；第二阶段为未来各航次舱位确定下一周期的实施价格。当实际的需求发生后，新一周期的数据便被观测到，进而需求再次学习，定价过程重复发生，直到最后的航次启航。该种定价方法可以向我们展示：①需求函数的参数是如何随时更新的；②每个周期的价格是如何随时变化的；③顾客的最大保留价格是如何动态学习的；④市场规模是如何随时间动态变化的。

一、数据描述

与前面章节介绍的一样，公司数据库记载的是个人的预订信息，包括预订时间、航线、邮轮类型、目标市场、巡航期限、舱位类型、支付价格以及顾客的人口统计信息，包括性别、年龄、婚姻、收入、国籍、地址、邮编、电话等。邮轮的舱位类型包括阳台舱、海景舱、内部舱、轩窗舱、甲板舱以及套房舱。本章研究的航线为 7 天西加勒比海巡游。该邮轮的双床铺存量为 1 700,出发港为美国佛罗里达。舱位的销售周期为 53 个周,每两周有一次航行,也就是该航线一年有 27 次航行。

我们整理了不同航次 6 种舱位类型在 53 个周期的需求和价格数据。由于在每个周期中,不同的消费者可能支付不同的价格,因此我们用顾客的平均价格作为本周的价格信息。图 10-2 显示了阳台舱在 53 个周期中的需求数量,预订量从 0 到 62 不等,平均需求为 11。从图 10-2 中可以看出,在销售初期,需求水平较低,然后在一定时间内增高,在接近邮轮启航时又降低;大部分需求发生在启航前的 1 到 4 个月内。图 10-3 显示了阳台舱在 53 个周期中的平均价格,价格区间为 578 美元到 1 090 美元,平均价格为 871,标准差为 97.5。

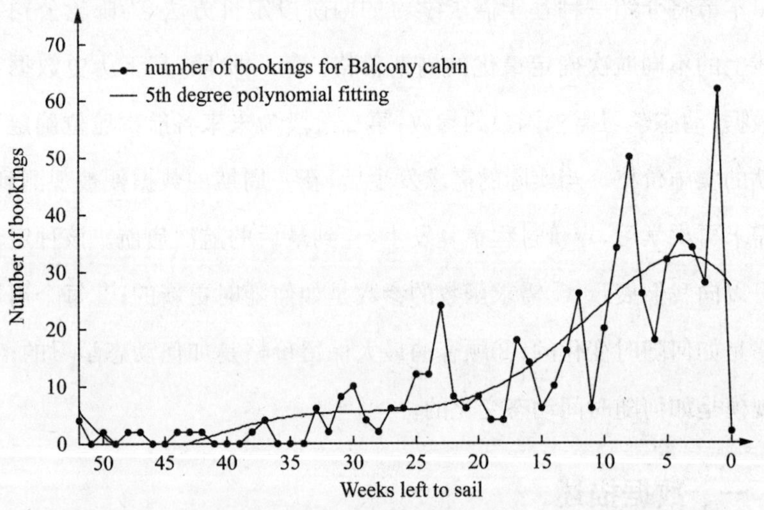

图 10-2　阳台舱的预订数据
Fig. 10-2　Number of Bookings Over Time for Balcony Cabin Type

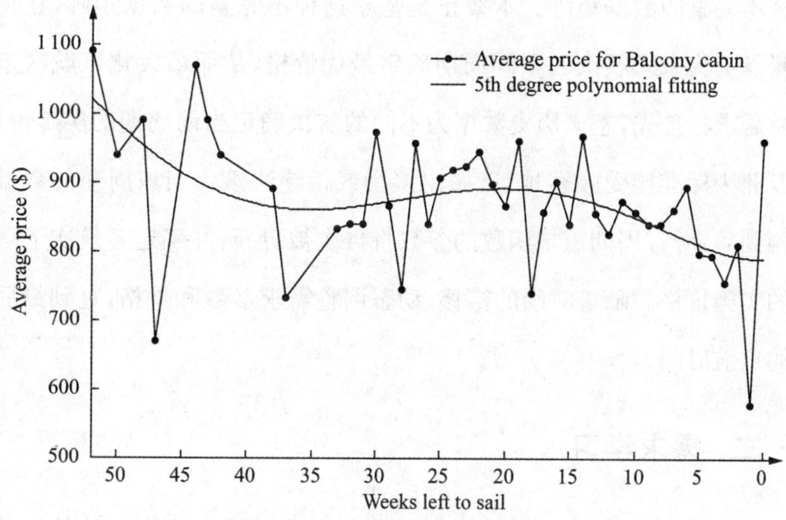

图 10-3　阳台舱的平均价格

Fig. 10-3　Average Price over Time for Balcony Cabin Type

正如我们讨论的，不同航次的启航时间不同。对于特定的航线，在给定的观测点上，有的航次已经启航，有的航次还未启航。因此，已启航航次的数据是完整的，而未启航航次的数据是不完整的。也就是说数据是一种不完整的数据矩阵，如表 1 所示。本章正是基于这种不完整的数据矩阵，在特定观测点上为未来航次的不同周期确定最优价格，从而最大化该航次未来的总需求。首先基于历史数据确定不同航次、当前周期的实施价格，并以此为标准接受顾客预订，做出接受或拒绝决策。当该周期的数据被观测到后，所有周期需求函数的参数将再次被更新，并确定各航次下一周期的实施价格。随着时间的推移，动态调整需求参数和价格，直到最后的航次启航。

正如我们讨论的，不同航次的启航时间不同。对于特定的航线，在给定的观测点上，有的航次已经启航，有的航次还未启航。因此，已启航航次的数据是完整的，而未启航航次的数据是不完整的。也就是说数据是一种不完整的数据矩阵。本章正是基于这种不完整的数据矩阵，在特定观测点上为未来航次的不同周期确定最优价格，从而最大化该航次未来的总需求。首先，基于历史数据为不同的航次确定当前周期的实施价格，并以此为标准接受顾客预订，做出接受或拒绝决策。当该周期的数据被观测到后，所有周期需求函数的参数将再次被更新，并确定各航次下一周期的实施价格。随着时间的推移，动态调整需求参数和价格，直到最后航次的启航时间。

二、需求学习

不失一般性，我们仅考虑一种舱位类型的情况。假定邮轮特定舱位的存量为 C，销售周期包含 T 个周。令 $t=T-1$ 表示第 1 个周期，$t=0$ 表示最后一个周期，即 t 是启航之前的周期个数，也就是说 t 是随时间递减的。假定邮轮旅客的保留价格服从一定的概率分布，且在整个销售周期上是固定不变的，令 $F(\cdot)$为保留价格的累积概率分布。在每个周期 t，企业提供价格 p_t，只有当保留价格低于当前的价格时顾客才会购买。因此，一个到达的顾客购买邮轮舱位的概率为 $1-F(p_t)$，则周期 t 的需求函数为

$$D_t(p_t) = M_t[1-F(p_t)]$$

其中 M_t 为周期 t 的潜在市场规模，价格 p_t 为决策变量。研究目标是在有限的销售周期$[0,T-1]$内为不同航次的不同周期确定最优价格，从而最大化整条航线未来的总收益。

本章假定顾客的保留价格服从区间上$[V_{\min},V_{\max}]$上的均匀分布。根据均匀分布的概率分布函数和 $D_t(p_t)=M_t[1-F(p_t)]$，可以获得每个周期的需求函数为：

$$D_t(p_t)=M_t\left(\frac{V_{\max}-p_t}{V_{\max}-V_{\min}}\right)=\frac{V_{\max}}{V_{\max}-V_{\min}}\left(M_t-\frac{M_t}{V_{\max}}p_t\right)\quad(10.1)$$

也就是说需求函数的形式是线性的，即

$$D_t(p_t)=a_t-b_tp_t\quad(10.2)$$

其中，截距 $a_t=\frac{V_{\max}}{V_{\max}-V_{\min}}M_t$；斜率 $b_t=\frac{M_t}{V_{\max}-V_{\min}}$。注意，$\frac{a_t}{b_t}=V_{\max}$，说明每个周期需求函数的“截距—斜率比”为常数，等于顾客保留价格的最大值。因此，该方法不仅可以动态地进行需求学习，而且可以动态地挖掘顾客最大保留价格的信息。此外，由于 $M_t=b_t(V_{\max}-V_{\min})$，也可以向我们展示市场规模的动态变化情况。

在销售期初，根据市场调查、需求预测和历史数据，企业可以对所有周期需求函数的参数进行估计，确定各航次第一个周期的价格，并应用到实际的订票系统中。然后顾客做出购买或拒绝决策，同时企业也做出接受或者拒绝决策。在下个周期的期初，当上个周期的需求和价格信息被观测到，各周期需求函数的参数便依据下面的约束规则更新。

$$\min\sum_{t=0}^{T-1}\left\{\sum_{k=1}^{N}(d_{kt}-(a_t-b_tp_{kt}))^2\right\}$$

$$s.t.\begin{cases}\frac{a_t}{b_t}=\frac{a_{t-1}}{b_{t-1}} & t=1,2,\cdots,T\\ a_t\geqslant 0,b_t\geqslant 0 & t=0,2,\cdots,T-1\end{cases}\quad(10.3)$$

其中，N 是考虑的航次数量；p_{kt} 和 d_{kt} 分别是航次 k 在周期 t 的价格和需求。随着时间的推移，在周期 $t-1$ 开始之前，周期 t 的需求和价格数据被观测到，需求函数 $D_t(p_t)(t=T-1,T-2,\cdots,0)$ 便通过上面的约束规划（回归）更新为 $\overline{D}_t(p_t)$。

三、定价模型

随着新数据的引入，每个周期的需求函数被重新估计，不同航次未来周期的最优价格可以通过下面的非线性定价模型确定：

$$\max_{p_t>0} R = \left\{ \sum_{t=0}^{T-1} p_t D_t(p_t) + \sum_{t=0}^{T-1} p_{ob} D_t(p_t) \right\}$$

$$s.t.\begin{cases} \left|\dfrac{p_{t+1}-p_t}{p_{t+1}}\right| < \beta & t=0,1,2,\cdots,T \\ \sum\limits_{t=0}^{T} D_t(p_t) \leqslant C \\ p_t > 0 & t=1,2,\cdots,T \\ p_{T+1} = p_T \end{cases} \tag{10.4}$$

其中，r_{ob}是邮轮的人均船上消费额；第一个约束条件保证临近周期的价格差异不会太大；第二个约束条件是存量约束，保证总需求不会超过邮轮的总存量。

需要说明的是，在每个周期开始之前，虽然可以确定各航次所有周期的最优价格，但在实际中，只有当前周期的价格被应用。因为当该周期的数据被观测到后，各周期的需求函数被重新估计，未来周期的价格将被重新确定。例如，对于特定航次来说，在周期 t 起始，企业已经获得了前面周期的需求和价格信息，并确定了未来周期的最优价格 $p_t^*, p_{t-1}^*, \cdots, p_1^*, p_0^*$。在整个周期 t，舱位价格以价格 p_t^* 销售，最终的需求为 B_t，此时新的数据被观测到。在周期 $t-1$ 起始，每个周期需求函数的参数被重新估计，未来周期的最优价格重新被确定；在周期 $t-1$，舱位便以新的价格 p_{t-1}^* 销售。注意，此时的 p_{t-1}^* 与周期 t 期初确定的价格是不同的。这一需求学习和定价过程重复发生，直到所有的航次都启航。特别的，在最后一个周期，参与定价的需求函数只有一个。由于需求是线性的，满足 $D_0'(p_0)<0$ 和 $2D_0'(p_0)+p_0D_0''(p_0)<0$，只要 $\sum_{t=1}^{T-1} B_t < C$，最终价格就可以直接确定。

通过分析可以看出，本章两阶段定价方法的目的是利用历史数据和当前数据来更新需求函数，从而动态地为不同航次确定最优的价格。首先基于最小二乘法，利用约束规划来确定需求函数的参数；其次以未来总收益最大化为原则，通过一个非线性约束规划来确定最优的价格。随着时间的推移，最终体现一种动态价格调整的过程。

四、算例分析

对于特定航次来说，由于大部分需求都发生在启航前的 1 到 4 个月内。为了分析方便且不失一般性，我们从整个销售周期中分离出 15 周的阳台舱数据作为研究背景，进一步说明本章两阶段定价方法的实施过程。由于每两周就有一次航行，对于整条航线来说，在特定的观测周期上，企业同时销售多个航次的舱位。为了显示实际的销售过程，本章致力于为多个航次的不同周期确定价格，而不是仅关注一个航次。我们从历史数据中挑选出某航线的 16 个临近航次，且假定航次 1 到航次 10 为启航航次，数据是完整的；航次 11 到航次 16 为未启航航次，数据是部分的。也就是说，观测点为航次 10 的启航时间。由于每两周有一次航行，所以航次 11、12、13、14、15 和 16 在观测点时，分别还有 2、4、6、8、10 和 12 个销售周期。本章的目的是通过两阶段的定价策略，为航次 11 到航次 16 的未来周期确定理论上的最优价格，从而最大化观测点到航次 16 启航时的总收益，并与实际的销售收入进行比较，来验证方法的有效性。

在整个过程中，随着时间的推移，新数据被引入，所有周期的需求函数参数被动态调整。也就是说，由于每个周期需求函数具有相同的“截距—斜率比”，每次都必须更新所有 15 个周期需求函数，而不是仅仅更新未来周期的需求信息。注意，在给定的观测点上，不同航次处在自身不同的销售周期。例如，在航次 10 启航时的观测点上，航次 11、12、13、14、15 和 16 分别处在启航前第 2、4、6、8、10 和 12 周的销售周期上。我们的目的就是以周为单位为这些周期动态确定最优的价格，直到航次 16 启航。最终确定的价格如图 10-4 所示。

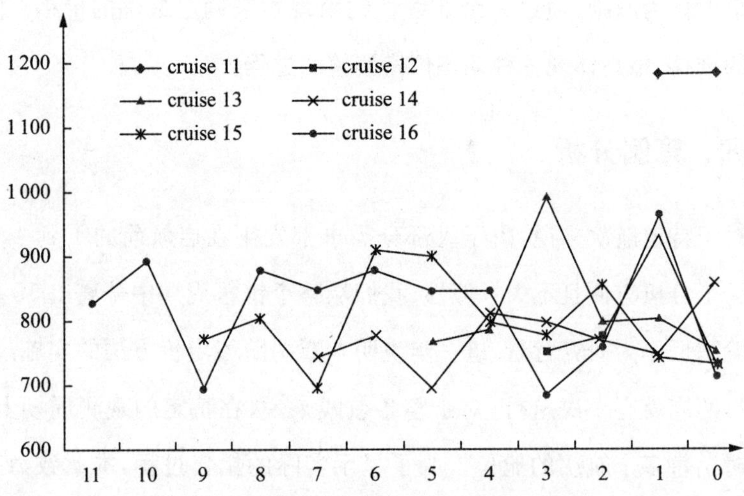

图 10-4　航次 11-16 的最终定价结果

Fig. 10-4　Pricing Results for Cruise 11 to 16

由于航次 16 还有 12 个周的剩余销售周期，而且定价是以周为单位的，所以整个定价过程必须重复 12 次。每个"需求估计—最优定价"过程将为这些航次的所有周期确定最优价格，同时产生一个期望总收益。注意，在实际销售中，这些价格只有第一个周期的价格被实施。当新的需求和价格数据被观测到后，这一过程重复进行，为各航次的下一周期确定实施价格，并产生一个新的期望总收益。而这一新的收益包含两部分，一部分是上一周期的实际收益，另一部分为未来周期的估计收益。最终，我们将得到 11 个期望收益和 1 个最终收益。研究表明，最终实现的总收益与期望收益没有严格大小差异。期望收益仅仅是某次定价过程产生的最大收益。由于需求不断更新，无法保证最终的收益高于所有的期望收益，但差异并不大，平均差异小于 10%，如图 10-5 所示。

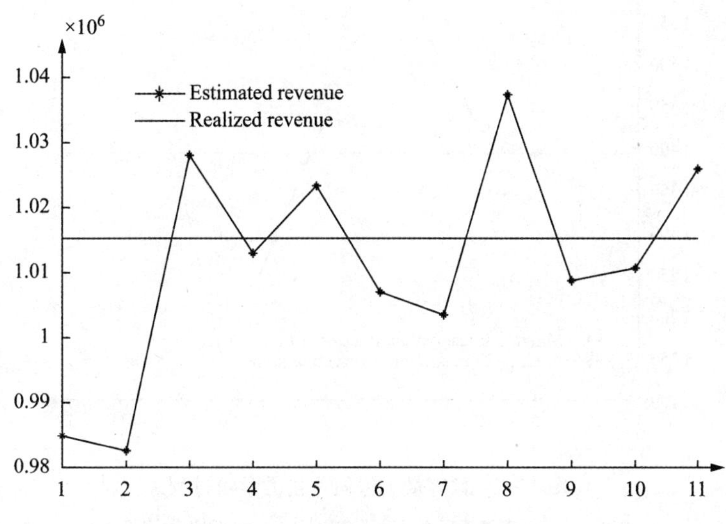

图 10-5　估计收益与实现收益(美元)

Fig. 10-5　Estimated Revenue VS Realized Revenue

由于在每次更新中,需求函数的参数不断学习,而且满足 $a_t/b_t=a_{t-1}/b_{t-1}=V_{\max}$,因此需求学习的过程同样也是消费者最大保留价格学习的过程。研究表明,该航线消费者对阳台舱的最大保留价格为 1 300 美元到 1 500 美元,平均最大保留价格为 1 391 美元,如图 10-6 所示。这一信息说明,邮轮公司的对该航线的定价不应高于 1 500 美元,甚至应该在 1 300 美元以下。

从需求函数的最初形式可以看出,虽然从数据中无法获得消费者最小保留价格的确切值,但需求学习可以向我们展示市场规模 $M_t=b_t(V_{\max}-V_{\min})$ 的变动趋势。比如以消费者最小保留价格 500 美元为例,可以发现市场规模的变化分为销售初期和销售后期两个阶段:在销售初期,市场规模较小,然后变大再变小;在销售中后期,市场规模递增较快,同样遵循变大再变小的形式;当接近启航时间时,市场规模以较快的速度变小,如图 10-7 所示。

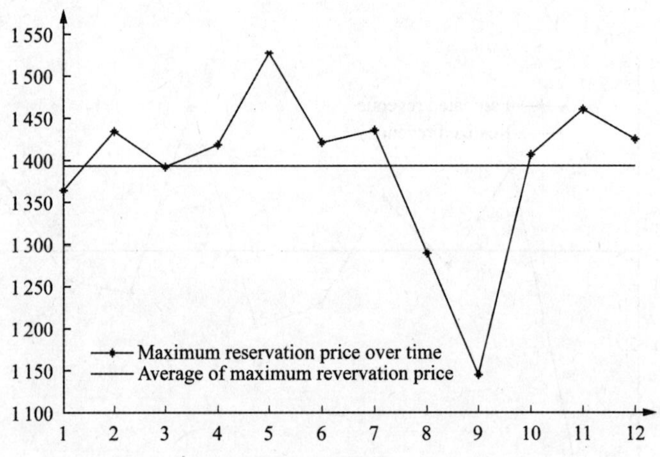

图 10-6　顾客最大保留价格的学习过程

Fig. 10-6　Learning of Maximum Reservation Prices

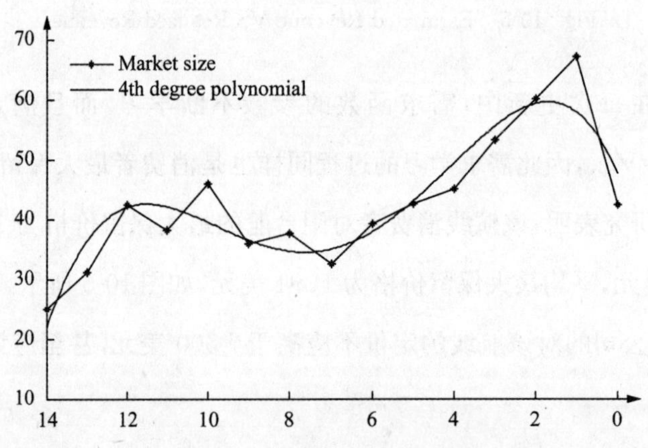

图 10-7　市场规模随时间的变化

Fig. 10-7　Change of Market Size over Time

在需求估计的过程中，我们验证了消费者保留价格假设的合理性。除了通过统计意义上的假设检验，在每次计算中，我们验证了需求函数的拟合优度，最终平均的 R^2 值为 0.538，可以认为顾客保留价格服从均匀分布具有合理性。此外，由于数据样本为历史数据，可以很容易地将本章确定的未来总收益与实际记录的收益进行比较。可以发现，理论上本章的方法能为邮轮公司提高约1.17%的收益。如果考虑所有的舱位类型和整个航次的全部销售周期，这一效果将更加可观。

小 结

近几年，邮轮业已经成为整个休闲旅游业发展最为迅猛、最具经济价值的行业之一。邮轮业反映了收益管理全部的行业特征，可以认为是收益管理的传统行业。然而目前还没有文献对邮轮舱位动态定价问题进行讨论。为此，本章提出了一种基于需求学习的两阶段定价方法，为邮轮公司特定航线上的不同航次确定最优的周期价格。第一阶段，基于历史数据和当前数据，动态学习需求函数的参数；第二阶段为未来各航次舱位确定下一周期的实施价格。当实际的需求发生后，新一周期的数据便被观测到，进而需求再次学习，定价过程重复发生，直到最后的航次启航。本章的定价方法可以向我们展示：①需求函数的参数是如何随时更新的；②每个周期的价格是如何随时变化的；③顾客的最大保留价格是如何动态学习的；④市场规模是如何随时间动态变化的。这些信息可以帮助邮轮公司更好地理解消费者行为和市场的变动趋势，从而更有效地制定差别定价、市场细分和产品促销等方面的营销组合策略。

值得注意的是，虽然从顾客保留价格的均匀分布性可以获得线性需求函数，便于分析和计算，但这一假设过于严格，而且每个周期需求函数相等的“截距斜率比”显著增加了约束条件的数量，不利于最优定价阶段的实施。未来的研究可以关注以下几点：①进一步挖掘需求函数的具体形式；②将本章方法扩展到更多的舱位，更多的航次和整个销售周期上；③将本章的思路应用到单一航次的动态定价问题中；④开发新的需求学习机制，从而更好地从历史数据和实时数据中挖掘需求信息。

第十一章　邮轮收益管理的竞争策略

本章从理论分析的角度研究市场中同时存在服务质量敏感型消费者和价格敏感型消费者时，邮轮公司的服务质量水平与价格竞争。其中，不同类型消费者的偏好异质性表现为对价格和服务质量的敏感程度。考虑消费者的价格敏感度和服务质量敏感度，基于经典 Hotelling 模型构造消费者的效用函数，由此获得公司的需求函数。然后分析邮轮公司对消费者实施统一定价和差别定价策略时的服务质量和价格竞争问题。

第一节　问题的提出与文献综述

一、问题的提出

邮轮业是一个不断发展的产业。该行业已出现了一段时间的显著增长。目前邮轮市场中有 110 多个不同规模的邮轮公司。虽然在全球经济危机的影响下，2009 年该行业的增长有所下降，但随着全球经济不断走出低迷，预计在未来几年还会进一步增长。不仅会有越来越多的成员进入公海，各邮轮公司也会不断增加其运力。

近几年，邮轮业的竞争非常激烈，竞争者行为在全球范围内展开。邮轮公司通常利用与各子公司的垂直整合参与竞争，公司拥有自己的度假胜地、旅游公司、旅行社、酒店以及其他关键的旅游服务和设施。邮轮旅游市场竞争具有高浓度的特点(Soriani et al,2009),虽然竞争者数量不多,但都具有很强的竞争能力。这一特性加剧了各参与方在寻求竞争优势过程中的竞争。

在过去的几年间,邮轮公司的竞争主要集中在两方面,即垂直(关于质量方面)差异和横向(关于产品多样性)差异(Papatheodorou,2006)。事实上,这两方面都体现了邮轮公司满足顾客需求的服务质量水平。因此使得邮轮公司的竞争主要集中在四个维度:①船舶本身,包括邮轮船舶的大小、速度、舱位大小、内部空间、休闲设施种类、餐饮以及船上服务团队的规模等;②巡游时间,包括巡游次数、出发时间以及满足特殊时间(比如圣诞节)和事件(比如奥运会)的能力等;③邮轮航线,包括巡游时长、出发港、停经港数量、岸上旅游休闲等;④订票过程。随着信息技术的发展,订票过程也成为邮轮公司赢得竞争的机会。

此外,邮轮旅游市场的交易量相对较小,且行业的进入和退出壁垒相当高。购买或出售一个船舶的相关费用以及维护和管理邮轮的成本极高,这些都很大程度上影响了邮轮公司在组织和管理方面的战略。市场大小以两种不同的、甚至对立的方式影响了邮轮公司讨价还价的力量和利用规模经济的能力,具体表现在①行业中数量有限的船舶制造商和技术开发者,迫使邮轮公司接受既定的价格和成本;②大量的设备、燃料和食品供应商使得邮轮公司有能力讨价还价,从而获得价格优势。这一特性使得参与者一旦进入该行业,就必须全力以赴地在提高服务质量方面参与竞争,吸引更多不同类型的消费者,从而弥补投资方面的劣势。

自从度假取代交通成为人们进入海洋的主要原因,邮轮旅游已经发生了显著的变化。在初期,邮轮假期仍然是社会精英的领地。对于中产阶级,一次巡游的花费很容易超过很多人好几个月的收入。因此只有足够富裕的人才能享受"豪华邮轮"的优雅之旅。

现在的邮轮体验则完全不同，而这一变化的发生却不是偶然的。如丽星、皇家加勒比和嘉年华等邮轮努力使巡航成为一般人负担得起的度假选择。他们以不同的方式实现了"大众市场渗透"的策略，包括购置越来越大的船舶获得规模经济，提供低票价和时间更短的巡航巡游，以及通过来自船上赌场、养生休闲服务、夜总会和购物中心等的收入来弥补低票价的损失。为此，除了那些豪华和高级邮轮，随处可见一些标准型和预算型的邮轮形式在"黄金水道"之上。2006 年数字表明，面向大众的标准型和预算型邮轮占了邮轮 70%以上的市场份额。这一现象同样说明出现了越来越多的价格敏感型消费者。

乘客满意是邮轮业成功的关键。努力提高客户的满意度主要集中在以上四个竞争维度上。我们可以看到，在邮轮旅游市场上基本存在两种类型的顾客。一类可以称为服务质量敏感型顾客，他们注重巡游体验，希望邮轮服务具有高质量、多样化的特性，邮轮各方面的服务质量水平而非产品价格是吸引他们的主要因素。另一类顾客则更关心价格，价格本身成为他们提高效用的主要因素。在这样的市场上，不同类型消费者的偏好体现在对价格和服务质量的感知不同。

对于价格，价格敏感型消费者比服务质量敏感型消费者有更高的敏感性，价格的变动对其效用的影响更大；相反，对于服务质量，服务质量敏感型消费者比价格敏感型消费者有更高的敏感性，服务质量的变动对其效用的影响更大。消费者的效用由消费者感知的服务质量和价格组成，消费者选择邮轮时基于效用最大原则做出购买决策。因此，在竞争环境下，公司的需求受竞争对手服务质量和价格双方面的影响。在这样的需求结构下，公司的目标是在服务质量和价格竞争中优化服务质量—价格决策，最大化自己的利润。因此，一个具有一定实力的邮轮公司往往投入大量财力购置多种类型的船舶，建立多种票价结构，提供大量的备选航线和更新颖、更具吸引力的船上服务项目以提高整体服务质量水平，从而尽量覆盖整个消费市场，满足不同喜好和不同经济背景的消费者。

本章将对双寡头市场中同时存在服务质量敏感型消费者和价格敏感型消费者时，邮轮公司的服务质量与价格竞争问题进行讨论。首先，基于经典 Hotelling 模型构造消费者的效用函数，获得公司的需求函数。其次，分析了统一价格和歧视价格竞争下，公司的均衡价格、均衡质量和均衡利润，并对两种类型竞争的均衡结果进行了比较。

二、文献综述

与本章基于消费者异质性的双寡头邮轮公司服务质量与价格竞争相关的文献主要来自营销科学、运营管理、经济学以及收益管理理论，包括产品差别、质量差别、价格歧视、消费者效用、消费者偏好等。下面主要就与本章内容密切相关的消费者异质性、需求函数、成本函数等三个方面对文献进行综述。

许多微观经济文献关注质量与价格竞争。尤其是由 Hotelling(1929)提出的空间竞争模型应用最为广泛。在经典 Hotlleing 模型中，公司定位于线形城市的两端，消费者在区间上的定位代表了消费者偏好的“理想点”。除此之外，有的文献假设消费者类型服从区间上的分布，利用消费者类型参数区分消费者。

汤卫君和梁樑等(2006)研究了单个垄断厂商的产品质量歧视问题，假定消费者的消费参数在区间上服从一定的分布。Wang and Yang(2001)建立了两阶段的双寡头竞争模型，在第一阶段公司同时确定产品质量，在第二阶段确定价格，消费者偏好度服从区间上的均匀分布。

类似地，Economides(1999)利用消费者类型反映消费者支付的边际意愿,并假设消费者类型服从[0,1]上的分布。Syam and Ruan et al(2005)考虑了市场上存在两个公司提供具有两个属性的产品,且公司可以提供标准化或个性化的属性时,公司之间价格和属性竞争,消费者在每个属性上的偏好不同且相互独立,并在区域[0,1]×[0,1]上服从均匀分布,可以看作是对 Hotelling 模型在二维空间上的拓展。

Liu and Serfes(2005)假设市场上存在高质量水平和低质量水平的公司,在统一的消费者市场上竞争,消费者的口味(或收入)服从[0,1]上的均匀分布。Choudhary and Ghose et al(2005)研究了两个公司在质量和个性化定价上的竞争问题,探讨了公司为何基于消费者支付意愿向不同的消费者索取不同的价格,其中消费者的类型参数反映了消费者对质量的边际价值。

Bloch and Manceau(1999)基于 Hotelling 模型,探讨了在垄断和竞争环境中广告对消费者偏好的影响,其中消费者偏好定义为线性区间上的定位。Rhee(1996)认为消费者在购买产品时不仅考虑质量和价格,而且考虑公司不可观察的其他属性偏好。Bohlmann and Golder et al(2002)假设消费者的理想点服从密度为 1 的均匀分布,如果偏离该理想点,将承受一定的效用损失。Matsubayashi and Yamada(2007)、Shaffer and Zhang(2002)假设消费者异质性在于消费者的忠诚,并将消费者忠诚定义为将消费者吸引到较低偏好公司的最小价格之差。

对于多细分市场的情形,Desai and Kekre(2001)假设市场由高价值和低价值两个细分市场组成,不同的消费者市场由消耗单位质量的边际价值来刻画。Coibion and Einav et al(2007)假设市场上存在高收入和低收入两种类型的消费者,高收入消费者比低收入消费者的价格敏感性低。Kim and Chhajed(2002)研究了产品具有多个属性、存在两个消费者细分市场时产品线设计问题,将消费者偏好从一维扩展为多维。Syam and

Kumar(2006)假设市场由高成本和低成本两种类型的消费者组成，基于经典 Hotelling 模型推导公司的需求，不同类型的消费者由偏好定位和不同的转换成本刻画。

本章假设市场上存在价格敏感型和服务质量敏感型两种类型的消费者，消费者的异质性不仅体现在定位上，而且体现在对价格和服务质量的敏感程度上。价格敏感型消费者比服务质量敏感型消费者有更高的价格敏感性，价格的变动对其效用的影响更大；相反，服务质量敏感型消费者比价格敏感型消费者有更高的质量敏感性，价格的变动对其效用的影响更大。

公司的需求函数不仅受自身价格和质量的影响，同样受竞争对手质量和价格的影响。Banker and Khosla et al(1998)假设在质量和价格竞争中，公司的需求是自身以及对方质量和价格的线性函数。Balasubramanian and Bhardwaj(2004)分析了双寡头质量与价格竞争中公司制造与营销的对立与机制设计问题，同样假设公司的需求是双方价格和质量的线性函数，且质量和价格对需求具有相同的响应结构。Matsubayashi(2007)假设产品感知价格是自身价格和质量的线性函数，同时假设是两种产品需求的线性函数，进一步得出公司的需求是双方质量和价格的线性函数。本章基于消费者不同的价格和服务质量敏感度，利用经典 Hotelling 模型构造消费者效用函数，得到了与 Balasubramanian and Bhardwaj(2004)类似的需求函数。

在质量和价格竞争中，价格仅仅影响需求，而质量则同时影响需求和成本。Kim and Chhajed(2002)、Bohlmann and Golder et al(2002)以及 Balasubramanian and Bhardwaj(2004)考虑了生产中的固定成本，并假设成本是质量的二次函数，此外，Chi(1999)假设单位产品的成本是质量的二次函数。Matsubayashi(2007)假设成本函数也是质量的二次函数，质量水平不仅线性影响生产成本，而且二次方影响固定成本，类似的成本函数在Banker and Khosla et al(1998)、Desai(2001)和Kim and Chhajed(2002)的论文中也能见到。与酒店和航空业一样，“高固定成本/低边际成本”是邮轮业的收益管理特性之一。因此本章结合以上文献，不考虑质量的可变成本，仅考虑生产过程中的固定成本，假定固定成本是质量的二次函数，公司的利润等于销售收入与固定成本的差值。

第二节　统一价格竞争策略

一、需求函数

公司产品质量策略成为影响消费者购买行为和增强公司竞争力的一个重要变数。在制造业中，质量是产品性能的规格或标准，体现的是一种纵向化的差异；在营销和经济领域，质量可以看作是性能水平或者产品等级。公司提供的产品往往通过一系列体现性能标准或水平的属性加以定义，也就是说产品的差异是通过属性的差异体现出来的，而属性的差异本质上体现了质量的差异。

对于邮轮公司，其产品属性表现在船舶本身、舱位等级、船上休闲项目、内部设施、餐饮、航线、港口、航次以及岸上活动等。在此，质量不仅仅是那些显性的、可以有效测度的质量属性，也包含一些隐性的、往往只能通过感知度量的服务属性。因此，作为旅游产品提供商，邮轮公司的服务质量水平正是通过以上各种显性和隐性的产品属性表现出来的。而且这些产品属性总能通过统计、营销以及决策分析的方法加以评价的。

基于以上分析，本章假设邮轮产品的服务质量水平可以通过对单向属性的评价而有效测度。假定相同的细分市场上存在两个相似的邮轮公司提供相同或者类似的航线。邮轮公司的整体服务质量水平和(相似舱位的)平均票价分别为 p_1 和 p_2 以及 q_1 和 q_2。统一价格(Uniform Price)是指公司向不同类型消费者索取相同的价格。产品的需求是服务质量和价格的函数,即邮轮公司之间具有替代性,也就是需求不仅依赖于自身价格和服务质量,同时受对方价格和服务质量的影响。市场上存在两种类型的消费者:价格敏感型消费者和服务质量敏感型消费者,不同类型的消费者对价格和服务质量有不同的敏感程度,消费者按照效用最大化原则做出购买决策。公司的目标是确定服务质量和价格,最大化自己的利润。

为了获得产品的需求函数,假定有一长度为 1 的"线性市场",用[0,1]来表示。两家公司定位于市场的两端。消费者均匀分布在区间[0,1]上,其定位可以解释为消费者偏好的理想点,定位在 x 的消费者选择不同公司时,面临单位效用损失,也称为转换成本或交通成本 t。整个系统如图 11-1 所示。

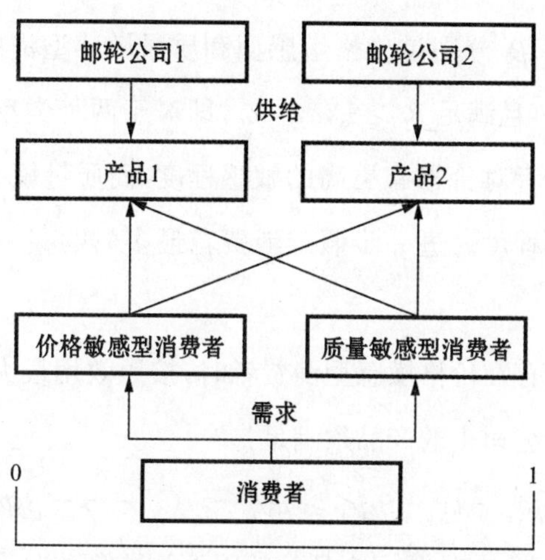

图 11-1　消费者异质下邮轮公司的服务质量与价格竞争

Fig. 11-1　Service Quality-Price Competition with Consumer Heterogeneity

消费者的效用由服务质量和价格构成,并定义为

$$U_i(p_i,q_i)=\begin{cases}\alpha q_1-tx-\beta p_1 & i=1\\ \alpha q_2-t(1-x)-\beta p_2 & i=2\end{cases} \tag{11.1}$$

其中,αq_i 和 βp_i 分别是消费者的感知质量和感知价格,α 和 β 为消费者的质量和价格敏感度。

以上是市场上只有一种消费者的情形。假设市场中同时存在质量敏感型和价格敏感型消费者,比例分别为 δ 和 $1-\delta$,不同类型的消费者对价格和质量有不同的敏感度。对于价格敏感型消费者来说,其效用定义为:

$$U_p(p_i,q_i)=\begin{cases}\alpha_p q_1-tx-\beta_p p_1 & i=1\\ \alpha_p q_2-t(1-x)-\beta_p p_2 & i=2\end{cases} \tag{11.2}$$

对于质量敏感型消费者来说,其效用定义为:

$$U_q(p_i,q_i)=\begin{cases}\alpha_q q_1-tx-\beta_q p_1 & i=1\\ \alpha_q q_2-t(1-x)-\beta_q p_2 & i=2\end{cases} \tag{11.3}$$

其中,α_p、α_q 和 β_p、β_q 分别是价格敏感型和质量敏感型消费者的质量敏感度和价格敏感度,且满足 $\beta_p>\beta_q$,$\alpha_p<\alpha_q$,即对于两种类型的消费者来说,价格敏感型消费者对价格有更高的敏感程度,而质量敏感型消费者对质量有更高的敏感程度。进一步假定消费者最多只购买一件产品,且市场完全覆盖。

当市场上仅存在价格敏感型消费者时,按照效用最大化选择的原则,消费者购买邮轮公司 1 的产品须满足:

$$\alpha_p q_1-tx-\beta_p p_1\geqslant\alpha_p q_2-t(1-x)-\beta_p p_2 \tag{11.4}$$

因此,消费者购买两邮轮公司产品的效用无差异偏好为:

$$\bar{x}_p^1=\frac{1}{2}+\frac{\alpha_p(q_1-q_2)+\beta_p(p_2-p_1)}{2t} \tag{11.5}$$

所以,邮轮公司 1 的需求函数为:

$$d_p^1(p_1, p_2, q_1, q_2) = \frac{1}{2} - \phi_p(p_1 - p_2) + \psi_p(q_1 - q_2) \tag{11.6}$$

则邮轮公司 2 的需求函数为：

$$d_p^2(p_1, p_2, q_1, q_2) = \frac{1}{2} - \phi_p(p_2 - p_1) + \psi_p(q_2 - q_1) \tag{11.7}$$

其中，$\phi_p = \frac{\beta_p}{2t}$，$\psi_p = \frac{\alpha_p}{2t}$；$\phi_p$ 和 ψ_p 分别称为价格敏感型消费者对价格和服务质量的需求响应程度。而上文的敏感度实际上反映了价格和服务质量变化对消费者效用的影响程度。

同理，当市场上仅存在质量敏感型消费者时，消费者购买邮轮公司 1 的产品须满足：

$$\alpha_q q_1 - tx - \beta_q p_1 \geqslant \alpha_q q_2 - t(1 - x) - \beta_q p_2 \tag{11.8}$$

消费者购买两邮轮公司产品的效用无差异偏好为：

$$\bar{x}_q^1 = \frac{1}{2} + \frac{\alpha_q(q_1 - q_2) + \beta_q(p_2 - p_1)}{2t} \tag{11.9}$$

此时，邮轮公司 1 和邮轮公司 2 的需求函数为：

$$\begin{cases} d_q^1(p_1, p_2, q_1, q_2) = \frac{1}{2} - \phi_q(p_1 - p_2) + \psi_q(q_1 - q_2) \\ d_q^2(p_1, p_2, q_1, q_2) = \frac{1}{2} - \phi_q(p_2 - p_1) + \psi_q(q_2 - q_1) \end{cases} \tag{11.10}$$

其中，$\phi_q = \frac{\beta_q}{2t}$，$\psi_q = \frac{\alpha_q}{2t}$；$\phi_q$ 和 ψ_q 分别称为质量敏感型消费者对价格和质量的需求响应程度。需求响应程度反映了价格或质量的变化对需求的影响程度。

通过以上需求函数的结构来看，需求是价格和质量的线性函数。每个邮轮公司的需求是自身价格和对方质量的减函数，是自身质量和对方价格的增函数。由此得出的需求结构与 Balasubramanian and Bhardwaj (2004)和 Banker and Khosla 等(1998)的需求函数类似。

考虑市场上两种类型消费者的比例，邮轮公司1的总需求函数为：

$$\begin{aligned} & d_1(p_1,p_2,q_1,q_2) \\ & =\delta d_p^1+(1-\delta)d_q^1 \\ & =\delta\left[\frac{1}{2}-\phi_p(p_1-p_2)+\psi_p(q_1-q_2)\right]+ \\ & \quad (1-\delta)\left[\frac{1}{2}-\phi_q(p_1-p_2)+\psi_q(q_1-q_2)\right] \\ & =\frac{1}{2}-\bar{\phi}(p_1-p_2)+\bar{\psi}(q_1-q_2) \end{aligned} \tag{11.11}$$

同理，邮轮公司2的总需求函数为：

$$\begin{aligned} d_2(p_1,p_2,q_1,q_2) & =\delta d_p^2+(1-\delta)d_q^2 \\ & =\frac{1}{2}-\bar{\phi}(p_2-p_1)+\bar{\psi}(q_2-q_1) \end{aligned} \tag{11.12}$$

其中，$\bar{\phi}=\delta\phi_p+(1-\delta)\phi_q$，$\bar{\psi}=\delta\psi_p+(1-\delta)\psi_q$，分别称为整个市场上消费者对价格和质量的平均需求响应程度。当$\bar{\phi}$较大时，自身价格的降低或对方价格的提高会对需求增长有显著的影响；类似地，$\bar{\psi}$较大时，自身服务质量的提高或对方服务质量的降低将会显著地提高需求。

二、均衡结果

在服务质量和价格竞争中，价格的变化仅仅影响需求，而服务质量则同时影响需求和成本。由于“高固定成本/低边际成本”的特性，本文不考虑邮轮服务质量的可变成本，仅考虑邮轮公司与服务质量有关的的固定成本$C_i(q_i)$，且假定固定成本是质量的二次函数：

$$C_i(q_i)=\varepsilon q_i^2,\quad (i=1,2) \tag{11.13}$$

在此，假设公司成本不仅来自更好而价格更高的基础设施，而且来自对服务质量的控制。其中，ε是服务质量的边际成本，反映了高服务质量和低服务质量水平在邮轮及其配套设施选择以及服务过程上的不同。

两邮轮公司的利润 $\Re_1$ 和 $\Re_2$ 等于销售收入与固定成本的差值：

$$\begin{cases}\Re_1 = d_1(p_1, p_2, q_1, q_2)p_1 - \varepsilon q_1^2 \\ \Re_2 = d_2(p_1, p_2, q_1, q_2)p_2 - \varepsilon q_2^2\end{cases} \tag{11.14}$$

假定两邮轮公司进行的是服务质量—价格联合决策，即在博弈的过程中公司同时选择服务质量水平和价格从而最大化自己的利润，而不是先选择服务质量水平后选择价格的博弈过程。

命题 1: 在同时存在价格敏感型顾客和质量敏感型顾客的双寡头竞争市场上，邮轮公司实施统一定价时，在邮轮公司同时做出价格和质量决策最大化自身利润时，存在唯一的纯策略纳什均衡。均衡价格、均衡质量和均衡利润如表 11-1 所示。

命题 1 证明:

邮轮公司利润的一阶偏导数为

$$\frac{\partial \Re_1}{\partial p_1} = \frac{1}{2} - \bar{\phi}(p_1 - p_2) + \bar{\psi}(q_1 - q_2) - \bar{\phi}p_1$$

$$\frac{\partial \Re_1}{\partial q_1} = p_1\bar{\psi} - 2\varepsilon q_1$$

$$\frac{\partial \Re_2}{\partial p_2} = \frac{1}{2} - \bar{\phi}(p_2 - p_1) + \bar{\psi}(q_2 - q_1) - \bar{\phi}p_2,$$

$$\frac{\partial \Re_2}{\partial q_2} = p_2\bar{\psi} - 2\varepsilon q_2$$

因为，

$$\frac{\partial^2 \Re_1}{\partial p_1^2} = -2\bar{\phi} < 0, \quad \frac{\partial^2 \Re_1}{\partial q_1^2} = -2\varepsilon < 0$$

$$\frac{\partial^2 \Re_2}{\partial p_2^2} = -2\bar{\phi} < 0, \quad \frac{\partial^2 \Re_2}{\partial q_2^2} = -2\varepsilon < 0$$

所以,有唯一的最优解。利润的一阶导数等于零,可得

$$q_1 = \frac{\bar{\psi}}{2\varepsilon} p_1$$

$$p_1 = \frac{1/2 + \bar{\phi} p_2 + \bar{\psi}(q_1 - q_2)}{2\bar{\phi}}$$

$$q_2 = \frac{\bar{\psi}}{2\varepsilon} p_2$$

$$p_2 = \frac{1/2 + \bar{\phi} p_1 + \bar{\psi}(q_2 - q_1)}{2\bar{\phi}}$$

通过解以上四个等式,可以得到该问题的均衡价格、均衡质量以及均衡利润为

$$p_1^* = p_2^* = \frac{1}{2\bar{\phi}}$$

$$q_1^* = q_2^* = \frac{\bar{\psi}}{4\varepsilon\bar{\phi}}$$

$$\Re_1^* = \Re_2^* = \frac{1}{4\bar{\phi}}\left(1 - \frac{\bar{\psi}^2}{4\varepsilon\bar{\phi}}\right),$$

证毕。

表 11-1 统一定价时的均衡价格、均衡质量和均衡利润

Tab. 11-1 Results of Competition under Uniform Pricing

统一价格	$p_1^* = p_2^* = \frac{1}{2\bar{\phi}} = \frac{t}{\delta\beta_p + (1-\delta)\beta_q}$
产品质量	$q_1^* = q_2^* = q_U^* = \frac{\delta\alpha_p + (1-\delta)\alpha_q}{4\varepsilon[\delta\beta_p + (1-\delta)\beta_q]}$
顾客需求	$d_1(p_1, p_2, q_1, q_2) = d_2(p_1, p_2, q_1, q_2) = \frac{1}{2}$
邮轮公司利润	$\Re_1^* = \Re_2^* = \Re_U^* = \frac{t}{2[\delta\beta_p + (1-\delta)\beta_q]} - \frac{1}{16\varepsilon}\left(\frac{\delta\alpha_p + (1-\delta)\alpha_q}{\delta\beta_p + (1-\delta)\beta_q}\right)^2$

如果邮轮公司的利润为正值,那么各参数满足

$$t > t_U = \frac{[\delta\alpha_p + (1-\delta)\alpha_q]^2}{8\varepsilon[\delta\beta_p + (1-\delta)\beta_q]} = \frac{\bar{\alpha}^2}{8\varepsilon\bar{\beta}}$$

即，

$$\varepsilon > \frac{\bar{\alpha}^2}{8t\bar{\beta}} \quad 或 \quad \bar{\beta} > \frac{\bar{\alpha}^2}{8\varepsilon t} \quad 或 \quad \bar{\alpha}^2 < 8t\varepsilon\bar{\beta}$$

其中，$\bar{\alpha}$ 和 $\bar{\beta}$ 为所有消费者的平均价格敏感度和质量敏感度。反过来说，如果消费者转换成本、邮轮公司的边际成本、消费者的平均价格敏感度过低或者消费者的平均质量敏感型过高，都将导致强烈的竞争，使得邮轮公司利润为负，均衡便不存在。具体来说：

(1) 转换成本反映了消费者固有的忠诚度，低的转换成本使得消费者更容易在邮轮公司之间转换，加剧了邮轮公司之间的价格竞争，最终导致"均衡"价格过低，企业利润变为负数。

(2) 由于企业均衡价格仅与转换成本与价格敏感度有关，当邮轮公司的边际成本过低时，公司间的质量竞争就会加剧，企业成本增加，将使得利润变为负值。

(3) 平均价格敏感度过低，也就是市场上的价格敏感型顾客太少而质量敏感型顾客太多时，企业可能因为迎合过多的质量偏好，使得总成本过大而无法获得正利润。

(4) 类似地，平均质量敏感度过大，说明市场上的质量敏感型顾客比例过大，事实上就是(3)的情形。

由以上分析可以看出，邮轮公司在完全竞争的市场上，实施的是"最小差异化策略"。产品的均衡价格由消费者的平均价格敏感度和转换成本决定，价格敏感度越高，即消费者对价格越敏感，则邮轮公司的最优价格就越低从而吸引消费者；消费者的转换成本越高，消费者越忠诚，越不容易转换到竞争对手那里，则邮轮公司会制定更高的价格增加利润。

产品的均衡质量由消费者的平均感知价格敏感度和质量敏感度以及生产边际成本决定。平均质量敏感度越高，消费者对质量越敏感，均衡质量就越高；平均价格敏感度越高，说明消费者对价格越敏感，则邮轮公司会提供相对低质和相对低价的产品以便满足消费者需求。另外，生产的边际成本越高时，产品的最优质量越低，从而降低成本提高利润。

第三节　歧视价格竞争策略

一、需求函数

在服务质量与价格竞争的市场上同时存在价格敏感型消费者和质量敏感型消费者，不同类型的消费者对价格有不同的敏感性，不同的价格敏感性使得邮轮公司可以对消费者进行细分，为不同类型的消费者制定不同的价格从而最大化自己的利润。

因此，在价格歧视的质量-价格竞争中，价格敏感型消费者的效用变为

$$U_p(p_i,q_i)=\begin{cases}\alpha_p q_1-tx-\beta_p p_{1p} & i=1\\ \alpha_p q_2-t(1-x)-\beta_p p_{2p} & i=2\end{cases}\tag{11.15}$$

质量敏感型消费者的效用为

$$U_q(p_i,q_i)=\begin{cases}\alpha_q q_1-tx-\beta_q p_{1q} & i=1\\ \alpha_q q_2-t(1-x)-\beta_q p_{2q} & i=2\end{cases}\tag{11.16}$$

其中，p_{1p} 和 p_{1q} 为邮轮公司 1 分别向价格敏感型消费者和价格敏感型消费者索取的价格；p_{2p} 和 p_{2q} 为邮轮公司 2 分别向价格敏感型消费者和价格敏感型消费者索取的价格；依照上文的分析步骤，按照消费者效用最大原则，可以得到邮轮公司的需求函数为：

$$\begin{cases} d_p^1(p_1,p_2,q_1,q_2)=\dfrac{1}{2}-\phi_p(p_{1p}-p_{2p})+\psi_p(q_1-q_2) \\ d_p^2(p_1,p_2,q_1,q_2)=\dfrac{1}{2}-\phi_p(p_{2p}-p_{1p})+\psi_p(q_2-q_1) \\ d_q^1(p_1,p_2,q_1,q_2)=\dfrac{1}{2}-\phi_q(p_{1q}-p_{2q})+\psi_q(q_1-q_2) \\ d_q^2(p_1,p_2,q_1,q_2)=\dfrac{1}{2}-\phi_q(p_{2q}-p_{1q})+\psi_q(q_2-q_1) \end{cases} \tag{11.17}$$

考虑到价格敏感型和质量敏感型消费者在市场上的比例，可以得到总的需求函数分别为：

$$\begin{cases} d_1(p_1,p_2,q_1,q_2)=\delta d_p^1+(1-\delta)d_q^1 \\ d_2(p_1,p_2,q_1,q_2)=\delta d_p^2+(1-\delta)d_q^2 \end{cases} \tag{11.18}$$

考虑成本和价格，则邮轮公司的利润为

$$\begin{cases} \Re_1=\delta d_p^1 p_{1p}+(1-\delta)d_q^1 p_{1q}-\varepsilon q_1^2 \\ \Re_2=\delta d_p^2 p_{2p}+(1-\delta)d_q^2 p_{2q}-\varepsilon q_2^2 \end{cases} \tag{11.19}$$

二、均衡结果

同样，假定两邮轮公司进行的是服务质量—价格联合决策，即在博弈的过程中企业同时选择质量和价格从而最大化自己的利润，而不是先选择质量后选择价格的博弈过程。

命题 2：在同时存在价格敏感型顾客和质量敏感型顾客的双寡头竞争市场上，邮轮公司实施差别定价时，在邮轮公司同时做出价格和质量决策最大化自身利润时，存在唯一的纯策略纳什均衡。均衡价格、均衡质量和均衡利润如表 11-2 所示。证明过程与命题 1 相同。

由以上分析可以看出，在完全竞争的市场上，当邮轮公司实施价格歧视时，仍然遵循“最小差异化策略”。此时，产品的均衡价格由消费者各自的价格敏感度和转换成本决定,价格敏感度越高,最优价格就越低。转换成本越高,消费者越忠诚,越不容易转移到竞争对手那里,因此可以提高价格增加利润。

表 11-2　差别定价时的均衡价格、均衡质量和均衡利润

Tab. 11-2　Results of Competition under Discriminatory Pricing

价格敏感	$p_{1p}^*=p_{2p}^*=\frac{1}{2\phi_p}=\frac{t}{\beta_p}$
质量敏感	$p_{1q}^*=p_{2q}^*=\frac{1}{2\phi_q}=\frac{t}{\beta_q}$
服务水平	$q_1^*=q_2^*=q_D^*=\frac{1}{4\varepsilon}\left[\delta\left(\frac{\alpha_p}{\beta_p}\right)+(1-\delta)\left(\frac{\alpha_q}{\beta_q}\right)\right]$
顾客需求	$d_1(p_1,p_2,q_1,q_2)=d_2(p_1,p_2,q_1,q_2)=\frac{1}{2}$
邮轮公司利润	$\mathfrak{R}_1^*=\mathfrak{R}_2^*=\mathfrak{R}_D^*=\frac{t}{2}\left(\frac{\delta}{\beta_p}+\frac{1-\delta}{\beta_q}\right)-\frac{1}{16\varepsilon}\left[\frac{\delta\alpha_p}{\beta_p}+\frac{(1-\delta)\alpha_q}{\beta_q}\right]^2$

第四节　结果分析与讨论

通过对邮轮服务水平和价格竞争的均衡结果,我们得出以下几个推论:

推论 1:在命题 1 成立的基础上,均衡利润是市场上平均质量敏感度的减函数;当 $t_u<t<\frac{\bar{\alpha}^2}{4\varepsilon\bar{\beta}}$时,平均价格敏感度是均衡利润的增函数;当$\frac{\bar{\alpha}^2}{4\varepsilon\bar{\beta}}<t$时,平均价格敏感度是均衡利润的减函数。

证明:

推论 1:由统一价格策略下的均衡利润可知,关于平均质量敏感度,推论 1 显然成立。对于平均价格敏感度,由于,

$$\frac{\partial\mathfrak{R}^*}{\partial\bar{\beta}}=\frac{t}{2\bar{\beta}^2}\left(\frac{\bar{\alpha}^2}{4t\varepsilon\bar{\beta}}-1\right),$$

所以当

$$\frac{\bar{\alpha}^2}{8\varepsilon\bar{\beta}} < t < \frac{\bar{\alpha}^2}{4\varepsilon\bar{\beta}}$$

时，

$$\frac{\partial \mathfrak{R}^*}{\partial \bar{\beta}} > 0;$$

当

$$\frac{\bar{\alpha}^2}{4\varepsilon\bar{\beta}} < t$$

时，

$$\frac{\partial \mathfrak{R}^*}{\partial \bar{\beta}} < 0。$$

推论 1 成立。

推论 2:市场上价格敏感型消费者的比例 δ 越大，产品的价格就越低。与统一定价策略下的质量—价格竞争相比，差别定价使得邮轮公司为价格敏感型顾客制定较低的价格，而为质量敏感型顾客设定较高的价格，如图 11-2 所示。

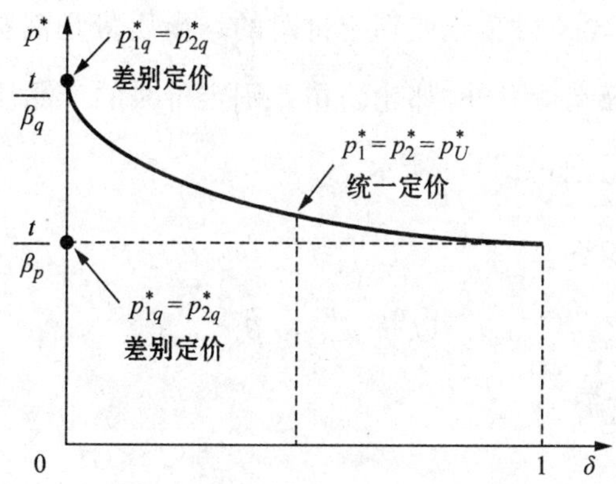

图 11-2　消费者比例对均衡价格的影响
Fig. 11-2　Effects of Consumer Ratio δ on Equilibrium Prices

推论 2 证明:

由上文的假设可知,由于 $\beta_p > \beta_q$,$\alpha_p < \alpha_q$,所以 $\beta_p > \delta\beta_p + (1-\delta)\beta_q$,$\beta_q < \delta\beta_p + (1-\delta)\beta_q$,从而 $p_{1p}^* = p_{2p}^* < p_1^* = p_2^*$,$p_{1q}^* = p_{2q}^* > p_1^* = p_2^*$。也就是说,与统一定价策略下的质量—价格竞争相比,差别定价使得邮轮公司为价格敏感型顾客制定较低的价格,而为质量敏感型顾客设定较高的价格。

在统一价格策略下,邮轮公司的均衡价格

$$p_1^* = p_2^* = p_u^* = \frac{t}{\delta\beta_p + (1-\delta)\beta_q} = \frac{t}{\delta(\beta_p - \beta_q) + \beta_q}$$

由于

$$\frac{\partial p_u^*}{\partial \delta} = -\frac{t(\beta_p - \beta_q)}{[\delta(\beta_p - \beta_q) + \beta_q]^2} < 0,$$

所以均衡价格是价格敏感型消费者比例 δ 的减函数。

图 11-2 反映了不同类型消费者比例对均衡价格的影响。曲线的两个端点价格是差别定价时分别向质量敏感型和价格敏感型消费者所取的价格。曲线之间为不同消费者比例下的统一价格策略时的均衡价格。

推论 3:邮轮公司实施统一定价时的均衡质量是消费者比例 δ 凸向原点的减函数;邮轮公司实施差别定价时的均衡质量是消费者比例 δ 的线性减函数。除极端情形外,邮轮公司差别定价时的产品质量高于统一定价时的产品质量,如图 11-3 所示。

推论 3 证明:

由于 $\beta_p > \beta_q$,$\alpha_p < \alpha_q$,所以 $\frac{\alpha_p}{\beta_p} < \frac{\alpha_q}{\beta_q}$,$\alpha_p\beta_q < \alpha_q\beta_p$;

实行统一定价时,

$$\frac{\partial q_U^*}{\partial \delta} = \frac{\alpha_p\beta_q - \alpha_q\beta_p}{4\varepsilon[\delta\beta_p + (1-\delta)\beta_q]^2} < 0$$

$$\frac{\partial^2 q_U^*}{\partial \delta^2} = \frac{-2(\alpha_p\beta_q - \alpha_q\beta_p)[\delta\beta_p + (1-\delta)\beta_q](\beta_p - \beta_q)}{4\varepsilon[\delta\beta_p + (1-\delta)\beta_q]^4} > 0$$

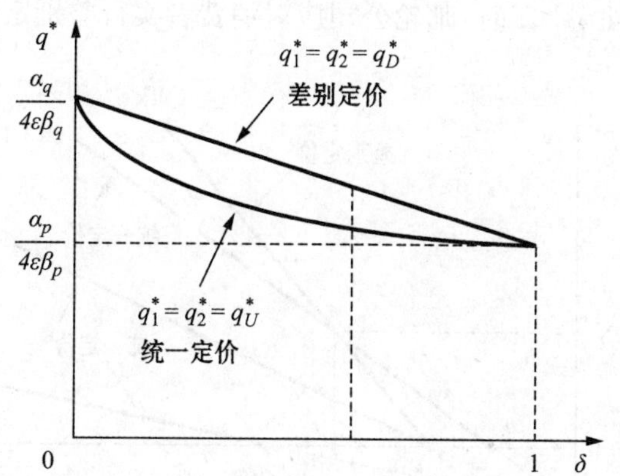

图 11-3　消费者比例对均衡质量的影响
Fig. 11-3　Influences of Consumer Ration on Qualities

所以均衡质量是消费者比例 δ 凸向原点的减函数；显然，邮轮公司实施差别定价时的均衡质量是消费者比例 δ 的线性减函数。

由于

$$q_D^* - q_U^* = \frac{(\beta_p - \beta_q)(\alpha_q\beta_p - \alpha_p\beta_q)}{\beta_p\beta_q[\delta\beta_p + (1-\delta)\beta_q]} > 0,$$

所以除极端市场情形外，邮轮公司差别定价时的产品质量高于统一定价时的产品质量。

推论 4：命题 1 和命题 2 成立时，在其他参数不变的情况下，邮轮公司的均衡利润是消费者转换成本的线性函数。两种定价策略下均衡利润的高低取决于各种参数的大小。包括三种情形(如图 11-4 所示)：

情形Ⅰ：当 $t_{U1} < t < t^*$ 时，统一定价下的利润高于差别定价下的利润，邮轮公司应对消费者实行统一定价；当 $t > t^*$ 时，邮轮公司应采用差别定价。

情形Ⅱ：当 $t_{U2} < t$ 时，差别定价下的利润高于统一定价下的利润，邮轮公司应对消费者实行差别定价。

情形Ⅲ:当 $t_{U3}<t$ 时,邮轮公司应对消费者实行差别定价。

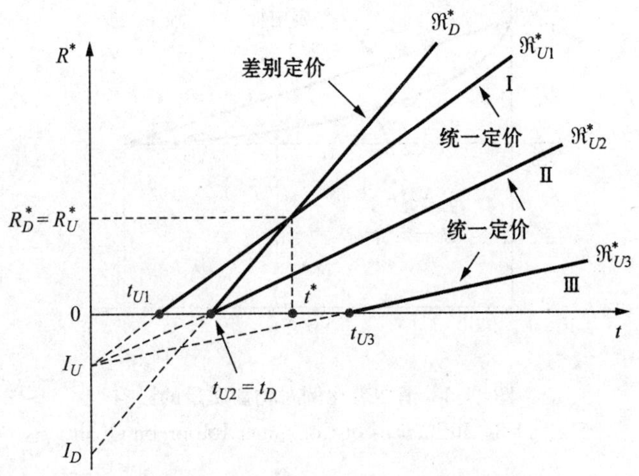

图 11-4　转换成本对竞争策略选择的影响

Fig. 11-4　Influences of Transaction Cost on Pricing Strategy Selections

由均衡利润的表达式可知,当市场结构一定时,邮轮公司在统一定价和差别定价下的均衡利润是消费者转换成本的线性函数。要证明推论 4,首先要考证两种策略下均衡利润的具体关系。

推论 4 证明:令,

$$S_D=\frac{t}{2}\left(\frac{\delta}{\beta_p}+\frac{1-\delta}{\beta_q}\right)$$

$$S_U=\frac{t}{2[\delta\beta_p+(1-\delta)\beta_q]}$$

$$I_D=-\frac{1}{16\varepsilon}\left[\frac{\delta\alpha_p}{\beta_p}+\frac{(1-\delta)\alpha_q}{\beta_q}\right]^2=-\frac{1}{16\varepsilon}D^2$$

$$I_U=-\frac{1}{16\varepsilon}\left(\frac{\delta\alpha_p+(1-\delta)\alpha_q}{\delta\beta_p+(1-\delta)\beta_q}\right)^2=-\frac{1}{16\varepsilon}U^2$$

由于

$$S_D-S_U=\frac{t\delta(1-\delta)(\beta_p-\beta_q)^2}{2\beta_p\beta_q[\delta\beta_p+(1-\delta)\beta_q]},$$

且

$$\beta_p > \beta_q, \quad \alpha_p < \alpha_q,$$

所以

$$S_D - S_U > 0。$$

因此邮轮公司实施差别定价时的利润函数比统一定价时利润函数的斜率大；由于

$$I_D - I_U = \frac{1}{16\varepsilon}(U+D)(U-D),$$

且

$$U - D = \frac{\delta(1-\delta)(\beta_p - \beta_q)(\alpha_p\beta_q - \alpha_q\beta_p)}{16\varepsilon\beta_p\beta_q[\delta\beta_p + (1-\delta)\beta_q]} < 0,$$

所以

$$I_D - I_U < 0,$$

即邮轮公司实施差别定价时的利润函数比统一定价时利润函数的截距小。因此，两种策略下的位置关系存在如图 11-4 所示的三种关系。推论 4 得证。

由于仅对特定类型消费者特定敏感度的大小进行了假定，即

$$\beta_p > \beta_q, \quad \alpha_p < \alpha_q,$$

无法完全判断所有敏感度之间的大小关系，因此以上三种情形都可能发生。在实际中，如果知道消费者的敏感度就可以选择具体的定价策略。例如，按照本文的假设，令

$$\beta_p = 4, \quad \beta_q = 2, \quad \alpha_p = 2, \quad \alpha_q = 4,$$

则

$$t_U = \frac{(2-\delta)^2}{4\varepsilon(\delta+1)}, \quad t_D = \frac{(4-3\delta)^2}{4\varepsilon(2-\delta)}。$$

由于

$$t_U - t_D = \frac{\delta(11\delta - 16)(1-\delta)}{8\varepsilon(2-\delta)(\delta+1)} < 0,$$

且

$$S_D - S_U > 0$$

和

$$I_D - I_U < 0,$$

所以唯一确定情形Ⅰ:当 $t_U < t < t^*$ 时,邮轮公司应实施统一定价;当 $t > t^*$ 时,邮轮公司应采用差别定价。

小　结

本章讨论了消费者异质市场上,双寡头邮轮公司的服务质量和价格竞争。首先定义了价格敏感型消费者和服务质量敏感型消费者的效用函数,并基于 Hotelling 模型推导出公司的需求函数。进而分析了统一价格竞争和歧视价格竞争下,公司的均衡价格、均衡服务质量和均衡利润,并对两种类型竞争的结果进行了比较。

结果表明,在一定的竞争情形下,双寡头公司都遵循"最小差异化原则"。市场上价格敏感型消费者的比例越大,产品的价格就越低。与统一定价策略下的服务质量—价格竞争相比,差别定价使得公司为价格敏感型顾客制定较低的价格,而为服务质量敏感型顾客设定较高的价格。在差别定价策略下,公司提供比统一定价时更高的服务质量。此外,在给定成本和消费者敏感度时,公司在两种价格策略下的利润大小取决于消费者转换成本的大小,转换成本较高时差别定价能取得更高的利润,因此应实行差别定价;转换成本较低时统一定价能取得较高的利润,因此应采用统一定价。本章关注的是消费者异质下双寡头公司服务质量与价格竞争的古诺模型。

未来的研究可以考虑四个方面：

(1) 服务质量与价格分离竞争。比如，公司首先确定最优的服务质量，进而优化价格最大化利润。

(2) 服务质量与价格动态博弈。公司有强弱之分。较强的一方为先动公司，而较弱的一方为跟随公司。

(3) 服务质量与价格竞争的定价策略选择研究。例如，量与价格竞争中的定价策略选择。例如，U 代表统一定价策略，D 代表差别定价策略。双寡头的价格竞争包括四种情形：$\langle U,U\rangle$、$\langle D,U\rangle$、$\langle D,U\rangle$和$\langle D,D\rangle$，其中不同的情形又可分为静态博弈和动态博弈。

(4) 此外，服务质量与价格竞争可以扩展到更为复杂的情形。例如，不同成本结构的不对称公司，统一定价与定质以及差别定价与定质策略下公司静态博弈和动态博弈的最优价格与服务质量决策。

索　引

参考文献

[1] 蔡晓霞,牛亚菲.中国邮轮旅游竞争潜力测度[J].地理科学进展,2010(10):1273-1278.

[2] 曹俊,熊中楷和刘莉莎.闭环供应链中新件制造商和再制造商的价格及质量水平竞争[J].中国管理科学,2010,18(5):82-90.

[3] 陈紫华.港口城市邮轮旅游业竞争力评价研究[D].厦门:厦门大学硕士学位论文,2008.

[4] 葛亚军.国际邮轮咨询师开发之探—兼论我国邮轮咨询师开发策略[J].天津商业大学学报,2010,(04):56-59,69.

[5] 胡建伟,陈建淮.上海邮轮产业集群动力机制研究[J].旅游学刊,2004,19(1):42-46.

[6] 惠宁.产业集群理论的研究现状及其新发展[J].管理世界,2005(11):158-159.

[7] 姜秀敏.上海邮轮经济发展的潜力研究[D].上海:上海海事大学硕士学位论文,2006.

[8] 李柏青.邮轮产业生态系统研究[J].经济地理,2009(06):1000-1004.

[9] 李传恒.服务业价值链扩张与区域旅游产业升级:邮轮产业实证研究[J].山东大学学报(哲学社会科学版),2007(04):96-100.

[10] 刘小培.我国沿海邮轮母港选址问题研究[D].大连:大连海事大学硕士学位论文,2010.

[11] 栾航.邮轮港口对区域经济带动量研究[D].大连:大连海事大学硕士学位论文,2008.

[12] 聂莉,董观志.基于熵权-TOPSIS法的港口城市邮轮旅游竞争力分析[J].旅游论坛,2010,3(6):789-794.

[13] 潘勤奋.国际邮轮经济发展模式及对我国的启示[J].科技和产业,2007(10):13-17,24.

[14] 邵磊,张良.论发展“邮轮经济”大背景下提高邮轮检查效率的途径[J].上海公安高等专科学校学报,2007(02):76-79,94.

[15] 孙亮,王翠婷.我国邮轮制造业发展探析[J].上海船舶运输科学研究所学报,2009(02):65-69,73.

[16] 孙晓东,冯学钢.中国邮轮旅游产业:研究现状与趋势[J].旅游学刊,2012,27(2):101-112.

[17] 孙晓东,焦玥,胡劲松.基于灰色关联度和理想解法的决策方法研究[J].中国管理科学,2005,13(4):63-68.

[18] 汤卫君,梁樑等.单个垄断企业多产品质量差别歧视和最优质量定价策略分析[J].系统工程理论与实践,2006(1):84-90.

[19] 王凤庆.邮轮经济与辽宁沿海经济带互动研究[D].大连:大连海事大学硕士学位论文,2010.

[20] 王冠兰.嘉年华邮轮公司市场布局与经营效益研究[D].上海:华东师范大学硕士学位论文,2009.

[21] 王庆国,蔡淑琴等.基于质量信息不对称度的消费者效用与企业利润研究[J].中国管理科学,2006(1):88-93.

[22] 王葳,张文玉.邮轮母港规划设计[J].水运工程,2008(12):88-93.

[23] 王帷洋.我国邮轮经济的区域合作分析[D].大连:大连海事大学硕士学位论文,2008.

[24] 徐虹,高林.基于供应链视角的邮轮旅游刍议[J].北京第二外国语学院学报,2010(01):58-62.

[25] 杨丽芳.中国邮轮经济的空间战略研究[D].广州:暨南大学硕士学位论文,2009.

[26] 叶欣梁,孙瑞红.基于顾客需求的上海邮轮旅游市场开发研究[J].华东经济管理,2007(03):110-115.

[27] 于得全.大连邮轮母港竞争力研究[D].大连:大连海事大学硕士学位论文,2008.

[28] 张树民,程爵浩.我国邮轮旅游产业发展对策研究[J].旅游学刊,2012,27(6):79-83.

[29] 张晓娟.邮轮旅游经济效应及其传导机制研究[D].厦门:厦门大学硕士学位论文,2008.

[30] 张言庆,马波,范英杰.邮轮旅游产业经济特征、发展趋势及对中国的启示[J].北京第二外国语学院学报,2010(07):26-33.

[31] 张言庆,马波,刘涛.国际邮轮旅游市场特征及中国展望[J].旅游论坛,2010(04):468-472.

[32] 郑慧.基于中国旅游者需求的邮轮旅游产品开发对策研究[D].青岛:中国海洋大学硕士学位论文,2009.

[33] 朱乐群.基于因子分析的我国邮轮港口旅游竞争力评价研究[J].淮海工学院学报(社会科学版),2010(09):40-42.

[34] 朱文婷.邮轮旅游系统结构及其优化研究[D].上海:上海师范大学硕士学位论文,2010.

[35] Ahmed Z U, Johnson J P, et al. Country-of-origin and brand effects on consumers' evaluations of cruise lines [J]. *International Marketing Review*, 2002, 19(3): 279-302.

[36] Araman V. F. and Caldentey R. Dynamic Pricing for Non-Perishable Products with Demand Learning [J]. *Operations Research*, 2009, 57(5): 1169-1188.

[37] Balasubramanian S, Bhardwaj P. When Not All Conflict Is Bad: Manufacturing-Marketing Conflict and Strategic Incentive Design [J]. *Management Science*, 2004, 50(4): 489-502.

[38] Banker R D, Khosla I, et al.. Quality and Competition [J]. *Management Science*, 1998, 44(9): 1179-1192.

[39] Beckmann M J, Bobkowski F. Airline Demand: An Analysis of Some Frequency Distributions [J]. *Naval Res. Logistics*, 1958, 5(1): 43-51.

[40] Bell, P. C. and J. Chen. Cutting costs or enhancing revenues? An example of a multiproduct firm with impatient customers illustrates an important choice facing operational researchers [J]. *Journal of the Operational Research Society*, 2006 (57): 443-449.

[41] Belobaba P P. Optimal vs. heuristic methods for nested seat allocation [C]. Proceedings of AGIFORS Reservations and Yield Management Study Group. Brussels, Belgium, 1992: 28-53.

[42] Berger, P. D., B. Weinberg, et al. Customer lifetime value determination and strategic implications for a cruise-ship company [J]. *Journal of Database*

Marketing Customer Strategy Management, 2003, 11(1): 40-52.

[43] Berman, B. Applying yield management pricing to your service business [J]. *Business Horizons*, 2005, 48(2): 169-179.

[44] Bertsimas D, Perakis G. Dynamic pricing: A learning approach. In: Lawphongpanich, S., Hearn, D. W., and Smith, M. J. (Eds.), Mathematical and Computational Models for Congestion Charging. Springer, US, 2006, 45-79.

[45] Biehn N. A cruise ship is not a floating hotel [J]. *Journal of Revenue & Pricing Management*, 2006, 5(2): 135-142.

[46] Bisi A, Dada M. Dynamic Learning, Pricing, and Ordering by a Censored Newsvendor [J]. *Naval Research Logistics*, 2007, 54(4): 448-461.

[47] Bitran G, Caldentey R. An Overview of Pricing Models for Revenue Management [J]. *Manufacturing & Service Operations Management*, 2003, 5(3): 203-229.

[48] Bloch F, Manceau D. Persuasive advertising in Hotelling's model of product differentiation [J]. *International Journal of Industrial Organization*, 1999, 17(4): 557-574.

[49] Bohlmann J D, Golder P N, et al. Deconstructing the Pioneer's Advantage: Examining Vintage Effects and Consumer Valuations of Quality and Variety [J]. *Management Science*, 2002, 48(9): 1175-1195.

[50] Box G. E., Jenkins P. G. M. Time series analysis: forecasting and control [M]. Prentice Hall PTR, NJ, 1994.

[51] Boyd, E. A. and I. C. Bilegan. Revenue management and e-commerce [J]. *Management Science*, 2003, 49(10): 1363-1386.

[52] Brotherton, B. and S. Mooney. Yield management: progress and prospects [J]. *International Journal of Hospitality Management*, 1992, 11(1): 23-32.

[53] Chen, C. and Kachani, S. Forecasting and optimization for hotel revenue management [J]. *Journal of Revenue and Pricing Management*, 2007, 6(3): 163-174.

[54] Chi W C-Y. Quality choice and the Coase problem [J]. Economics Letters, 1999, 64(1): 107-115.

[55] Chiang, W-C., Chen, J. C. H. and Xu, X. An overview of research on revenue management: current issues and future research [J]. *International Journal of Revenue Management*, 2007, 1(1): 97-128.

[56] Choudhary V, Ghose A, et al. Personalized Pricing and Quality Differentiation [J]. *Management Science*, 2005, 51(7): 1120-1130.

[57] Coibion O, Einav L, et al.. Equilibrium demand elasticities across quality segments [J]. *International Journal of* Industrial Organization, 2007, 25(1): 13-30.

[58] Cruise Lines International Association (CLIA). 2010 Cruise Market Overview [EB/OL]. http://www.cruising.org, Accessed 12. 27. 2011.

[59] Cruise Lines International Association (CLIA). 2011 Cruise Market Overview [EB/OL]. http://www.cruising.org, Accessed 9. 11. 2012.

[60] Cruise Lines International Association (CLIA). The Contribution of the North American Cruise Industry to the U.S. Economy in 2010 [EB/OL]. http://www.cruising.org. Accessed 12. 27. 2011.

[61] Cruise Lines International Association (CLIA). 2013. The Contribution of the North American Cruise Industry to the U.S. Economy in 2011 [EB/OL]. http://www.cruising.org. Accessed 6. 21. 2013.

[62] Cruise Lines International Association (CLIA). The Contribution of the North American Cruise Industry to the U.S. Economy in 2012 [EB/OL]. http://www.cruising.org. Accessed 1. 20. 2014.

[63] Cryer, J. D. and Miller, R. B. Statistics for Business: Data Analysis and Modelling [M]. PWS-Kent (Wadsworth), Boston, 1991.

[64] Datamonitor. 2010. Hotels, Resorts & Cruise Lines Industry Profile: Global [EB/OL]. http://web.ebscohost.com. Accessed 07. 17. 2011.

[65] Datamonitor. 2010. Royal Caribbean Cruises Ltd. [EB/OL]. http://web.ebscohost.com. Accessed 07. 17. 2011.

[66] Datamonitor. 2011. Hotels, Resorts & Cruise Lines Industry Profile: Global [EB/OL]. http://web.ebscohost.com. Accessed 03. 12. 2012.

[67] Desai P S. Quality segmentation in spatial markets: When does cannibalization affect product line design? [J]. *Marketing Science*, 2001, 20(3): 265-283.

[68] Desai P, Kekre S, et al. Product Differentiation and Commonality in Design: Balancing Revenue and Cost Drivers [J]. *Management Science*, 2001, 47(1): 37-51.

[69] Donaghy K, McMahon U, et al. Yield management: an overview [J]. *International Journal of Hospitality Management*, 1995, 14(2): 139-150.

[70] Duman T, Mattila A S. The role of affective factors on perceived cruise vacation value [J]. *Tourism Management*, 2005, 26(3): 311-323.

[71] Dwyer L, Forsyth P. Economic significance of cruise tourism [J]. *Annals of Tourism Research*, 1998, 25(2): 393-415.

[72] Economides N. Quality choice and vertical integration [J]. *International Journal of Industrial Organization*, 1999, 17(6): 903-914.

[73] Elise, P. and L. Birgit. Determinants of on-board retail expenditures in the cruise industry [J]. *Journal of American Academy of Business*, 2003, 3(1/2): 304-310.

[74] Elmaghraby W, Keskinocak P. Dynamic Pricing in the Presence of Inventory Considerations: Research Overview, Current Practices, and Future Directions [J]. *Management Science*, 2003, 49(10): 1287-1309.

[75] Erkoc, M., E. T. Iakovou, et al. Multi-stage onboard inventory management policies for food and beverage items in cruise liner operations [J]. *Journal of Food Engineering*, 2005, 70(3): 269-279.

[76] European Cruise Council (ECC). Contribution of Cruise Tourism to the Economies of Europe 2010 Edition [EB/OL]. http://www.irn-research.com. Accessed 05. 18. 2011.

[77] European Cruise Council (ECC). European Cruise Council 2012/2013 Report [EB/OL]. http://www.europeancruisecouncil.com/MediaRoom.aspx. Accessed 02. 05. 2014.

[78] Feng Y, Gallego G. Optimal starting times for end-of-season sales and optimal stopping times for promotional fares [J]. *Management Science*, 1995, 41(8): 1371-1391.

[79] Gallego G, van Ryzin G J. Optimal dynamic pricing of inventories with stochastic demand over finite horizon [J]. *Management Science*, 1994, 40(8): 999-1020.

［80］ Gibson P. Cruising in the 21st century：Who works while others play? ［J］. *International Journal of Hospitality Management*，2008，27(1)：42-52.

［81］ Goldstein K A. Current Trends & Considerations in Cruise Destination Development ［EB/OL］. http：// www. coastalsystemsint. com. Accessed 12. 27. 2011.

［82］ Gorin，T. O. Airline revenue management：sell-up and forecasting algorithms ［D］. Master's thesis，Massachusetts Institute of Technology，2000.

［83］ Hersh，M. and S. P. Ladany. Optimal Scheduling of Ocean Cruiser ［J］. INFOR，1989 (27)：48-57.

［84］ Hoang，P. The future of revenue management and pricing science ［J］. *Journal of Revenue Pricing Management*，2007，6(1)：151-153.

［85］ Ji L，Mazzarella J. Application of modified nested and dynamic class allocation models for cruise line revenue management ［J］. *Journal of Revenue and Pricing Management*，2007，6(1)：19-32.

［86］ Karmarkar，U S，Pitbladdo R C. Quality，class，and competition ［J］. *Management Science*，1997，43(1)：27-39.

［87］ Kim K，Chhajed D. Product Design with Multiple Quality-Type Attributes ［J］. *Management Science*，2002，48(11)：1502-1511.

［88］ Kimes S. E. Yield management：A tool for capacity-considered service firms ［J］. *Journal of Operations Management*，1989，8(4)：348-363.

［89］ Kimes，S. E. Revenue management：A retrospective ［J］. *The Cornell Hotel and Restaurant Administration Quarterly*，2003，30(3)：14-19.

［90］ Kraft，E. R. ，B. N. Srikar，et al. Revenue management in railroad applications ［J］. *Transportation Quarterly*，2000，Vol. 54：157-176.

［91］ Kwon C，Friesz T L，*et al*. Non-cooperative competition among revenue maximizing service providers with demand learning ［J］. *European Journal of Operational Research*，2009，197(3)：981-996.

［92］ Ladany S P，Arbel A. Optimal cruise-liner passenger cabin pricing policy ［J］. *European Journal of Operational Research*，1991，55(2)：136-147.

［93］ Ladany，S. P. Optimal market segmentation of hotel rooms-the non-linear case ［J］. *Omega*，1996，24(1)：29-36.

[94] Ladany, S. P. and Chou, F. S. Optimal yield policy with infiltration consideration [J]. *International Journal of Service Technology and Management*, 2001, 2(1/2): 4-17.

[95] Lee, A. O. Airline Reservations Forecasting: Probabilistic and Statistical Models of the Booking Process [D]. PhD dissertation, Massachusetts Institute of Technology, 1990.

[96] Lekakou M B, Pallis A A and Vaggelas G K. Which Homeport in Europe: The Cruise Industry's Selection Criteria [J]. *Tourismos: An International Multidisciplinary Journal of Tourism*, 2009, 4(4): 215-240.

[97] Leong, T. Y. and Ladany, S. P. Optimal cruise itinerary design development [J]. *International Journal of Service Technology and Management*, 2001, 2 (1/2): 130-141.

[98] Lieberman W H, Dieck T. Expanding the revenue management frontier: Optimal air planning in the cruise industry [J]. *Journal of Revenue and Pricing Management*, 2002, 1(1): 7-24.

[99] Lin K Y. Dynamic pricing with real-time demand learning [J]. *European Journal of Operational Research*, 2006, 174(1): 522-538.

[100] Littlewood, K. Forecasting and control of passenger bookings [C]. Proceedings of the 12th Annual AGIFORS Symposium, 1972.

[101] Liu Q, Serfes K. Imperfect price discrimination in a vertical differentiation model [J]. *International Journal of Industrial Organization*, 2005, 23(5-6): 341-354.

[102] Liu, P. H., Smith, S., Orkin, E. B. and Carey, G. Estimating unconstrained hotel demand based on censored booking data [J]. *Journal of Revenue and Pricing Management*, 2002, 1(2): 121-138.

[103] Lyle C. A Statistical Analysis of the Variability in Aircraft Occupancy [C]. Proceedings of AGIFORS Symposium, Terrigal, Australia, 1970.

[104] Madda B, L. Moussawi-Haidar L, et al. Dynamic cruise ship revenue management [J]. *European Journal of Operational Research*, 2010, 207(1): 445-455.

[105] Marti B E. Trends in world and extended-length cruising (1985-2002) [J]. *Marine Policy*, 2004, 28(3): 199-211.

[106] Matsubayashi N, Yamada Y. A note on price and quality competition between asymmetric firms [J]. *European Journal of Operational Research*, 2008, 187(2): 571-581.

[107] Matsubayashi N. Price and quality competition: The effect of differentiation and vertical integration [J]. *European Journal of Operational Research*, 2007, 180(2): 907-921.

[108] McGill J I, Van Ryzin G J. Revenue management: Research overview and prospects [J]. *Transportation Science*, 1999, 33(2): 233-256.

[109] Ng, I. C. L. Establishing a service channel: a transaction cost analysis of a channel contract between a cruise line and a tour operator [J]. *Journal of Services Marketing*, 2007, 21(1): 4-14.

[110] Ngaire, D. and D. Norman. Cruise ship passenger spending patterns in Pacific island ports [J]. *The International Journal of Tourism Research*, 2004, 6(4): 251-261.

[111] Owenlee, A. Airline reservations forecasting: probabilistic and statistical models of the booking process [D]. Doctor's dissertation, Massachusetts Institute of Technology, 1990.

[112] Pak, K. and Piersma, N. Airline revenue management: an overview of OR techniques 1982-2001[C]. Econometric Institute Report EI 2002-2003.

[113] Papathanassis A, Beckmann I. Assessing the 'poverty of cruise theory' hypothesis [J]. *Annals of Tourism Research*, 2011, 38(1): 153-174.

[114] Papatheodorou, A. The cruise industry—An industrial organization perspective', In: Dowling, R. K., (Ed.), Cruise ship tourism, CABI: Oxfordshire, UK, 2006, pp. 34-43.

[115] Petrick J F, Li X, et al. Cruise Passengers' Decision-Making Processes [J]. *Journal of Travel & Tourism Marketing*, 2007, 23(1): 1-14.

[116] Petrick J F, Tonner C, et al. The Utilization of Critical Incident Technique to Examine Cruise Passengers' Repurchase Intentions [J]. *Journal of Travel Research*, 2006, 44(3): 273-280.

[117] Petrick J F. Are loyal visitors desired visitors? [J]. *Tourism Management*, 2004, 25(4): 463-470.

[118] Petrick J F. Segmenting cruise passengers with price sensitivity [J]. *Tourism Management*, 2005, 26(5): 753-762.

[119] Petruzzi, N. C. and Dada, M. Dynamic pricing and inventory control with learning [J]. *Naval Research Logistics*, 2002, 49(3): 303-325.

[120] Phillips, R. L. Pricing and revenue optimization [M]. Stanford University Press, California, 2005.

[121] Polt S. Back to the roots: New results on leg optimization [C]. Proceedings of AGIFORS Reservations and Yield Management Study Group Symposium, London, UK, 1999.

[122] Qu H, Ping E W Y. A service performance model of Hong Kong cruise travelers' motivation factors and satisfaction [J]. *Tourism Management*, 1999, 20(2): 237-244.

[123] Queenan, C. C., Ferguson, M., Higbie, J. and Kapoor, R. A Comparison of Unconstraining Methods to Improve Revenue Management Systems [J]. *Production and Operations Management*, 2007, 16(6): 729-746.

[124] Ratliff, R. and B. Vinod. Airline pricing and revenue management: A future outlook [J]. *Journal of Revenue Pricing Management*, 2005, 4(3): 302-307.

[125] Reyes, M. H. Hybrid forecasting for airline yield management in semi-restricted fare structures [D]. Master's thesis, Massachusetts Institute of Technology, 2006.

[126] Rhee B-D. Consumer Heterogeneity and Strategic Quality Decisions [J]. *Management Science*, 1996, 42(2): 157-172.

[127] Sa, J. Reservation forecasting in airline yield management [D]. Master's thesis, Massachusetts Institute of Technology, 1987.

[128] Sen A, Zhang A X. Style goods pricing with demand learning [J]. *European Journal of Operational Research*, 2009, 196(3): 1058-1075.

[129] Shaffer G, Zhang Z J. Competitive One-to-One Promotions [J]. *Management Science*, 2002, 48(9): 1143-1160.

[130] Shoemaker, S. The future of pricing in services [J]. *Journal of Revenue Pricing Management*, 2003, 2(3): 271-279.

[131] Skwarek, D. K. Competitive impacts of yield management system components: forecasting and sell-up models [D]. Master's thesis, Massachusetts Institute of Technology, 1996.

[132] Soriani S, Bertazzon S, et al. Cruising in the Mediterranean: Structural aspects and evolutionary trends [J]. *Maritime Policy and Management*, 2009, 36 (3): 235-251.

[133] Sun X, Jiao Y and Tian P. Marketing Research and Revenue Optimization for the Cruise Industry: A Concise Review [J]. *International Journal of Hospitality Management*, 2011, 30(3): 746-755.

[134] Sun, X., Gauri D. K. and Webster S. Forecasting for cruise line revenue management [J]. *Journal of Revenue and Pricing Management*, 2011, 10 (4): 306-324.

[135] Syam N B, Kumar N. On Customized Goods, Standard Goods, and Competition [J]. *Marketing Science*, 2006, 25(5): 525-537.

[136] Syam N B, Ruan R, et al. Customized Products: A Competitive Analysis [J]. *Marketing Science*, 2005, 24(4): 569-584.

[137] Talluri K, van Ryzin J. The Theory and Practice of Revenue Management [M]. Kluwer Academic, Boston, 2004.

[138] Teye V B, Leclerc D. Product and service delivery satisfaction among North American cruise passengers [J]. *Tourism Management*, 1998, 19(2): 153-160.

[139] Toh R S, Rivers M J, et al. Room occupancies: cruise lines out-do the hotels [J]. *International Journal of Hospitality Management*, 2005, 24(1): 121-135.

[140] Truffelli, M. Dynamic pricing: New game, new rules, new mindset [J]. *Journal of Revenue Pricing Management*, 2006, 5(1): 81-82.

[141] Wang X H, Yang B Z. Mixed-strategy equilibria in a quality differentiation model [J]. *International Journal of Industrial Organization*, 2001, 19(1-2): 213-226.

[142] Weatherford, L. R. and Kimes, S. E. A comparison of forecasting methods for hotel revenue management [J]. *International Journal of Forecasting*,

2003, 19(3): 401-415.

[143] Weatherford, L. R., Kimes, S. E. and Scott, D. A. Forecasting for hotel revenue management: testing aggregation against disaggregation [J]. *Cornell Hotel and Restaurant Administration Quarterly*, 2001, 42: 53-64.

[144] Weatherford, L. R. Optimization of perishable asset revenue management problems that allow prices as decision variables [J]. *International Journal of Service Technology and Management*, 2001, 2(1/2): 71-101.

[145] Weatherford, L. R. and Bodily, S. E. A taxonomy and research overview of perishable asset revenue management: yield management, overbooking, and pricing [J]. *Operations Research*, 1992, 40(5): 831-844.

[146] Weatherford, L. R. and Polt, S. Better Unconstraining of Airline Demand Data in Revenue Management Systems for Improved Forecast Accuracy and Greater Revenues [J]. *Journal of Revenue and Pricing Management*, 2002, 1(3): 234-254.

[147] Wickham, R. R. Evaluation of Forecasting Techniques for Short-term Demand of Air Transportation [D]. Master's thesis, Massachusetts Institute of Technology, 1995.

[148] Wie B.-W. Open-loop and closed-loop models of dynamic oligopoly in the cruise industry [J]. *Asia-Pacific Journal of Operational Research*, 2004, 21(4): 517-541.

[149] Wie, B.-W. A dynamic game model of strategic capacity investment in the cruise line industry [J]. *Tourism Management*, 2005, 26(2): 203-217.

[150] Zeni, R. H. Improved forecast accuracy in revenue management by unconstraining demand estimates from censored data [D]. PhD dissertation, ProQuest Information and Learning Company, 2001.

[151] Zhang, M. and P. C. Bell. The effect of market segmentation with demand leakage between market segments on a firm's price and inventory decisions [J]. *European Journal of Operational Research*, 2007, 182(2): 738-754.

[152] Zhao W, Zheng Y-S. Optimal dynamic pricing for perishable assets with nonhomogeneous demand [J]. *Management Science*, 2000, 46(3): 375-388.

[153] Zhu, J. Using turndowns to estimate the latent demand in a car rental

uncon166 strained demand forecast [J]. Journal of Revenue and Pricing Management, 2006, 4(4): 344-353.

[154] Zickus, J. S. Forecasting for Airline Network Revenue Management: Revenue and Competitive Impacts [D]. Master's thesis, Massachusetts Institute of Technology, 1998.